Cher Carole,

Merci beaucoup.
Ton aide a été
très précieuse et il
s'apporte vraiment.

Amicalement.

Claude

GUIDE
PRATIQUE
DES
FINANCES
PERSONNELLES

Éditeurs:
LES ÉDITIONS LA PRESSE (1986)
44, rue Saint-Antoine ouest
Montréal   H2Y 1J5

Conception graphique:
JEAN PROVENCHER

Photographie de la couverture:
PIERRE McCANN

Dépôt légal:
BIBLIOTHÈQUE NATIONALE DU QUÉBEC
1er trimestre 1987

ISBN 2-89043-199-1

1 2 3 4 5 6   92 91 90 89 88 87

CLAUDE PICHER

Chroniqueur à *La Presse*

PRÉFACE D'ALAIN DUBUC

GUIDE PRATIQUE DES FINANCES PERSONNELLES

**ÉDITION
REVUE
ET AUGMENTÉE**

la presse

*À Gisèle
et Geneviève*

Remerciements

L'auteur tient à remercier M. Yvon Julien, directeur des prêts personnels et hypothécaires à la Banque nationale du Canada, pour la compilation des tables publiées dans cet ouvrage, ainsi que Me Renée de Guire, notaire, M. Roger Germain, c.a., Mme Lucie Hétu, c.a., et M. François Morel, m.b.a., conseiller en marketing.

TABLE DES MATIÈRES

PRÉFACE

Bien des gens rangent le monde des finances personnelles dans la grande catégorie des corvées. Pour eux, préparer un budget familial revêt autant d'attrait que d'arrêter de fumer, prendre des résolutions au Nouvel An, ou se lancer dans un régime amaigrissant! Je dois avouer que je faisais partie de ce vaste groupe peu enthousiaste. C'est donc avec une certaine ambivalence que j'ai accepté de préfacer le *Guide pratique des finances personnelles*; et c'est mon amitié pour Claude Picher, mon camarade de travail depuis de nombreuses années, qui m'a convaincu.

Mais je me suis fait piéger. Sans me transformer en passionné des finances personnelles, la lecture attentive de ce livre m'a séduit. Je savais déjà, grâce aux chroniques de finances personnelles de Claude Picher dans *La Presse*, qu'il y a moyen de traiter de ces sujets, en principe arides, de façon simple, accessible et même divertissante. C'est toutefois une autre paire de manches de maintenir ce rythme tout au long d'un ouvrage de 272 pages qui se lit comme un roman. C'est ce que Claude Picher a réussi.

Mais, surtout, le besoin d'information et de conseils en finances personnelles est immense. On sait que, traditionnellement, les Québécois francophones ne s'intéressaient pas à l'économie et à la finance. Ils ont fait des progrès énormes depuis dix ou quinze ans. Il suffit de voir le succès récent des pages économiques des grands quotidiens et des hebdomadaires financiers pour s'en convaincre.

Ce développement ne s'est pas fait sans heurts. Il y a quinze ou vingt ans, les Québécois n'empruntaient pas. Ils épargnaient mal, se contentant, contrairement aux autres

Nord-Américains, de laisser leur argent dormir dans des comptes d'épargne qui rapportaient peu ou pas d'intérêt. Ils étaient plus souvent locataires que propriétaires. Bref, leurs problèmes de finances personnelles étaient d'une simplicité désarmante. Depuis, les Québécois ont changé, mais l'univers économique dans lequel ils évoluent s'est lui aussi profondément modifié.

Ce qui était simple il y a à peine dix ans est souvent devenu très compliqué. L'inflation des années soixante-dix a bousculé une grande partie des habitudes de consommation, en rendant incertaine toute planification et en créant une illusion d'abondance chez les gens dont les salaires augmentaient en flèche. Les hausses folles des taux d'intérêt des dernières années ont forcé les consommateurs à déployer des talents de financiers pour poser des gestes auparavant aussi simples que le renouvellement d'une hypothèque. L'épargne, à la suite de la multiplication des produits et de la concurrence des institutions financières, est devenue une jungle. Le crédit, réprouvé pendant longtemps au Québec, est devenu un ingrédient essentiel des habitudes de consommation, que ce soit pour l'achat de l'automobile, des meubles ou l'utilisation d'une carte de crédit. Le fisc, de plus en plus complexe, a tellement pressuré les contribuables à revenus moyens que ceux-ci ont dû se retourner vers des abris fiscaux réservés traditionnellement aux citoyens les plus fortunés. Enfin, le vieillissement de la population et l'éclatement de la cellule familiale ont forcé les citoyens à préparer activement leur retraite.

Face à tous ces changements, les Québécois, qui partaient de loin, ont dû mettre les bouchées doubles pour rattraper le temps perdu. Ce faisant, ils ont parfois brûlé des étapes. Ils ont souvent découvert les joies du crédit sans avoir maîtrisé les vertus de l'épargne, sauté à pieds joints dans les abris fiscaux avant d'avoir absorbé l'ABC du placement, adopté le credo nord-américain de la consommation sans avoir établi leur budget sur une base solide.

Il y a donc un grand besoin pour un outil qui aide les consommateurs à se débrouiller dans cette jungle. Or cet outil complet n'existait pas au Québec. On trouve de nombreux et excellents ouvrages sur les impôts, les placements, le budget, l'immobilier, mais aucun d'entre eux n'abordait de façon complète, de A jusqu'à Z, l'ensemble des éléments qui constituent les problèmes financiers et budgétaires d'une famille normale. C'est ce que fait Claude Picher. Il consacre bien sûr des chapitres au budget familial et au bilan, mais il aborde également toutes les autres facettes de la vie financière d'une famille : le crédit, les emprunts hypothécaires, le testament, l'achat d'une maison, la retraite, le placement, la Bourse.

Un projet aussi ambitieux aurait pu donner naissance à une brique indigeste. Mais ce n'est pas le cas. Le *Guide pratique des finances personnelles* n'est pas un précis de comptabilité. Il est clair et agréable. Il réussit à être un guide utile pour une vaste gamme de consommateurs, des jeunes qui font leurs premières armes dans l'indépendance financière aux retraités, en passant par les familles à revenus modestes qui ont du mal à joindre les deux bouts, jusqu'à ceux qui cherchent plutôt des façons d'investir leurs épargnes.

Cette souplesse et cette polyvalence sont possibles parce que l'ouvrage de Claude Picher n'est pas un catéchisme, c'est plutôt un livre de recettes. La philosophie qui s'en dégage consiste à fournir aux lecteurs une méthode que chacun pourra appliquer en fonction de sa situation personnelle, de ses choix et de ses goûts. Et ces choix, aucun spécialiste, aucun ouvrage ne les fera pour vous. C'est le consommateur qui décide s'il consacrera ses économies à des voyages ou s'il s'en servira pour préparer sa retraite. Claude Picher ne dicte pas un mode de conduite, il n'impose pas ; il fournit plutôt les moyens qui vous permettront d'atteindre le mieux possible les objectifs que vous vous êtes vous-même fixés. On ne retrouve donc pas dans son livre le côté prêcheur et moraliste que suggère souvent le monde des finances personnelles.

Cette souplesse permet également à l'auteur d'adapter son propos à toutes les bourses. C'est d'autant plus vrai que, comme les diverses facettes de la vie financière sont abordées, tous les lecteurs y trouveront leur compte, que ce soit pour se tirer d'un mauvais pas, s'initier à l'activité boursière, ou acheter et vendre une maison. Il y a donc autant de façons de lire ce livre qu'il y aura de lecteurs, de ceux qui iront directement au chapitre qui correspond à leurs préoccupations immédiates à ceux qui gribouilleront dans la marge.

Ce livre comporte une autre grande qualité. Il ne jette pas de poudre aux yeux et ne fait pas miroiter le rêve, qui alimente trop de campagnes publicitaires : nulle part, ni sur la couverture, ni dans le corps du texte, ne vous promet-on que vous deviendrez millionnaire en lisant ce livre! Claude Picher montre trop bien que les finances personnelles ne sont pas des billets de Super-loto. Mais si on ne vous promet pas le million, on vous montre toutefois comment faire beaucoup plus avec ce que vous avez.

Alain Dubuc

1

votre
budget

La clé du succès

Votre voisin, vous le savez, gagne le même salaire que vous. Comment se fait-il qu'il semble toujours au-dessus de ses affaires, qu'il a toujours de l'argent plein les poches, alors que vous, vous devez vous casser la tête pour joindre les deux bouts ?

Et votre belle-soeur ! Que fait-elle, bon sang, pour changer de voiture à tous les deux ans ? C'est pourtant là une dépense que vous, malgré vos revenus plus élevés, ne pouvez absolument pas vous permettre.

Votre belle-soeur et votre voisin ont un secret : ils ont découvert les vertus du budget !

Oh ! Certes, cela ne fait pas toute la différence. Votre voisin a peut-être des déductions fiscales plus intéressantes que les vôtres. Votre belle-soeur, célibataire, n'a pas vos responsabilités familiales.

Mais, même si leurs revenus nets étaient identiques aux vôtres, ils auraient une longueur d'avance. Vous seriez étonné de constater à quel point les personnes qui administrent leurs affaires avec un budget connaissent bien leurs disponibilités et leurs limites.

On aura beau comparer les différents types de financement hypothécaire, examiner tous les abris fiscaux imaginables, tenter sa chance à la Bourse, ou peser le pour et le contre du crédit ; tout cela, bien que fort utile, demeure finalement assez accessoire si on a négligé d'établir ses finances sur des assises solides.

L'élément capital de cette saine gestion, c'est le budget, véritable clé du succès.

■ *Regardez autour de vous : vous verrez de simples salariés, qui font des revenus décents mais non mirobolants, et qui trouvent le moyen de se payer des vacances dans le Sud, une voiture neuve, un chalet. Et vous verrez aussi des professionnels aux revenus imposants qui se plaignent d'être toujours « cassés ».*

M. Patapouf gagne 60 000 $ net par année, et mène un grand train de vie. Grosse voiture, grosse maison, gros chalet, gros bijoux... et grosses factures ! Vous le trouvez chanceux ? Attendez voir. Ce que vous ignorez peut-être, et que M. Patapouf lui-même ignore aussi, c'est qu'il dépense, en réalité, 70 000 $ par année.

Mme Boubou, secrétaire, gagne 20 000 $ net par année, et vit selon ses moyens. Elle peut se payer des vêtements fort convenables, une voiture, quelques sorties, et envisage même l'achat d'un petit appartement en copropriété. Elle s'arrange, bon an mal an, pour dépenser 18 000 $ par année.

Qui, de M. Patapouf ou de Mme Boubou, est en meilleure santé financière ? Ce n'est pas notre flamboyant professionnel, même si ses revenus sont trois fois supérieurs à ceux de notre secrétaire. Tôt ou tard, M. Patapouf devra payer son imprévoyance. Le jour viendra où sa marge de crédit sera épuisée, où il devra consentir de gros sacrifices pour rétablir sa situation. Ce jour-là, Mme Boubou, bien confortable dans son condo qu'elle sera sur le point de finir de payer, sera à l'abri des ennuis financiers.

Avec ses gros revenus, M. Patapouf pourra évidemment se tirer d'affaire assez rapidement s'il consent à se serrer la ceinture pendant un bout de temps. Autrement dit, il a pu se permettre, davantage que Mme Boubou, de vivre au-dessus de ses moyens. Mais il n'est pas à l'abri de ses créanciers pour autant. Peu importent vos revenus, il y a toujours un prix à payer pour cela.

Vous voulez augmenter votre niveau de vie ? L'endettement n'est pas la meilleure des solutions. Nous ne parlons pas ici d'emprunts contractés pour équiper votre bureau ou réaliser certains placements avantageux. Cela peut contribuer à augmenter votre niveau de vie en créant d'autres revenus. Les dettes dangereuses, ce sont celles que l'on accumule pour payer des voyages dans le Sud, ou acheter tel appareil électroménager dont on n'a pas un besoin urgent.

En fait, il n'y a que deux bonnes façons d'augmenter votre niveau de vie : augmenter vos revenus, ou mieux utiliser les revenus que vous avez.

Le budget, à lui seul, ne sera pas suffisant pour augmenter vos revenus. Mais c'est un outil de premier ordre pour mieux utiliser vos revenus. Un budget, c'est un instrument, un guide qui vous permet de voir où vous allez. La pierre d'assise de finances personnelles saines, c'est d'abord le contrôle de ce que les spécialistes appellent votre flux de liquidités : il faut savoir d'où vient votre argent, et où il va.

On peut hésiter avant de se lancer dans la préparation d'un budget. Cela peut paraître compliqué et fastidieux. En réalité, c'est loin d'être aussi rebutant qu'on pourrait le croire. Une fois qu'on a commencé, tout se fait comme par enchantement. Parlez-en à ceux qui se sont habitués à fonctionner avec un budget !

Idéalement, on devrait faire son premier budget dès son arrivée sur le marché du travail. La première paie devrait être accompagnée d'un budget. Mais il n'est jamais trop tard pour commencer. Vous n'avez jamais fait de budget ? Alors, libérez-vous quelques heures, un bon dimanche après-midi, pour vous y consacrer. C'est garanti : vous ne le regretterez pas !

Le budget familial
en quatre étapes faciles

Il existe plusieurs variantes du budget familial (ou personnel). Divers organismes, comme les associations coopératives d'économie familiale (ACEF), ou l'Office de protection du consommateur, ou encore les banques et caisses populaires, proposent des formules de budget type dont la méthodologie peut varier d'un cas à l'autre.

Certains spécialistes préfèrent classer l'assurance-automobile sous le poste « assurances », d'autres conseillent plutôt de la comptabiliser comme une dépense de « transport ». Le choix vous appartient. Vous faites affaire avec un seul courtier pour tous vos besoins d'assurance ? Vous trouverez alors plus pratique de tout grouper sous le poste des assurances. Ce qui compte, en définitive, c'est que vous sachiez toujours où vous allez sur le plan financier.

Le principe du budget est tout ce qu'il y a de plus simple. Vous prévoyez avec le plus de précision possible vos revenus et vos dépenses ! Si vos revenus sont plus élevés que vos dépenses, c'est très bien, vous pouvez consacrer cet argent à une dépense dont vous rêvez depuis longtemps, ou encore augmenter vos épargnes d'autant.

Si, par contre, vos dépenses sont plus élevées que vos revenus, attention ! Vous vivez au-dessus de vos moyens. En dépensant plus que vous ne gagnez, vous devrez forcément emprunter quelque part pour combler la différence. Tôt ou tard, vous devrez rembourser vos créanciers, avec les intérêts. Ce n'est certes pas la meilleure façon d'améliorer son niveau de vie !

Voilà pour le principe. C'est bien beau, mais derrière cela se cachent une foule de petits trucs, d'astuces, de méthodes de calcul qui peuvent vous permettre d'obtenir de meilleurs résultats. Mais aussi des écueils, des pièges, qu'il faut savoir éviter.

Concrètement, on peut élaborer un budget en quatre étapes :

1) Vous calculez vos revenus pour l'année.
2) Vous calculez vos dépenses pour l'année.
3) Vous procédez aux ajustements.
4) Vous ramenez le tout sur une base hebdomadaire.

Nous parlons ici d'un budget type pour un ménage salarié, dont les revenus sont fixes. C'est la situation de la grande majorité des consommateurs. Cela ne doit surtout pas vous empêcher, si vous avez des revenus irréguliers, de faire aussi votre budget. L'exercice sera plus compliqué, mais le calcul sur une base annuelle devrait permettre de vous en sortir sans trop de difficultés. Un budget est l'instrument financier le plus souple que l'on puisse imaginer, et vous pourrez toujours apporter les corrections nécessaires en cours de route.

Élaborons un budget et voyons, tout au long de l'exercice, comment la famille Toutou va l'adapter à sa situation financière. La famille Toutou vit dans une maison unifamiliale en banlieue. Les parents travaillent tous deux à l'extérieur, et le ménage compte deux enfants qui fréquentent l'école primaire. À part l'hypothèque sur la maison, les paiements mensuels sur la voiture constituent la seule dette de la famille.

Un crayon et une feuille de papier. C'est tout ce dont vous avez besoin pour préparer votre budget. Il serait utile d'avoir une calculatrice à portée de la main, ainsi que divers reçus de téléphone, d'assurance, d'électricité et vos talons de chèque de paie. Ces documents peuvent vous aider à mieux prévoir vos revenus et dépenses, mais ils ne sont pas essentiels. Dans bien des cas, vous devrez compter sur votre expérience. Lorsque votre budget sera prêt, vous aurez aussi besoin d'un livre de comptabilité ; un simple calepin peut faire l'affaire. Quelques dossiers en carton pourront également se révéler fort pratiques.

Vous êtes prêt ? Alors, allons-y...

ÉTAPE 1 — votre revenu

« Comment se fait-il que je gagne 35 000 $ par année et que je ne suis pas capable d'arriver ? », s'exclame, frustré, M. Titi, salarié, sollicitant un nouvel emprunt chez son gérant de banque. La réponse au problème de M. Titi se trouve dans sa propre question. Notre emprunteur pense en termes de revenu brut.

C'est une erreur. Une fois que tout le monde s'est servi à même votre chèque de paie (impôts fédéral et provincial, fonds de pension, assurances diverses, syndicat), votre revenu net, celui sur lequel vous pouvez vraiment compter, est considérablement moindre que votre salaire brut.

Les retenues sur le chèque de paie peuvent varier selon votre situation (célibataire, marié, avec ou sans personne à charge), selon les différents programmes de protection collective en vigueur chez votre employeur, l'importance de la cotisation syndicale, et une foule d'autres facteurs. M. Titi s'imagine gagner 35 000 $ par année, mais n'en empoche peut-être, en réalité, que 20 000 $.

La première règle d'or est donc de planifier vos finances personnelles en fonction de votre revenu NET. Oubliez tout simplement le chiffre de votre salaire brut : c'est une fiction, une vision de l'esprit ! En matière de finances personnelles, c'est toujours le revenu net qui compte. C'est vrai tout le temps, y compris lorsque vient le moment de calculer sa capacité de rembourser une hypothèque ou tout autre emprunt, comme nous le verrons plus loin.

☐ Commencez donc par calculer votre revenu net, celui qui figure sur votre chèque de paie, et ramenez-le sur une base annuelle. Si vous êtes payé à toutes les semaines (ce qui est l'idéal pour mieux planifier un budget), multipliez par 52. Si vous êtes payé aux deux semaines, multipliez par 26. Répétez la même opération, s'il y a lieu, pour votre conjoint. Dans l'immense majorité des cas, les salaires constituent, de très loin, le gros des revenus d'un ménage. Si vous êtes retraité, ou bénéficiaire de l'aide sociale (ce qui ne devrait surtout pas vous empêcher de faire un budget, au contraire !), calculez vos pensions ou allocations comme « salaire ».

☐ Ajoutez ensuite les autres revenus que vous prévoyez recevoir au cours de l'année : allocations familiales, intérêts et dividendes, revenus de loyers. L'opération, certes, est un peu plus complexe que le calcul du salaire annuel. Surtout, ne vous tracassez pas si vous ne parvenez pas à chiffrer vos revenus d'intérêt un an à l'avance : ce serait à peu près impossible de toute façon. Vous avez quand même une bonne idée du solde de votre compte en banque, de vos placements, des taux d'intérêt en vigueur. Contentez-vous d'une approximation. Si vos revenus d'intérêt sont élevés (500 $ ou plus), ils peuvent être imposables, et il faut en tenir compte. Les revenus de loyers sont relativement faciles à calculer. Nous ne parlons pas ici du propriétaire d'un immeuble à appartements (qui a déjà, ou devrait avoir, un comptable), mais du particulier, propriétaire de duplex ou de triplex. Si c'est votre cas, vous avez probablement déjà une comptabilité séparée qui vous indique ce que vous recevez en loyers, et les dépenses que le(s) logement(s) peut entraîner. Les allocations familiales sont également faciles à calculer : multipliez le montant de vos chèques mensuels par douze. Ces calculs ne doivent surtout pas vous décourager de faire un budget. Tous ces revenus ne représentent probablement qu'une petite portion de vos salaires, et cela n'a pas de conséquences dramatiques si votre calcul n'est pas extrêmement précis.

Le grand total vous donnera votre revenu annuel net.

La famille Toutou a deux sources principales de revenus. Le salaire de monsieur, qui est de 395$ par semaine, et le salaire de madame, qui travaille à temps partiel et reçoit 440$ à toutes les deux semaines. Nous parlons toujours, ici, de salaires nets. Cela fait 31 980$ par année. Le solde habituel du compte d'épargne véritable des Toutou oscille autour de 5 000$, ce qui devrait leur rapporter à peu près 300$ en intérêt. Ajoutons 700$ pour les allocations familiales. Le revenu net annuel de la famille atteint donc 32 980$.

ÉTAPE 2 vos dépenses

Il s'agit maintenant de calculer vos dépenses, toujours sur une base annuelle. C'est un peu plus difficile que le calcul des revenus. Votre expérience sera souvent votre seul guide. Comme dans le cas de certains revenus d'appoint, ne vous découragez pas si vous ne parvenez pas à prévoir vos dépenses avec une précision rigoureuse.

Pour un ménage type, nous distinguerons dix postes de dépenses, qui recouvrent les besoins financiers de la plupart des ménages.

1) Le logement

Le logement est une dépense incompressible. Cela veut dire qu'il vous est impossible de tenter de sauver de l'argent à ce chapitre. À court terme, du moins ; parce que, comme nous le verrons plus tard, il y a moyen d'épargner des milliers de dollars en planifiant soigneusement son remboursement hypothécaire.

En attendant, vous savez d'avance quel sera le montant de votre loyer ou de votre versement hypothécaire mensuel. Multipliez ce montant par douze. Ajoutez-y le montant annuel des taxes. Au besoin, consultez votre hôtel de ville. Si vous prévoyez acheter au cours de l'année un meuble ou un appareil électroménager, il faut également en tenir compte. Enfin, les travaux que vous comptez entreprendre au cours de l'année (finition du sous-sol, rénovation d'une pièce) devront également être budgétisés.

La famille Toutou est propriétaire d'une maison unifamiliale en banlieue. Le versement hypothécaire, capital et intérêts, s'élève à 425 $ par mois, ou 5 100 $ par année. Les taxes s'élèvent à 1 500 $. Au cours de l'année, on prévoit remplacer le vieux tapis du salon. Une dépense de 1 000 $. On aimerait bien, aussi, se procurer un four à micro-ondes, et on prévoit une dépense de 600 $ pour cela. Cela fait donc, en tout, 8 200 $.

---

2) La nourriture

En vous appuyant sur votre expérience, déterminez le montant que vous devriez consacrer à votre liste d'épicerie hebdomadaire. Même si nous parlons ici du poste budgétaire « nourriture », la plupart des gens trouvent plus pratique d'y inclure tout ce qu'ils achètent normalement à l'épicerie, incluant savons, cosmétiques, balais, sirop contre la toux, etc.

Quant aux repas pris au restaurant, il est de loin préférable de ne pas les calculer ici : ce serait compliquer inutilement les choses. Nous en reparlerons plus loin. La façon la plus simple et la plus pratique de procéder, c'est de calculer, au poste nourriture, le montant de l'épicerie, et des biens de consommation courante que l'on achète en même temps.

■ *Monsieur Toutou, qui fait le marché à chaque semaine, sait très bien que la note représente en moyenne 90 $. Personne ne lui demande de faire de savantes prévisions sur les variations des prix alimentaires au cours de l'année. Mais, prudente, la famille inscrira 100 $ par semaine à son budget pour l'an prochain. Si les prix montent, les Toutou pourront faire face à la situation. S'ils restent stables, ils pourront acheter un peu plus de petites gâteries ! Sur une base annuelle, cela fait donc 5 200 $ pour la nourriture.*

---

3) Le vêtement

Ici aussi, votre meilleur guide est l'expérience. Vous savez à peu près quels seront vos besoins à ce chapitre pour les douze prochains mois. Vous avez aussi une bonne idée des prix. Déterminez donc, pour chaque membre de la famille, le montant qu'il faudra consacrer à l'achat de vêtements et chaussures. L'achat de vêtements constitue souvent un piège dangereux, parce que c'est la dépense irrégulière par excellence. On n'achète pas de vêtements à chaque semaine, et les besoins varient d'une année à l'autre. On a ainsi tendance à acheter au fur et à mesure que les besoins ou le goût se présentent, ou que la mode change. Ce n'est pas toujours facile de tout prévoir à ce chapitre, mais il y a moyen, pour la plupart d'entre nous, d'en arriver à une prévision relativement fiable. Lorsque vous ferez votre prochain budget, vous verrez dans quelle mesure vos prévisions étaient exactes, et vous pourrez apporter les corrections nécessaires.

■ *Monsieur et madame Toutou calculent leurs besoins et ceux de leurs enfants. Madame prévoit acheter un nouvel ensemble pour le printemps, deux nouvelles robes ; elle a besoin de nouvelles bottes pour l'hiver, et aussi d'une nouvelle paire de* *chaussures, elle veut se garder une provision pour ses bas et sous-vêtements, elle aimerait bien un ou deux chandails neufs, quelques blouses, peut-être un foulard de soie. Total : 900 $. Monsieur a besoin de refaire sa provision de chemises et de bas, il aimerait ajouter un complet à sa garde-robe et remplacer son vieux pardessus : lui aussi aura besoin de chaussures neuves. Total : 700 $. Ils calculent ensuite les besoins des enfants : souliers, chandails, pantalons, pantoufles, manteaux, etc. Total : 900 $. Dans l'année, les besoins en vêtements de la famille Toutou atteindront donc 2 500 $.*

---

4) Les services

Déterminez le montant que vous consacrerez annuellement au téléphone, au chauffage, à l'électricité ou au gaz, au câble. Certains de ces services peuvent être inclus dans le loyer, si vous êtes locataire ; dans ce cas, ne vous cassez évidemment pas la tête, et incluez simplement les montants en cause dans vos dépenses de logement. Si vous êtes habitué à utiliser fréquemment l'interurbain, ne pas oublier de prévoir les montants en conséquence. Pour déterminer les montants à consacrer à chaque dépense, consultez vos vieilles factures. Si vous devez payer des frais de garderie pendant que vous travaillez, il faut aussi les ajouter. Préférablement, les frais de gardiennage relatifs aux sorties des parents, le soir, devraient être comptabilisés sous le chapitre des loisirs, que nous verrons un peu plus loin. Les frais de garderie, le jour, sont difficilement compressibles ; vous travaillez tous les deux et vous n'avez pas le choix, il vous faut faire garder vos enfants à tel tarif.

La facture mensuelle de téléphone de la famille Toutou atteint en moyenne 30 $ (donc, 360 $ par année). Comme la maison est chauffée à l'électricité, l'importance de la facture varie selon les saisons. Pour l'ensemble de l'année dernière, les factures d'Hydro-Québec ont atteint 1 300 $. Si la famille Toutou n'avait pas conservé les talons de ses anciennes factures, elle aurait toujours pu consulter Hydro-Québec pour avoir une idée du montant à prévoir à son budget. Le câble coûte 18 $ par mois, ou 216 $ par année. La famille aimerait bien s'abonner à un canal de la télévision payante, et prévoit un montant de 150 $ pour cela. Les deux enfants fréquentant l'école, on n'a pas *à prévoir ici de frais de garderie. Total annuel des dépenses de la famille Toutou à ce chapitre : 2 026 $.*

---

5) Les assurances

Calculez ici ce que vous consacrez en assurances-vie, générales, automobile. Ces dépenses sont généralement incompressibles et très faciles à calculer. Vous n'avez qu'à consulter vos factures de l'an dernier pour connaître le montant de vos primes. Au besoin, passez un coup de fil à votre assureur, surtout si vous prévoyez un changement de primes (si vous avez eu la malchance d'avoir un accident ou si vous prévoyez changer de voiture, par exemple). Pour des raisons pratiques, ne tenez pas compte des primes d'assurance que vous payez au travail, et qui sont déduites à la source sur votre chèque de paie. Votre budget est élaboré à partir de vos revenus nets.

■ *Les primes d'assurance-vie en vigueur chez la famille Toutou coûtent 250 $ par année. L'assurance de propriétaire-occupant représente un autre 400 $. Enfin, l'assurance-automobile coûte 500 $. Total pour l'année : 1 150 $.*

---

6) Le transport

Calculez ici vos dépenses en essence, frais d'entretien de la voiture, billets d'autobus, immatriculation de la voiture et permis de conduire. Ajoutez-y, s'il y a lieu, les dépenses spéciales que vous prévoyez effectuer au cours de l'année (pneus d'hiver, par exemple). Les frais d'entretien, autres que changements d'huile et programmes d'entretien réguliers, sont assez difficiles à prévoir d'avance. L'idéal est de vous constituer une provision spéciale de quelques centaines de dollars par année, quitte à piger dans votre budget d'imprévus en cas de malchance. Ne calculez pas ici l'achat d'une nouvelle voiture, qui devrait être financée à même vos épargnes ou votre prêt-auto. L'épargne et les dettes, nous le verrons plus tard, devraient représenter un poste budgétaire à part.

■ *La voiture de la famille Toutou consomme 30 $ d'essence par semaine, ou 1 560 $ par année. Il faut y ajouter deux programmes d'entretien réguliers, quatre changements d'huile, une petite provision pour les menus articles (grattoir, lave-vitres). En tout, 300 $. On utilise assez fréquemment l'autobus pour se rendre en ville (environ deux fois par semaine), et le trajet revient à 3 $ aller-retour, pour une dépense de 312 $. Enfin, les Toutou conviennent de prévoir une provision de 350 $ au cas où des réparations plus importantes seraient nécessaires, et 175 $ pour l'achat, à l'automne, de pneus d'hiver. Au chapitre des transports, le budget atteindra donc 2 697 $.*

7) Les loisirs

Voilà un poste de dépenses qui varie beaucoup d'une famille à l'autre. Tout dépend de vos habitudes de vie, de vos préférences et, bien sûr, de vos moyens. Si vous ne faites pas de budget, il y a de bonnes chances pour que vous dépensiez beaucoup plus que vous ne le pensez à ce chapitre. Quel montant considérez-vous raisonnable pour vos sorties au restaurant (frais de gardiennage inclus), le cinéma, les jouets pour les enfants, les livres et disques, les cours de gymnastique ou de poterie des enfants, les vacances annuelles ? Combien dépensez-vous pour votre chalet ? Avez-vous l'intention d'acheter une piscine, un équipement de ski, une tente-roulotte ? Il faut tout prévoir cela, et l'exercice peut demander un effort spécial. C'est souvent au chapitre des loisirs qu'on a le plus tendance à oublier certaines dépenses.

■ *Toute la famille Toutou rêve d'aller passer une semaine en Floride, l'hiver prochain, et les parents croient que le moment est venu. C'est une dépense de 2 500 $. Monsieur et madame aiment bien s'évader du quotidien deux soirs par mois : le premier pour se taper un bon petit gueuleton au restaurant (90 $, incluant la gardienne pour les enfants, ou 1 080 $ par année) et le deuxième pour aller au cinéma (25 $, ou 300 $). Les abonnements à divers journaux et revues, l'achat de jouets de temps à autre, tout cela représente un autre 400 $. Il faudra aussi, cet hiver, acheter un équipement de ski de fond au plus jeune et des patins au plus grand. Encore 300 $. Enfin, une petite fin de semaine d'amoureux pour les deux parents, en juillet, coûtera*

400 $. Sans faire d'extravagances, notre famille en est ainsi arrivée à des dépenses annuelles de loisirs de 4 980 $.

---

8) L'épargne et/ou les dettes

L'épargne est un élément important du budget. Chez les spécialistes, on distingue ici deux « écoles ». La première considère qu'un budget équilibré consiste à soustraire les dépenses des revenus, et à définir le reste comme de l'épargne. Cette méthode est loin de faire l'unanimité. De nos jours, il est préférable de s'imposer un effort d'épargne, et de considérer cela comme un paiement que vous vous faites à vous-même. Sans cela, il vous sera pratiquement impossible de joindre les deux bouts. En conséquence, l'épargne doit figurer dans vos dépenses, exactement comme si vous aviez des dettes.

Votre effort d'épargne peut varier en fonction de votre revenu, de vos priorités, de vos objectifs, de vos dettes. Beaucoup de conseillers en finances personnelles retiennent la norme de 10 p. cent du revenu net. Cela est suffisant, dans la plupart des cas, pour se constituer un coussin confortable en cas de coup dur et défrayer certaines dépenses plus importantes.

Certes, ce n'est pas toujours facile. Plusieurs familles ont l'impression de vivre « à la cenne près ». Parler, dans les circonstances, d'un effort d'épargne peut sembler irréaliste. Mais pour la plupart des gens, cet effort peut être fait. Le seul problème est qu'on ne prend pas assez souvent la peine de scruter ses dépenses d'assez près. Votre budget sert justement à cela : il vous permettra de voir clairement où sont les « trous » dans l'administration de vos finances. Et vous vous rendrez sans doute compte, une fois votre budget terminé, que vous êtes probablement en mesure de commencer à épargner sérieusement !

Votre revenu net est de 327 $ par semaine, et vous dépensez tout cet argent ? Un budget vous permettra de faire attentivement le tour de vos dépenses, et vous indiquera sans doute qu'il y a moyen d'épargner. En mettant automatiquement 10 p. cent de ce montant de côté, soit 33 $, vous devriez vous arranger pour vivre avec 294 $. Est-ce si irréaliste que cela ? Au bout d'un an, cet effort vous placera à la tête d'un beau petit capital de 1 716 $... plus les intérêts. Et si les deux conjoints ont le même niveau de revenus, cela fera, avec les intérêts, plus de 3 500 $!

La norme de 10 p. cent n'est pas immuable. On la considère généralement comme confortable, mais vous pouvez ne pas être de cet avis. Peut-être préférez-vous 12 ou 15 p. cent? Si vos moyens vous le permettent et si vous vous sentez plus à l'aise de cette façon, n'hésitez pas. De la même façon, faire un prélèvement de 10 p. cent sur votre chèque de paie vous impose peut-être un effort trop considérable, compte tenu de vos autres obligations. Dans ce cas, fixez-vous une norme plus modeste, comme 8 ou 5 p. cent. L'essentiel, dans tout cela, est d'épargner.

Trois situations peuvent se présenter ici (nous retenons, dans ces exemples, la norme de 10 p. cent).

1) Vous n'avez aucune dette, sauf l'hypothèque sur votre maison.

2) Vous avez quelques dettes, mais les remboursements mensuels représentent moins de 10 p. cent de votre revenu net.

3) Les remboursements mensuels de vos dettes dépassent 10 p. cent de votre revenu net.

Dans le premier cas, vous avez possiblement les moyens de commencer, dès cette semaine, à mettre 10 p. cent de vos revenus nets de côté. Avant de penser à toute autre dépense, effectuez une retenue de 10 p. cent à même votre chèque de paie, et déposez-la!

Deuxième hypothèse: vous avez des dettes, mais vos remboursements sont inférieurs à 10 p. cent de votre revenu net. Dans ce cas, mettez la différence de côté.

Enfin, si les versements que vous effectuez sur vos dettes dépassent 10 p. cent de votre revenu net, vous n'avez pas le choix. Prévoyez, dans le budget, le montant nécessaire au remboursement de vos dettes, que cela atteigne 12, 15 ou 18 p. cent de votre revenu net. Rien ne vous empêche, cependant, et si vous pouvez vivre confortablement avec le reste, de consacrer 20 p. cent de vos revenus au poste épargne/dettes. Une partie servira à régler vos dettes, l'autre ira à l'épargne.

Si le paiement de vos dettes vous impose un tel sacrifice que vous n'êtes plus capable de mettre un cent de côté, il va de soi que vous renoncerez à tout nouvel emprunt jusqu'à ce que votre situation s'améliore.

■ *Les Toutou en ont encore pour six mois à rembourser l'emprunt contracté pour la voiture. Le versement mensuel s'élève à
310 $. Ils ont aussi accumulé, sur leur carte de crédit, une dette
de 700 $, qu'ils décident, sagement, de liquider à même leurs
épargnes (n'oublions pas qu'ils ont un compte d'épargne de
5 000 $). C'est une grosse ponction, certes, mais cela vaut mieux
que de reporter la dette, avec les intérêts qui s'y rattachent, de
mois en mois. La famille conserve quand même un coussin de
sécurité de 4 300 $. Le ménage, par ailleurs, a un revenu net de
2 748 $ par mois. Sa seule dette, le paiement sur la voiture,
représente plus de 11 p. cent du revenu net. On décide donc de
prévoir au budget familial un montant de 310 $ par mois pen-
dant les six premiers mois de l'année pour régler le cas de la
voiture. Pour le restant de l'année, on affectera 10 p. cent du
revenu net, soit 275 $, à l'épargne, ce qui permettra de ren-
flouer le compte d'épargne (descendu à 4 300 $ lors du règle-
ment de la carte de crédit) à 5 950 $. Total annuel pour l'épar-
gne et les dettes : 3 510 $. Ces dépôts rapporteront sans doute
quelques dizaines de dollars en intérêts. Tant mieux. Mais il
serait sans doute trop compliqué, à ce stade-ci, de se lancer
dans de savants calculs pour en déterminer le montant.*

*À noter que les 700 $ affectés au remboursement du solde
de la carte de crédit ne figurent pas au budget. La raison en est
simple : ce déboursé n'est pas financé à même le revenu de la
famille, mais à même ses épargnes. Un budget ne tient compte
que des revenus et des dépenses pendant une période donnée.
Les montants que vous possédez dans vos comptes d'épargne
doivent figurer dans un autre document, le bilan, que nous
étudierons plus loin.*

9) Les dépenses personnelles

Voilà un beau traquenard ! Avez-vous déjà essayé de calculer
ce que vous dépensez, en un an, en café au bureau, en cigarettes, en repas du midi au restaurant, en billets de loto, en
petites gâteries, en alcool ? Faites le calcul : il y a de bonnes
chances que le résultat vous surprenne.

La façon la plus pratique de prévoir ses dépenses personnelles est d'additionner les dépenses d'une semaine typique,
et de multiplier par 52. C'est souvent parce qu'on néglige de
prévoir un montant à ce chapitre qu'on se retrouve dans le
fossé !

Attention de ne pas tomber dans le piège le plus courant en sous-estimant vos dépenses ou en voulant trop couper à ce chapitre. Lorsqu'on fait un premier budget, on est toujours un peu surpris de voir tout l'argent consacré en dépenses personnelles. Le plus naturellement du monde, on est porté à sabrer d'abord dans ce superflu. Les belles résolutions pleuvent : et j'arrêterai de fumer, et tu réduiras ta consommation de bière, et j'apporterai mon lunch au bureau ! Attention ! Personne ne vous demande de mener une vie d'ascète parce que vous faites un budget.

Certes, il faut être réaliste et ne pas dépenser, là comme à tous les autres postes du budget, au-dessus de vos moyens. Vous fumez ? Eh bien, continuez et prévoyez un montant en conséquence à votre budget (tout en sachant bien, n'est-ce pas, qu'un non-fumeur a un revenu annuel net d'environ 1 000 $ de plus que le fumeur). Un budget trop sévère au chapitre des dépenses personnelles est irréaliste. Au bout de deux mois, trois mois, six mois, vous risquez de vous décourager et d'abandonner votre budget. Et avant de vous décider à recommencer un autre budget, cela peut prendre des années. Une règle, donc, à ne pas oublier : soyez réaliste dans l'évaluation de vos dépenses personnelles.

■ *Monsieur et madame Toutou fument une cartouche de cigarettes par semaine et dépensent 15 $ par semaine pour l'alcool. Ces deux dépenses représentent 1 800 $ par année. Le midi, monsieur mange habituellement à la brasserie, près de son bureau, et cela lui coûte à peu près 6 $ par jour ouvrable (1 380 $ par année). Madame aime bien aller chez la coiffeuse tous les mois, acheter deux ou trois « Mini » à l'occasion, aller jouer aux quilles avec ses amies une fois par mois (chaque soirée de quilles étant suivie, bien sûr, d'une petite sortie au restaurant). Voilà qui va chercher dans les 900 $ par année. Tout cela représente 4 080 $ par année. Ajoutons-y quelques menus frais (le coiffeur de monsieur, un paquet de gomme à mâcher de temps à autre), et arrondissons le tout à 4 400 $. C'est presque deux fois plus que les besoins en vêtements de la famille et pourtant, comme on le voit, les Toutou ne commettent guère de folies à ce chapitre.*

---

10) Les imprévus

Une malchance avec la voiture, la parenté qui s'amène sans prévenir, une envie soudaine de se payer une sortie ou un petit luxe non prévu au budget, le toit qui se met à couler ou le réfrigérateur qui fait défaut. Voilà autant d'éléments, petits et gros, qui peuvent déséquilibrer votre budget.

Évitez d'être pris au dépourvu : constituez une petite provision pour faire face à ces situations sans vous mettre la corde au cou. Et si aucun malheur ne vous tombe sur la tête au cours de l'année, tant mieux : vous aurez amélioré d'autant votre situation financière.

Avec le temps, votre réserve pour imprévus va former un « coussin de sécurité ». Ce coussin est sacré. C'est une assurance contre les coups durs, contre vos propres coups de tête...

Combien devrez-vous consacrer à cette réserve ? Certains spécialistes avancent la règle du mois de salaire : on devrait toujours avoir de côté l'équivalent d'un mois de salaire net. C'est un principe qui en vaut d'autres, mais il n'est pas coulé dans le ciment. À ce chapitre, tout dépend de vos revenus et de vos habitudes de vie.

Un jeune couple qui prévoit avoir un enfant d'ici à quelques années devrait étoffer davantage sa réserve. Si vous envisagez un déménagement, vous aurez également besoin d'un bon coussin. Règle générale, les propriétaires sont susceptibles d'avoir à affronter plus d'imprévus que les locataires.

L'important est de se fixer un montant-plancher et de s'arranger pour que la réserve ne crève jamais ce minimum. Si, pour une raison ou une autre, vous devez piger dans votre réserve (et cela arrivera inévitablement un jour ou l'autre), accordez la priorité, dans les semaines et les mois suivants, à sa reconstitution.

■ *Considérant qu'elle dispose déjà d'un petit coussin d'épargne, et ne prévoyant aucune dépense exceptionnelle durant l'année (le toit de la maison a été refait à neuf il y a deux ans, les deux parents possèdent des emplois stables, tous les appareils électroménagers semblent en bon état), la famille Toutou décide de mettre 15 $ de côté, chaque semaine, pour les imprévus. Ce n'est pas énorme, mais ça pourra servir de fonds de dépannage. Pour l'année, cela fait 780 $.*

---

les ajustements

Jusqu'à maintenant, vous avez fait des prévisions, des calculs, et vous avez aligné des chiffres. C'était, si l'on veut, la partie technique de votre budget. Vous avez, devant vous, deux colonnes. La première indique vos revenus nets, et l'autre vos prévisions de dépenses pour la prochaine année. L'étape des ajustements constitue le «coeur» de l'exercice. C'est ici que les choix importants devront se faire !

Votre budget vous indique peut-être que vos revenus sont supérieurs à vos dépenses. C'est très bien. Vous avez un budget excédentaire et vous pouvez augmenter votre épargne d'autant, ou encore décider de consacrer plus d'argent à tel ou tel poste budgétaire.

Si, au contraire, vous prévoyez dépenser plus que vous ne gagnez, votre budget est déficitaire et il faudra procéder à des coupures.

C'est un choix difficile. Quand les gouvernements sont dans la même situation, ils parlent de choix «déchirants» ! Mais vous avez au moins, grâce à votre budget, la possibilité de décider où il faut couper, selon vos goûts ou vos priorités : vous pouvez retarder l'achat de quelque pièce de mobilier, diminuer vos sorties, rajuster votre provision pour imprévus à la baisse, prévoir des vacances moins coûteuses.

Vous pouvez aussi remettre en question vos habitudes de consommation. Est-il nécessaire de consacrer autant d'argent à l'épicerie ? N'y a-t-il pas moyen d'être davantage à l'affût des spéciaux ? De faire provision d'articles non périssables lorsque ceux-ci sont en vente ? Achetez-vous toujours vos vêtements au bon moment ? Vous êtes-vous renseigné sur vos primes d'assurances ? Un autre assureur pourrait-il vous offrir une protection semblable à meilleur marché ? Vos coûts de chauffage pourraient-ils être réduits par la pose de coupe-froid plus efficaces, par exemple ? Profitez-vous des ventes dans les grands magasins ? Comparez-vous le rapport qualité-prix avant de faire un achat important ? Est-il bien nécessaire de payer quelqu'un pour déblayer votre entrée, l'hiver ? Avez-vous tendance à jeter des vêtements qui pourraient encore servir un an ou deux ?

Même si votre budget est excédentaire, rien ne vous empêche de repasser vos dépenses en revue. Ce que vous sauve-rez ainsi augmentera d'autant votre revenu net.

Que l'on coupe certaines dépenses et qu'on en diminue d'autres en modifiant ses habitudes de consommation, l'ob-jectif est finalement de faire en sorte que les dépenses ne dépassent jamais les revenus.

Si vous êtes fortement endetté, il se peut que ce soit im-possible, les remboursements de dettes accaparant une part tellement importante des revenus qu'il reste tout juste de quoi vous procurer le strict minimum. Dans un tel cas, votre priorité budgétaire est évidemment de réduire votre endette-ment. Rangez vos cartes de crédit dans le fond d'un tiroir. L'année prochaine, ou dans deux ou trois ans, vous vous sor-tirez du « trou » et pourrez recommencer à fonctionner avec des finances plus saines.

L'étape des ajustements fait de vous le maître du jeu. À vous de décider, en fonction de vos propres habitudes de vie, vos goûts, préférences, priorités, où va aller l'argent que vous recevez !

■ *Voyons maintenant le budget de la famille Toutou :*

REVENUS...32 980 $

MOINS : Logement...8 200 $
           Nourriture...5 200 $
           Vêtement...2 500 $
           Services...2 026 $
           Assurances...1 150 $
           Transport...2 697 $
           Loisirs...4 980 $
           Épargnes/dettes...3 510 $
           Dépenses personnelles...4 400 $
           Imprévus... 780 $

TOTAL DES DÉPENSES...35 443 $

■ *Le budget de la famille Toutou est déficitaire. Avec des dépen-ses de 35 443 $ et des revenus de 32 980 $, ce déficit atteint 2 463 $. Madame et monsieur vont donc tout repasser leur bud-*

get, par le long et le large. Le couple pourrait d'abord être tenté de couper dans l'épargne. Après tout, pourquoi consacrer 1 650 $ à l'épargne si c'est pour se retrouver de 2 463 $ dans le «trou»? Couper à ce chapitre constituerait cependant un mauvais calcul, puisqu'on ne ferait que changer le mal de place. Deuxième tentation: couper dans les dépenses personnelles. Mais nous avons vu que les Toutou ne font pas d'extravagances à ce poste. De temps à autre, Monsieur pourrait se priver d'une ou deux bières, le midi, à la brasserie, et on pourrait ainsi aller chercher 100 $ ou 200 $ par année. Ou Madame pourrait renoncer à ses «Mini», et épargner un autre 100 $. Tout cela n'est pas réaliste. Se priver de ces petits plaisirs, c'est s'exposer à abandonner le budget au bout de quelque temps. On va donc regarder ailleurs. Pas question de couper la nourriture, les vêtements, le logement, les assurances (bien qu'en passant tout cela en revue, on s'aperçoit qu'on dépense peut-être un petit peu trop). Par contre, le simple fait de retarder les vacances en Floride d'un an (2 500 $) pourrait facilement transformer le déficit en surplus. L'an prochain, grâce à l'épargne mensuelle, le financement du voyage en Floride ne posera plus de problème. Par contre, c'est là un très gros sacrifice, puisqu'il y a des années que les enfants (et les parents aussi...) rêvent de ce voyage. Une autre solution consiste à retarder l'achat du nouveau tapis (1 000 $), à diminuer la provision pour imprévus à 200 $ puisque, de toute façon, on peut toujours, en cas de coup dur, s'appuyer sur son compte d'épargne, et sacrifier quelques sorties au restaurant à 90 $. On récupère ainsi le déficit. Mais ce ne sont là que deux possibilités, et les Toutou auront à faire leur choix, selon leurs propres critères. Disons, pour les fins de notre exemple, qu'ils finissent par se décider de retarder l'achat du tapis (1 000 $) et du micro-ondes (600 $) d'un an, à diminuer leur réserve pour imprévus à 520 $ (au lieu de 780 $, c'est-à-dire qu'on mettra 10 $ de côté par semaine au lieu de 15 $), et à couper leurs sorties au restaurant de moitié (540 $). Leur déficit ne sera plus que de 63 $, montant négligeable et facilement récupérable (il suffira de déposer un tout petit peu moins dans le compte d'épargne). Leur budget est maintenant équilibré. L'an prochain, avec leur niveau d'épargne et l'absence de toute dette, l'achat du tapis et du micro-ondes sera facilement réalisable.

ÉTAPE 4

diviser par 52

La dernière étape consiste, le plus simplement du monde, à diviser votre revenu et chaque poste de dépenses par 52. De cette façon, pour chaque semaine, vous saurez exactement le montant dont vous disposez, et comment vous devriez l'utiliser. Si vous êtes payé à la semaine, votre budget sera forcément plus facile à organiser. Quelques spécialistes considèrent qu'il vaut mieux structurer un budget selon les périodes de paie. Une personne payée aux deux semaines, selon cette théorie, devrait diviser ses dépenses par 26. Cela peut être plus pratique dans le cas des dépenses irrégulières (vêtements) ou annuelles (certaines assurances). Mais, comme beaucoup de dépenses importantes (épicerie, dépenses personnelles, transport, certaines dépenses de loisirs) se calculent sur une base hebdomadaire, la plupart des gens trouveront plus pratique d'organiser le tout en 52 semaines.

■ *La famille Toutou dispose d'un revenu hebdomadaire de 634 $ (soit 32 980 $, divisés par 52). Les ajustements faits à leur budget portent le poste logement de 8 200 $ à 6 600 $. À chaque semaine, M. et Mme Toutou devront mettre de côté 127 $ (6 600 $ divisés par 52) pour payer l'hypothèque et les taxes. La nourriture, nous l'avons vu, revient à 100 $ par semaine. On déposera 48 $ par semaine pour acheter des vêtements, 39 $ pour payer le téléphone, l'électricité et le câble, 22 $ pour les assurances, et ainsi de suite.*

Le budget que nous venons de voir constitue un exercice type. RIEN ne vous empêche de le modifier, particulièrement au chapitre des postes de dépenses, pour qu'il colle davantage à votre réalité. Vos enfants fréquentent des institutions d'enseignement privé? Prévoyez un nouveau poste budgétaire spécial pour cela.

Rien n'est prévu non plus pour les cadeaux, qui peuvent être pris soit à même les dépenses personnelles, soit à même un poste spécial. De la même façon, on peut ajouter de nouveaux postes pour une foule de raisons: il peut s'agir des

Faites votre propre budget

	$ Par année	$ Par semaine

1) REVENUS

	Par année	Par semaine
Salaire net	_____	_____
Salaire net du conjoint	_____	_____
Allocations familiales	_____	_____
Intérêts, dividendes	_____	_____
Revenus nets de loyers	_____	_____
Pensionnaires	_____	_____
Autres revenus	_____	_____

TOTAL _____ _____

2) DÉPENSES

a) Le logement

	Par année	Par semaine
Loyer ou versement hypothécaire	_____	_____
Taxes	_____	_____
Entretien et réparations	_____	_____
Achat de meubles, tapis, appareils électroménagers	_____	_____
Arbustes, haies, fleurs, autres travaux sur le terrain	_____	_____
Autres	_____	_____

b) La nourriture

	Par année	Par semaine
Épicerie	_____	_____
Dépenses connexes	_____	_____

c) Le vêtement

	Par année	Par semaine
Pour lui	_____	_____
Pour elle	_____	_____
Pour les enfants	_____	_____

	$ Par année	$ Par semaine

d) Les services

	Par année	Par semaine
Électricité	_____	_____
Gaz	_____	_____
Chauffage	_____	_____
Téléphone	_____	_____
Câble	_____	_____
Déblaiement de l'entrée, gazon	_____	_____
Frais de garderie	_____	_____
Autres	_____	_____

e) Les assurances

Vie	_____	_____
Maison	_____	_____
Automobile	_____	_____

f) Le transport

Essence	_____	_____
Billets d'autobus	_____	_____
Changements d'huile	_____	_____
Entretien de la voiture	_____	_____
Immatriculation	_____	_____
Permis	_____	_____
Autres	_____	_____

g) Les loisirs

Sorties au théâtre, cinéma, restaurant, hockey, etc.	_____	_____
Livres, disques	_____	_____
Jeux, jouets	_____	_____
Achat d'équipement sportif	_____	_____
Autres frais reliés à la pratique d'un sport (quilles, ski, jogging)	_____	_____
Revues, journaux	_____	_____
Autres	_____	_____

	$ Par année	$ Par semaine
h) L'épargne et/ou les dettes		
10 p. cent du revenu net		
MOINS : Remboursement de dettes		
Épargne (ou dettes)		
i) Les dépenses personnelles		
Argent de poche pour elle		
Argent de poche pour lui		
Allocations aux enfants		
Tabac		
Alcool		
Billets de loto		
Repas du midi au travail		
Autres		
j) Provision pour imprévus		
TOTAL		

REVENUS _____ $
MOINS : DÉPENSES _____ $ = _____ $
(surplus ou déficit)

médicaments (s'ils ne sont pas couverts par l'assurance), des bijoux (si vous avez l'habitude d'en acheter beaucoup), des oeuvres de charité. Vous pouvez énumérer vous-même les postes de dépenses qui collent le plus à vos habitudes.

L'essentiel est de prévoir, avec la plus grande précision possible, quels montants vous allez dépenser et à quelles fins.

Plus on est serré dans ses finances, plus on a besoin d'un budget serré. Les diplômés qui arrivent sur le marché du travail, les jeunes couples, les ménages fortement endettés ont intérêt à concevoir un budget au dollar près.

Pour ceux qui peuvent respirer un peu plus à l'aise, il n'est pas forcément nécessaire de s'astreindre, dans les moindres détails, à tout le cheminement que nous venons de voir. Dans tous les cas, cependant, il est essentiel de tracer son budget, ne serait-ce que dans les grandes lignes, au moins une fois par année. Même si vous vous sentez tout à fait au-dessus de vos affaires, imposez-vous cet exercice. Peut-être serez-vous surpris de voir où vont vos revenus. L'élaboration d'un budget constitue en outre l'occasion idéale, comme nous l'avons vu, pour revoir vos habitudes de consommation. Non seulement vous saurez par où passent vos revenus, vous saurez aussi par où votre argent coule...

Devenez administrateur

Faire un budget, ce n'est pas compliqué. Le respecter, c'est autre chose.

Le meilleur des budgets ne demeurera qu'un exercice théorique s'il n'est pas accompagné d'une bonne administration. Heureusement, cela non plus n'est pas tellement compliqué. Voyons comment on peut organiser, de façon pratique, l'administration budgétaire du foyer.

Des documents importants

D'abord, réservez, dans un tiroir quelconque, un espace pour vos documents budgétaires. Ceux-ci devront comprendre :

☐ Votre budget, que vous refaites une fois par année, et que vous pouvez modifier en cours de route selon les circonstances ; avec un bon budget, vous êtes le maître du jeu, ne l'oublions pas !

☐ Votre bilan, document qui devrait aussi être refait à tous les ans, et lors de toute transaction importante ; nous verrons un peu plus loin comment dresser un bilan.

☐ Un livre de comptes, qui vous permet de suivre de près l'évolution de votre situation financière.

Le budget et le bilan sont les deux documents de base de votre système. Ils vous permettent de voir, en un coup d'oeil, où vous en êtes et dans quelle direction vous allez. Vous pouvez corriger le tir à volonté. Si aucun événement important ne vient bousculer votre planification budgétaire, vous n'aurez besoin de retoucher ces deux documents qu'une fois par année.

Votre livre de comptes

Il en va autrement du livre de comptes, instrument de gestion

40

où vous aurez à faire de fréquentes entrées. Un simple calepin, ou cahier d'exercices, fera l'affaire.

Votre livre de comptes sert essentiellement à noter vos dépenses, de façon à mieux les contrôler. Il existe plusieurs façons de tenir sa comptabilité. Un livre de comptes comprenant quatre colonnes sera suffisant.

Au début de la semaine, remplissez d'abord la première colonne en écrivant le montant déjà prévu au budget pour chaque poste de dépenses, à l'exception de l'épicerie, des dépenses personnelles et de l'épargne. Ces trois derniers postes budgétaires méritent une administration séparée, pour des raisons évidentes :

☐ Dans le cas de l'épicerie, vous allez au marché avec un montant X, que vous avez déjà budgétisé.

☐ Pour les dépenses personnelles, vous avez droit, selon votre budget, à une allocation fixe qu'il vous appartient d'administrer ; il n'est pas question ici de s'astreindre à noter dans votre livre chaque eau gazeuse, chaque paquet de cigarettes ou de gomme à mâcher, chaque sandwich du midi. L'exercice serait trop fastidieux. À vous de vous arranger pour passer la semaine avec votre allocation.

☐ Quant à l'épargne, vous n'avez pas besoin d'un livre de comptes, celui-ci existant déjà (c'est votre livret de banque).

Pour tous les autres postes, donc, vêtement, logement, loisirs, assurances, services, etc., inscrire le montant prévu au budget.

La deuxième colonne sert ensuite à noter le montant accumulé à chaque poste budgétaire. Dans la troisième colonne, on indique les dépenses au fur et à mesure qu'on les effectue. Enfin, la quatrième colonne sert à inscrire le solde, après les dépenses.

Tout cela mérite un exemple. Supposons que vous avez prévu 25 $ par semaine pour les vêtements. Votre livre de comptes pourrait, au fil des semaines, évoluer de la façon indiquée au tableau de la page ci-contre.

Dans cet exemple, étalé sur trois mois, vous avez acheté, disons, un chandail à 30 $ au bout de quatre semaines. Cet achat a fait baisser votre réserve de 100 $ à 70 $. La semaine suivante, vous y ajoutez un autre 25 $ (première colonne), pour porter le total cumulatif à 95 $ (deuxième colonne). Comme vous ne dépensez rien en vêtements cette semaine-là

	Montant prévu au budget	Montant accumulé	Dépenses	Solde
Semaine 1	25	25	0	25
Semaine 2	25	50	0	50
Semaine 3	25	75	0	75
Semaine 4	25	100	30	70
Semaine 5	25	95	0	95
Semaine 6	25	120	75	45
Semaine 7	25	70	0	70
Semaine 8	25	95	55	40
Semaine 9	25	65	40	25
Semaine 10	25	50	10	40
Semaine 11	25	65	0	65
Semaine 12	25	90	0	90
Semaine 13	25	115	0	115

(le 0 de la troisième colonne), votre solde est de 95 $. Mais deux semaines plus tard, vous achetez une paire de souliers à 75 $, et rajustez votre réserve en conséquence. En trois mois, vous avez acheté pour 210 $ de vêtements (soit le total de tous les montants inscrits dans la troisième colonne), et votre réserve atteint 115 $.

Cette comptabilité peut sembler fastidieuse de prime abord, mais elle ne prend que quelques minutes par semaine. Essayez, vous verrez !

Il n'est pas nécessaire, pour tout le monde, de remplir obligatoirement un livre de comptes pour chaque poste budgétaire, à chaque semaine. Si vous vous sentez « serré », que vous avez l'impression de tirer le diable par la queue à toutes les fins de mois, que vous ne parvenez jamais à joindre les deux bouts, le livre de comptes est l'instrument idéal pour contrôler vos dépenses. N'hésitez pas à y recourir. Le livre de comptes est également utile à ceux qui ont de bons revenus, mais qui voient l'argent leur couler entre les doigts. Une comptabilité bien à jour leur permettra sans doute de repérer les fuites, de mieux contrôler leurs dépenses, et d'augmenter leur épargne en conséquence. Par contre, si vous vous sentez un peu plus à l'aise, si vous savez que vous êtes en mesure de faire face à vos obligations sans vous casser la tête à chaque fois qu'une facture arrive, si vous êtes certain de respecter le montant budgétisé à chaque chapitre, sans avoir à tenir une comptabilité hebdomadaire, vous pouvez probablement vous en dispenser. Mais assurez-vous de bien contrôler vos dépenses!

Enveloppes ou compte bancaire?

Il existe diverses méthodes pour mettre de côté, à chaque semaine, les montants prévus aux différents postes budgétaires. La populaire méthode des enveloppes consiste à déposer l'argent comptant dans une série de petites enveloppes, et à y puiser les montants nécessaires lorsque vient le moment de régler les factures. Par exemple, on met 4 $ à chaque semaine dans l'enveloppe «téléphone» pour régler cette dépense, 10 $ dans l'enveloppe «sortie du mois au restaurant», etc.

La méthode a trois inconvénients:

☐ D'abord, vous gardez beaucoup trop d'argent liquide à la maison; en cas d'incendie, de vol ou autre malchance, vous pourriez le regretter;

☐ Ensuite, vous vous exposez inutilement à la tentation d'y «emprunter» à l'occasion, surtout si vous n'avez pas l'habitude des budgets;

☐ Enfin, vous vous privez de l'intérêt que vous pourriez empocher si cet argent était déposé en banque.

Malgré cela, si vous vous sentez à l'aise avec cette méthode, vous pouvez toujours l'utiliser.

Une méthode plus sophistiquée, employée par la plupart des gens, consiste à administrer ses dépenses à l'aide de deux comptes bancaires: le premier pour déposer, le deuxième pour tirer les chèques.

Toutes les banques et caisses populaires offrent d'ailleurs ce service combiné, et y ont inclus divers avantages. Les banques et caisses offrent aussi, pour ceux qui conservent un solde mensuel minimal, un compte unique avec privilège de chèques, rapportant un rendement plus intéressant que les deux comptes classiques. Les modalités varient selon les institutions. Parlez-en à votre gérant de banque ou de caisse populaire. L'administration à l'aide d'un ou de plusieurs comptes bancaires est simple. Il vous suffit de déposer les montants nécessaires pour faire face à vos obligations, selon ce que vous avez prévu à votre budget.

On peut aussi ouvrir trois, quatre, cinq comptes de banque différents, pour les dépenses plus importantes. Dans l'un, on dépose à chaque semaine un petit montant pour les vacances annuelles. Dans l'autre, un petit montant pour l'achat d'un nouveau téléviseur, etc.

Rien ne vous empêche, naturellement, de combiner plusieurs méthodes, selon vos goûts. L'important est de se sentir à l'aise avec la méthode choisie.

Combien allouer à chaque poste budgétaire ?

Quel pourcentage de son revenu devrait-on idéalement consacrer à chaque poste de dépenses de son budget ? Les spécialistes du marché de l'habitation, par exemple, disent qu'il ne faut pas consacrer plus du quart de son revenu à ce chapitre. Mais certains parlent de 30 p. cent. Et la famille qui consacre 25 p. cent de son revenu aux loisirs ? Dépense-t-elle trop, juste ce qu'il faut, ou pas assez ? Et jusqu'où peut-on aller pour financer sa voiture ?

À ces questions, il existe à peu près autant de réponses que de ménages. Tout dépend, en premier lieu, de vos choix personnels, de vos habitudes de vie, de vos priorités et, bien sûr, de votre endettement.

Ainsi, il n'existe aucun pourcentage « idéal » pour les loisirs, le vêtement, le transport. Si vous voulez rouler en grosse voiture, quitte à sacrifier sur vos vêtements et dépenses personnelles, c'est votre affaire !

Par contre, on peut certes fixer une proportion maximale pour certaines dépenses qui supposent un engagement à long terme, comme l'hypothèque, ou pour les dépenses régulières importantes, comme l'épicerie.

■ *La famille Zonzon et la famille Zaza sont voisines. Le revenu net total des deux familles est le même : 25 000 $ par année.*

Les Zonzon sont de bons vivants : ils ont un faible pour les grands restaurants, les beaux vêtements, les bons vins. Les Zaza ne tiennent pas tellement aux grandes sorties, s'habillent convenablement mais sans plus, et conduisent une petite voiture économique ; par contre, ils tiennent mordicus à passer deux semaines en Floride à chaque hiver, et n'hésitent pas à investir chaque année une somme substantielle en mobilier et travaux sur leur propriété. L'an dernier, c'était l'achat d'une piscine, cette année, c'est l'acquisition d'un four à micro-ondes, d'un magnétoscope et d'un nouveau tapis, l'an prochain, on envisage la finition du sous-sol, etc.

Les budgets des deux familles reflètent cette différence.

Chez les Zonzon, on a prévu 250 $ par mois pour les sorties, 6 000 $ pour l'achat de vêtements neufs au cours de l'année, et 50 $ par semaine pour la SAQ. Ainsi, les Zonzon consacrent 12 p. cent de leurs revenus nets en sorties au restaurant, 24 p. cent en vêtements, et plus de 10 p. cent à la SAQ.

Chez les Zaza, on ne calcule qu'une sortie familiale par mois dans un restaurant à prix modérés (600 $ par année, ou 2,4 p. cent des revenus nets), 2 000 $ en vêtements (8 p. cent) et à peine 300 $ par année à la SAQ (1,2 p. cent).

Quelle est la famille la plus «raisonnable»? Les Zaza, se-rait-on porté à répondre. Pas nécessairement.

Le voyage annuel en Floride pour toute la famille représen-te des dépenses de 4 600 $. En outre, les «projets» envisagés par les Zaza au cours de l'année représentent des déboursés de 5 000 $ (les Zaza ne se contentent pas de tapis de second ordre, et sont prêts à mettre le paquet sur le vidéo). Par contre, leurs voisins, les Zonzon, ne sont pas intéressés à dépenser 4 600 $ en Floride, ni à acheter un nouveau tapis, un nouveau magnéto-scope, ou un nouveau four à micro-ondes!

Comme, dans les deux cas, on a organisé un budget en con-séquence, aucune des deux familles n'est plus «raisonnable» que l'autre! Évidemment, si les Zaza dépensaient autant que leurs voisins en sorties, vêtements et vins fins, tout en mainte-nant leurs autres dépenses, ils auraient des problèmes finan-ciers. De la même façon, les Zonzon ne pourraient se permettre d'ajouter le coût d'un voyage familial en Floride à leurs autres dépenses.

Cet exemple illustre bien l'idée qui se trouve derrière tout budget : il s'agit d'abord de savoir où va l'argent que l'on dé-pense! À partir de là, tout n'est qu'une question de choix et de priorités. Il démontre aussi à quel point un budget peut être souple.

Malgré cette souplesse, certains postes doivent faire l'ob-jet de restrictions. Distinguons-en trois : le logement, l'épice-rie et l'épargne.

☐ Le loyer (ou le versement hypothécaire) arrive en tête de liste des dépenses fixes. Priorités ou pas, il serait risqué de louer un logement à 800 $ par mois si vos revenus nets sont de 400 $ par semaine. Le même raisonnement vaut pour un versement hypothécaire. Pourquoi ?

Parce qu'il s'agit là d'un engagement à long terme, et que plus vous vous mettez sur le dos des engagements considérables, plus votre marge de manoeuvre sur le plan financier diminue. Pour le logement (taxes incluses si vous êtes propriétaire), la norme de 25 p. cent du revenu net est tout à fait confortable. C'est, en gros, la règle bien connue des milieux immobiliers : une semaine de salaire égale un mois de loyer ! C'est une norme stricte, et vous pouvez sans danger l'augmenter jusqu'à 30 ou 35 p. cent. Cela dépend en grande partie de votre revenu. Règle générale, plus votre revenu est élevé, plus vous pouvez augmenter ce pourcentage, puisqu'il vous reste plus d'argent pour régler vos autres dépenses. On pourrait vous conseiller de calculer en fonction de votre revenu brut. C'est toujours un exercice dangereux : 30 p. cent de votre revenu brut, cela représente peut-être 45 ou 50 p. cent de votre revenu net. Pouvez-vous vivre (et épargner) avec ce qui reste ?

☐ La liste d'épicerie devrait aussi être plafonnée. L'épicerie est un des postes de votre budget où vous consacrez le plus d'argent, et c'est une dépense qui revient régulièrement, semaine après semaine. Vous pouvez toujours, à l'intérieur du budget, «jouer» avec les vêtements, les disques et les livres, les dépenses personnelles. Augmenter telle dépense aux dépens d'une autre (comme l'ont fait nos amis les Zonzon et les Zaza).

Avec le marché, c'est plus difficile. Au départ, la nourriture est, en bonne partie, une dépense incompressible : chaque famille doit prévoir un minimum d'achats à chaque semaine. Toutefois, il est très facile de dépenser trop d'argent à l'épicerie, et il importe de se fixer un maximum hebdomadaire à ce chapitre. Combien de fois ne vous êtes-vous pas dit que votre liste d'épicerie coûtait trop cher ? Certes, le prix des aliments monte, et vous n'y pouvez rien. Mais si vous n'avez aucun moyen de contrôler votre marché, la note sera encore plus salée. La proportion maximale joue donc ici un rôle de balise. Ce maximum ne devrait pas dépasser 30 p. cent de votre revenu net.

Certaines personnes à faibles revenus n'auront pas le choix : pour arriver à nourrir convenablement leur famille, sans aucune extravagance, elles devront crever cette limite de

30 p. cent. L'épicerie devient une dépense tout à fait incompressible, et il faut malheureusement couper sur le reste (vêtements, loisirs, dépenses personnelles) pour arriver à boucler ce poste de dépenses.

☐ Un poste de dépenses qui n'a pas besoin de plafond, mais plutôt de plancher : c'est l'épargne. Nous avons vu, dans l'élaboration du budget, que chaque ménage devrait consacrer un pourcentage fixe de son revenu net à l'épargne. Si vous calculez avoir les moyens d'épargner 10 p. cent, considérez cela comme une « dette » et, à moins de circonstances exceptionnelles, ne descendez pas au-dessous de cette limite. Cela ne sert à rien de s'imposer un effort d'épargne si on gruge au fur et à mesure dans ses épargnes !

Pour tous les autres postes, il n'y a aucun principe sacrosaint. Au contraire : des normes fixes préétablies pourraient même s'avérer nuisibles, dans la mesure où elles peuvent vous inciter à concevoir un budget trop difficile à suivre, et conséquemment irréaliste. Dans la conception du budget, allez-y selon vos habitudes, votre style de vie.

Les bons trucs!

Ne devenez pas maniaque!

Tout ce que nous venons de voir peut donner le vertige, surtout si vous n'avez pas l'habitude des chiffres. Ne vous en faites pas pour autant! Un budget ne doit pas vous empêcher de jouir de la vie ou de bien dormir. C'est un exercice conçu pour y voir plus clair dans ses finances personnelles, pour se donner une meilleure marge de manoeuvre sur le plan financier en établissant un meilleur contrôle de ses dépenses. Ne devenez pas prisonnier de votre budget. Faites-le à tête reposée, lorsque vous en aurez le goût.

Ne devenez pas maniaque du calcul «à la cenne près». Au besoin, contentez-vous d'approximations. Et ne vous tracassez surtout pas si vous faites des erreurs de prévision. Même les ministres des Finances (surtout eux, pourrait-on ajouter) font de gigantesques erreurs dans leurs prévisions. Ce n'est surtout pas une raison pour les imiter: un gouvernement peut se permettre, beaucoup plus facilement que vous, de commettre des erreurs. Contrairement aux particuliers, un gouvernement a un certain contrôle sur ses revenus, qu'il peut augmenter en haussant les taxes et les impôts!

Allez-y donc au mieux de vos connaissances. Année après année, vous maîtriserez davantage l'art de faire votre budget, et viendra probablement un beau jour où quelques griffonnages réalisés en quelques minutes seront suffisants pour vous servir de guide toute l'année.

Étirez vos dollars

S'il est important d'avoir un budget équilibré, il est tout aussi important de savoir tirer le meilleur parti de vos dollars. Un consommateur averti réussit à sauver beaucoup d'argent, et augmente son revenu net en conséquence.

L'épicerie constitue un des principaux postes budgétaires du foyer. De façon générale, moins les revenus sont élevés, plus la proportion que l'on doit accorder à cette dépense grimpe. Or, s'il y a un domaine où l'argent peut facilement couler entre vos doigts, c'est bien celui-là.

Citons au moins trois moyens éprouvés de rationaliser les dépenses de nourriture :

☐ Ne jamais faire son marché avant un repas. Cela a été démontré mille fois : lorsqu'on a un petit creux à l'estomac, on achète beaucoup trop de choses qu'on est obligé de gaspiller par la suite.

☐ Ne jamais aller au marché avec plein d'argent. N'apporter que le montant correspondant à votre budget. Les marchés d'alimentation ont toujours quelque nouveauté à vous proposer, et il est tellement tentant de succomber à la tentation lorsqu'on a l'argent sur soi ! Il n'est certainement pas mauvais, au fur et à mesure que l'on garnit son panier de victuailles, d'additionner ses dépenses. Au besoin, munissez-vous de votre calculatrice de poche. Cela vous permettra d'ajuster vos achats au fur et à mesure.

☐ Enfin, sachez profiter des spéciaux. Les marchés d'alimentation se livrent à chaque semaine une vive concurrence pour attirer les clients chez eux. Chacun affiche ses « spéciaux » à pleines pages dans les journaux et, dans bien des cas, il ne s'agit pas d'attrape-nigauds, mais bel et bien d'aubaines véritables. Chaque marché espère ainsi que le client fera tous ses achats au même endroit. Mais rien ne vous y oblige ! Vous pouvez faire provision de jus de légumes et de mouchoirs de papier au marché X, de petits pois et de nourriture pour chats au marché Y, et ainsi de suite. Si vous faites votre marché à chaque semaine depuis un certain nombre d'années, vous vous êtes sans doute habitué aux prix normalement en vigueur, et saurez ainsi si les spéciaux annoncés sont vraiment avantageux.

N'hésitez pas à faire ample provision de biens non périssables, lorsque ceux-ci sont en solde. Des sacs à poubelle, ou du papier essuie-tout, ou du savon, à 40 p. cent de réduction sur le prix habituel, c'est une aubaine. Si vous vous êtes habitué à surveiller les prix, vous savez que ce genre d'aubaine revient assez régulièrement. Achetez suffisamment de papier essuie-tout pour tenir jusqu'à la prochaine vente !

Il va de soi que les produits annoncés en spécial doivent figurer régulièrement sur votre liste d'épicerie (car vous ne faites sûrement pas l'erreur d'aller au marché sans liste d'épicerie, n'est-ce pas ?). Si vous ne mangez jamais de guimauves à la maison, cela ne sert à rien d'acheter des guimauves, même si leur prix est coupé de 80 p. cent !

Évidemment, si les différents marchés d'alimentation sont trop éloignés les uns des autres, cela n'est pas aussi facile. Rien ne sert de dépenser en essence ce que l'on peut épargner au chapitre de l'épicerie !

Au chapitre des vêtements, suivre la mode peut être très coûteux. Vos vêtements peuvent probablement durer un an ou deux de plus sans que personne ne vous traite de démodé. Il faut aussi savoir acheter selon les saisons. La paire de bottes que vous achetez à l'automne coûte ordinairement plus cher qu'au printemps suivant. Si vos bottes sont en état de passer encore un hiver, pourquoi ne pas profiter des spéciaux du printemps ? Les magasins de vêtements annoncent régulièrement des soldes. Bien souvent, il s'agit, là aussi, de vraies aubaines. Encore faut-il être à l'affût... Enfin, l'achat de tous les vêtements en même temps peut se révéler désastreux pour le portefeuille. Il est nettement préférable de répartir ces dépenses tout au long de l'année, en fonction de votre budget.

Dans le cas des appareils électroménagers, le magasinage est de rigueur. Comparez les prix et les caractéristiques de chaque produit, ne cédez pas aux pressions des vendeurs.

Votre argent est important : quand vous le dépensez, essayez d'obtenir plus pour chaque dollar, ou autant pour moins d'argent !

Le traquenard des Fêtes

La période des Fêtes constitue une autre belle occasion de trop dépenser. Vous pouvez, certes, mettre un peu d'argent de côté à chaque semaine pour permettre à votre portefeuille de passer ces quelques semaines sans douleur. Toutefois, et c'est fort compréhensible, beaucoup de gens hésiteront avec raison à mettre de l'argent de côté à l'année longue en prévision des Fêtes.

De toutes les dépenses courantes d'un ménage, celles des Fêtes comptent souvent parmi les plus douloureuses. Pourquoi ? Parce qu'on dépense trop d'argent d'un seul coup : il y a les cadeaux, les voyages chez la parenté (et la parenté qui s'amène chez vous), les alcools, la bouffe.

Et, en janvier, lorsqu'on fait le bilan de tout cela, on est toujours étonné de constater l'énorme trou dans son compte de banque! On peut éviter ce genre de désagréables lendemains en faisant un mini-budget spécial pour la période des Fêtes, en l'étalant sur trois mois (c'est-à-dire début novembre à fin janvier), et en utilisant sa carte de crédit. De cette façon on traverse cette période avec un minimum de dégâts, et sans se serrer la ceinture.

La procédure est simple :

☐ Calculez d'abord toutes les dépenses entraînées par la période des Fêtes. Pour les fins de notre exemple, disons que vous prévoyez offrir des cadeaux évalués à 250 $, faire un saut chez le cousin d'Ottawa (50 $ pour l'essence, plus un repas en route) et offrir une petite réception qui vous coûtera 100 $. À tout cela, ajoutez un petit montant, mettons 30 $, pour les en-cas et les petites dépenses : papier d'emballage, le cadeau qui coûte un peu plus cher que vous ne le pensiez.

Tout cela nous donne un coût total de 430 $. Peu importe le moyen que vous prendrez pour financer ces dépenses, ce petit calcul vous aura au moins permis de SAVOIR avec précision combien les Fêtes vous coûteront. Pouvez-vous en dire autant de vos dépenses des Fêtes de l'an dernier ?

Début novembre à fin janvier, il y a treize semaines. Dans notre exemple, il s'agit donc de répartir le financement en treize dépôts hebdomadaires de 33 $. Dès la première semaine de novembre mettez ce montant de côté. Fin novembre, vous aurez déjà accumulé 165 $. À mesure que vous commencez à faire vos emplettes, pigez dans cette réserve. À compter de la mi-décembre, n'hésitez pas à utiliser votre carte de crédit : vous paierez ces achats dans cinq ou six semaines, soit à la fin de janvier, c'est-à-dire lorsque vous aurez accumulé tous les fonds nécessaires.

Quelques remarques additionnelles sur le sujet :

☐ Un principe fait l'unanimité de tous les spécialistes. N'attendez jamais à la dernière minute pour faire vos emplettes. Dans la semaine qui précède Noël, les magasins sont bondés. Les vendeurs sont débordés, et n'ont pas le temps de discuter avec vous des mérites de tel ou tel produit. Dans de nombreux cas, les magasins font appel à du personnel occasionnel pas toujours qualifié pour vous renseigner avec précision. Pensez-y : vous avez de nombreux achats à faire, vous avez votre gros manteau d'hiver sur le dos, et des paquets à traîner, tout le monde vous bouscule, vous marchez depuis le matin, le petit pleure, vous avez mangé de travers en vitesse dans un snack-bar! Comment voulez-vous, dans les circonstances, prendre le temps de comparer les prix, exercer un jugement solide sur tel ou tel achat, ne pas expédier vos emplettes à la hâte? Belle situation, en un mot, pour dépenser trop et de travers! Le mieux est d'étaler vos courses sur plusieurs semaines, petit à petit, au cours des cinq ou six semaines précédant Noël. En y consacrant, par exemple, deux heures par semaine (un vendredi soir, ou un samedi après-midi, ou, si vos heures de travail le permettent, en dehors des heures d'affluence, ce qui est l'idéal), vous parviendrez à faire de biens meilleurs achats, en toute tranquillité, en évitant cohues et bousculades.

☐ Un autre petit principe utile : préparez toujours une liste d'emplettes à l'avance. Cela vous permettra non seulement de sauver du temps, mais aussi de l'argent. Cela est surtout utile dans le cas des biens que vous voulez acheter en prévision de vos réceptions. Prévoyez avant d'aller à la SAQ, par exemple, le nombre de bouteilles requises pour satisfaire vos invités. Faites une liste, exactement comme dans le cas de l'épicerie. C'est inévitable : sans liste, on a toujours tendance à acheter trop de bouteilles. Même chose pour la nourriture : quel épouvantable gaspillage, à chaque année (vous avez probablement déjà vécu cela), parce qu'on n'a pas pris dix ou quinze minutes pour prévoir les bonnes quantités avant d'acheter! Dans le cas des cadeaux, c'est généralement plus facile : vous avez à l'avance une bonne idée des cadeaux que vous voulez acheter, ou tout au moins des montants que vous voulez y consacrer.

Une affaire de famille

C'est une constante, et tous les spécialistes du crédit le confirment : les couples qui ne se font pas confiance sur le plan financier ont inévitablement des ennuis d'argent.

Comment voulez-vous administrer un budget quand un des conjoints ne sait pas combien gagne l'autre? Dans les ménages où les conjoints, pour une raison ou une autre, se font des cachotteries à ce chapitre, il arrive que l'un des conjoints dépense plus qu'il ne le devrait. Et comment peut-on l'en blâmer, puisqu'il n'a pas la moindre idée de la situation financière du ménage?

Le budget familial est donc une question de confiance. N'ayez pas peur d'élaborer et d'administrer votre budget AVEC votre conjoint. Prévoyez ENSEMBLE les montants qu'il faut consacrer à la nourriture, aux loisirs, aux vêtements, à la voiture.

« Moi, toutes les questions d'argent me passent à cent pieds au-dessus de la tête, et je laisse mon mari s'en occuper ! » Réflexion courante, tout à fait compréhensible. Ce n'est pas tout le monde qui a le goût (et le don) des chiffres. Mais il n'y a pas de quoi paniquer. Personne ne vous demande d'être un as-comptable. L'essentiel est de ne pas vous désintéresser de la question, sous prétexte que vous n'y comprenez rien. Si vous laissez votre conjoint administrer les finances familiales, insistez au moins pour être au courant des revenus du ménage, des montants qu'il faut déposer, du maximum qu'il faut consacrer à telle ou telle dépense.

Naturellement, cette confiance ne doit pas aller jusqu'au moindre détail. À l'intérieur du budget familial, chaque conjoint doit avoir son propre budget de dépenses personnelles. Votre argent de poche, c'est votre affaire. Ce n'est pas parce que vous faites un budget ensemble que vous avez besoin de demander la permission du conjoint pour acheter un billet de loto ou prendre l'apéro au bar ! Beaucoup de couples, d'autre part, préfèrent taire le montant consacré à tel ou tel cadeau. Si le principe vous tient à coeur, il n'y a aucune raison pour que vous y renonciez. À chaque conjoint, dans un tel cas, de faire son propre mini-budget personnel pour le cadeau de l'autre.

Un couple, deux budgets ? Mais oui !

Mais comment cette confiance totale peut-elle être compatible, aujourd'hui, avec la tendance, chez un nombre croissant de jeunes couples sans enfants, à administrer leurs budgets séparément ? C'est un choix parfaitement compréhensible : il a ses revenus, et elle aussi ; on partage certaines dépenses communes (logement, épicerie) mais chaque conjoint tient à organiser ses propres finances pour le reste : vêtements, loisirs. Eh bien, oui : c'est parfaitement compatible. Chaque conjoint n'a qu'à faire son propre budget, comme s'il était célibataire, et comptabiliser sa participation aux dépenses communes comme n'importe quelle autre dépense.

Mettez vos enfants dans le coup !

N'hésitez pas à associer vos enfants à la conception du budget. Ils pourront ainsi s'initier à la gestion de leurs affaires, et seront davantage conscients des contraintes budgétaires de la famille. Un des plus beaux cadeaux que vous pouvez faire à vos enfants est de leur apprendre, tôt, la valeur de l'argent. Donnez-leur une petite allocation qu'ils géreront eux-mêmes. Encouragez-les à ouvrir un compte en banque ou à la caisse populaire. Montrez-leur les vertus de l'épargne. Bien sûr, ils pourront commettre des erreurs, comme dépenser toute leur allocation en bonbons. Nous avons tous fait ça à leur âge ! Laissez-les faire, mais faites-leur bien comprendre qu'en dépensant leur argent au fur et à mesure qu'ils le reçoivent, ils ne pourront jamais acheter le modèle réduit, la poupée, le jouet électronique de leurs rêves. Lorsqu'ils feront leur entrée sur le marché du travail, plus tard, ils auront une longueur d'avance sur ceux qui n'ont jamais appris à gérer leurs finances.

Commencez à fumer !

Si vous ne fumez pas, vous avez une chance unique : prenez l'excellente résolution de commencer à « fumer ». De préférence, deux paquets par jour, au moins. Plus quelques cigares de qualité à l'occasion.

Vous ne buvez pas d'alcool ? Chanceux ! Commencez, dès cette semaine, à prendre l'apéro (du scotch, et pas le moins cher, et au moins un « double ») avant chaque repas du soir !

Le tabac est une des dépenses les plus imperceptibles qui soient. Il y a des médecins et des secrétaires qui fument. Des millionnaires et des assistés sociaux. Tous trouvent le moyen de financer ce caprice sans se mettre la corde au cou. Pourquoi, non-fumeurs, ne feriez-vous pas la même chose, de la façon la plus simple du monde ?

C'est-à-dire en mettant de côté, chaque jour, l'équivalent du prix d'un paquet de cigarettes ? Sans vous en apercevoir, et en douceur, vous réussirez à vous constituer une agréable petite réserve que vous pourrez utiliser à votre guise.

Attention ! Il ne s'agit pas ici de financer des vacances dans le Sud ou une voiture, encore moins une maison. Mais de vous réserver un montant pour vous payer de temps à autre un petit cadeau. Vous avez envie de ce superbe dictionnaire en couleurs à 60 $? Mais vous vous êtes toujours retenu de l'acheter à cause de son prix ? Eh bien ! Beaucoup de fumeurs dépensent autant en cigarettes en quelques semaines ! Pourquoi ne vous accorderiez-vous pas de petites gâteries (un disque, une sortie au théâtre, un livre) qui compenseraient pour la « gâterie » que s'accordent les fumeurs !

En fumant, vous dépenseriez, disons, 3 $ par jour. Bon ! Chaque matin, avant de partir au travail, mettez 3 $ dans une petite enveloppe. Vous ne serez pas plus pauvre que votre collègue fumeur. Au bout d'une semaine, vous aurez 21 $. Pas terrible, direz-vous, mais si votre conjoint non fumeur en fait autant, voilà un petit supplément de 42 $ à la fin de la semaine. Ou de 180 $ au bout d'un mois.

On peut aussi commencer à « boire ». Une ou deux bières avant le souper, comme des milliers de gens. Ou, si vos moyens vous le permettent, le meilleur scotch ! Traduction : à l'heure de l'apéro, ajoutez 2 $ dans votre petite enveloppe. Pour deux personnes, cela fait 120 $ par mois.

Ce genre d'épargne ne peut réussir qu'à une seule condition : il faut s'astreindre, chaque jour, à mettre de côté son petit 2 $, ou 5 $ (tout dépend de ce que vous voulez « fumer » ou « boire »). N'attendez pas la fin du mois pour tout mettre de côté d'un seul coup. Sans vous en apercevoir, vous avez probablement déjà dépensé cet argent ailleurs.

Ceux qui ont des revenus plus élevés peuvent peut-être répondre que tout cet effort n'en vaut pas la peine. Après tout, si vous avez les moyens de dépenser 500 $ par mois en sorties au restaurant, à quoi cela peut-il bien servir de s'astreindre à déposer quelques misérables dollars chaque jour ? Eh bien, vous n'avez qu'à essayer, juste pour voir ! Cela vous permettra de vous payer un sixième repas à 100 $!

Naturellement, si vous fumez et que vous décidez d'arrêter, il va de soi que vous allez déposer, jour après jour, tout l'argent épargné. Et regarder votre petit magot grossir ! Le même principe vaut pour l'alcool, ou pour toute autre petite dépense personnelle régulière. Le midi, vous avez l'habitude de prendre deux bières au restaurant ? Pourquoi ne pas en couper une, et mettre 2 $ de côté chaque jour ? Votre portefeuille s'en portera beaucoup mieux... et votre santé aussi !

Aide-mémoire

■ Le budget est le fondement de finances personnelles saines.

■ Il n'y a que deux façons d'augmenter votre niveau de vie : augmenter vos revenus, ou mieux utiliser les revenus que vous avez. L'endettement n'est pas une solution.

■ Organisez toujours vos finances en fonction de votre REVENU NET.

■ Épargnez un pourcentage fixe de votre revenu net. La norme de 10 p. cent conviendra à la plupart des ménages.

■ Ne sous-estimez jamais vos dépenses personnelles. Ne tentez pas de trop couper à ce chapitre. Plus un budget est réaliste, plus il a de chances d'atteindre ses objectifs.

■ Un livre de comptes, facile à tenir, vous permet de suivre de près l'évolution de votre situation financière.

■ Dans un ménage, les conjoints doivent tous deux savoir quels sont les revenus et où va l'argent.

■ Vous rendez un grand service à vos enfants en leur apprenant, tôt, la valeur de l'argent.

■ Apprenez à étirer vos dollars en devenant un consommateur averti.

2

votre
bilan

Vous valez peut-être plus cher que vous ne le pensez!

Ce n'est pas pour rien que toutes les associations, toutes les entreprises, font leur bilan annuel. Le bilan est un élément capital de leur gestion. Il en va de même pour les particuliers.

On confond facilement budget et bilan. On a déjà vu des associations, et pas des moindres, présenter leurs revenus et dépenses comme étant un «bilan»! Il est important de faire la distinction, et pas seulement pour des questions de précision linguistique.

Un budget, c'est un exercice qui nous permet de prévoir et d'organiser nos dépenses pour une période donnée (normalement, un an), en fonction de nos revenus.

Un bilan, c'est un tableau qui décrit avec précision notre situation financière à un moment donné. Une fois terminé, le bilan vous indique avec précision ce que vous «valez». C'est un document qui prend toute sa valeur lorsqu'il est comparé avec le bilan de l'année précédente.

Dresser un bilan n'a rien de compliqué. Pour la première fois, quelques heures suffiront. Chaque fois que vous devrez refaire l'exercice, par la suite, cela ira beaucoup plus vite.

Le bilan consiste, le plus simplement du monde, à déterminer votre AVOIR NET en soustrayant votre passif (le total de vos dettes) de votre actif (tout ce que vous possédez). Il existe une méthode facile de dresser un bilan familial sans s'empêtrer dans les détails techniques, et sans rien oublier. Jetons-y un coup d'oeil:

1) Votre actif

Commencez par calculer votre actif. Celui-ci comprend tous vos biens, vos valeurs, vos épargnes. Attention : on a presque toujours tendance à surévaluer la valeur de ses biens. Le secret d'un bon bilan, c'est de procéder avec réalisme. Cela dit, voyons quels sont vos éléments d'actif. Distinguons quatre postes :

    1) Vos immeubles.
    2) Vos disponibilités en argent.
    3) Vos placements.
    4) Vos biens personnels.

Immeubles

En premier lieu arrive la maison, si vous êtes propriétaire. C'est probablement votre principal élément d'actif. Inscrivez le montant que vous recevriez si vous mettiez votre maison en vente demain matin.

N'oubliez pas : soyez réaliste, ne surestimez pas la valeur de la propriété. Tenez compte de la commission (ordinairement, 7 p. cent du prix de vente de la propriété) que vous devrez verser au courtier en immeubles, mais ne tenez aucun compte de l'hypothèque : ce qui importe ici, c'est la pleine valeur de la propriété.

Ajoutez-y la valeur marchande de vos autres propriétés, s'il y a lieu (terrains, chalet), toujours en oubliant les hypothèques. Le résultat vous indiquera votre actif en immeubles.

Disponibilités en argent

Calculez maintenant vos disponibilités en argent. D'abord, votre encaisse : l'argent que vous avez en liquide, à la maison, dans votre portefeuille, au moment où vous faites votre bilan. Ensuite, le solde de vos comptes à la banque ou à la caisse populaire, tels qu'ils apparaissent dans votre livret, MOINS les chèques que vous avez déjà émis et qui sont encore en circulation. Ajoutez aussi vos obligations d'épargne. Enfin, ajoutez tout l'argent que vous avez prêté à des parents et amis, et dont vous pourriez réclamer le remboursement immédiat.

Vos placements

Il faut ensuite calculer votre actif en placements. Commencez par le plus facile : les dépôts à terme. N'anticipez pas ! Si des intérêts doivent vous être versés dans trois mois, six mois, un an, ne les incluez pas dans votre bilan. Ne tenez compte que de la valeur de vos dépôts au moment où vous faites votre bilan.

Ajoutez ensuite vos régimes enregistrés d'épargne-retraite (REÉR). N'oubliez pas de déduire de votre REÉR le montant d'impôt que vous seriez obligé de payer si vous le retiriez aujourd'hui. Pour calculer cet impôt, il existe une méthode qui, bien qu'approximative, peut vous donner rapidement une indication relativement précise quant au montant *minimal* d'impôt que vous devez payer : prenez votre dernier chèque de paie, calculez le pourcentage retenu sur votre salaire brut en impôts fédéral et provincial, et appliquez le même pourcentage à votre REÉR.

Si vous détenez des actions, des obligations (autres que les obligations d'épargne), des fonds mutuels ou autres titres, ajoutez leur valeur actuelle (dans le cas d'actions détenues dans le cadre d'un régime d'épargne-actions du Québec, prévoir l'impôt, comme dans le cas d'un REÉR).

Le fonds de retraite que vous avez chez votre employeur doit aussi être inclus dans votre actif, à condition qu'il soit négociable (c'est-à-dire que, si vous quittez votre emploi, on vous remet votre fonds de retraite accumulé). Si cet argent n'est disponible que plus tard, à la retraite, il fait techniquement partie de votre actif, mais, pour des raisons pratiques, mieux vaut ne pas en tenir compte. Vous pouvez facilement vérifier ces détails avec votre employeur.

Ajoutez aussi la valeur de rachat de vos polices d'assurance-vie, s'il y a lieu.

Les petits montants avancés à des parents et amis (et remboursables sur demande, la plupart du temps sans intérêt) doivent être inclus, nous l'avons vu, dans vos disponibilités. Il en va autrement des prêts plus importants : si vous avez prêté sur hypothèque, ou participé financièrement au lancement d'une petite entreprise, les soldes qui vous sont dus doivent être inclus dans votre actif-placements.

Vos biens personnels

Vos biens personnels constituent le quatrième élément d'actif. Dans bien des cas, il est beaucoup plus important que l'on croit à première vue. C'est cela qui est le plus long à calculer : il s'agit, ici, de dresser un inventaire de tous vos biens, et d'en faire une évaluation réaliste.

Cela peut sembler fastidieux au départ, mais, réalisé en famille, par un dimanche après-midi pluvieux, cela peut devenir amusant. Dans tous les cas, calculez la valeur marchande de vos biens. Quel prix obtiendriez-vous, aujourd'hui, pour votre voiture, vos meubles, votre téléviseur ? Ne tenez pas compte de vos dettes. Si votre voiture vaut 6 000 $, et que vous avez encore 3 500 $ à rembourser pour la payer, inscrivez quand même 6 000 $ à votre actif.

L'important, dans l'évaluation de ses biens personnels, est de ne rien oublier! La meilleure démarche consiste d'abord à évaluer vos biens à l'extérieur de la maison (voiture, motoneige, bicyclette, accessoires de jardin et de piscine), puis de passer en revue tous vos biens, pièce par pièce. Dans chaque cas, il s'agit de déterminer le montant que vous obtiendriez aujourd'hui si vous mettiez tel ou tel objet en vente. Pour déterminer leur valeur marchande, consultez au besoin les petites annonces des journaux. Évaluez tout : meubles, bijoux, livres, disques, appareils électroménagers, tableaux, draperies, vêtements, outils, accessoires de jardin, collections de timbres, jouets, verrerie, vaisselle, batterie de cuisine, équipements de sport, miroirs, antiquités, animaux domestiques. Cette collection de *National Geographic* que vous accumulez depuis dix ou douze ans vaut sans doute une centaine de dollars. Il s'agit en somme de procéder comme si vous étiez obligé de tout vendre demain matin. C'est garanti : le résultat vous surprendra.

☐ Additionnez maintenant tout cela (immeubles, argent, placements, biens personnels) pour obtenir le montant de votre actif.

2) Votre passif

L'opération suivante consiste maintenant à calculer votre passif. Cela comprend les éléments suivants :

☐ Le solde de votre hypothèque. Attention : il ne s'agit pas ici d'écrire le montant du prêt, mais le SOLDE, c'est-à-dire le montant qui reste à payer au moment où vous faites votre bilan. Votre prêteur devrait vous avoir remis, lors de la signature du contrat, des détails à ce sujet. Si vous ne les avez pas, consultez-le. Vous trouverez aussi, dans ce livre, une table de calcul permettant d'avoir une idée assez précise de votre solde hypothécaire.

☐ Le solde à payer sur vos cartes de crédit.

☐ Les factures en suspens. N'incluez ici que les factures que vous avez déjà reçues, mais que vous n'avez pas encore acquittées (le compte de téléphone qui traîne sur le coin de la table, par exemple). Cela ne sert à rien de faire figurer à votre passif des comptes que vous n'avez pas encore reçus, même si vous savez qu'ils s'en viennent. Ce serait un peu comme comptabiliser votre prochain mois de salaire à l'actif! Ces prévisions relèvent carrément du budget, et n'ont rien à voir avec le bilan, dont le but est de vous donner une idée précise de votre situation ACTUELLE.

☐ Le solde dû sur les emprunts contractés à la banque, caisse populaire ou autre institution.

☐ Enfin, les petites dettes que vous pouvez avoir envers vos parents et amis.

Additionnez tout cela pour obtenir votre passif.

3) Votre avoir net

Il s'agit maintenant de soustraire votre passif de votre actif. Le résultat vous donnera votre AVOIR NET. L'«équité», un anglicisme très répandu, désigne cet avoir net. La prochaine fois qu'un comptable ou autre spécialiste parlera de votre équité, vous saurez qu'il fait allusion à votre valeur nette, à ce que vous valez vraiment. C'est ce chiffre qui est le plus important. C'est le meilleur instrument de mesure de votre situation financière.

Normalement, dans un ménage bien administré, l'avoir net augmente de façon constante, année après année. Dans l'hypothèse, bien sûr, où aucun coup dur imprévu (mise à pied, grève prolongée, mauvais placement) ne vient perturber vos finances familiales.

Contrairement à un budget, qui vous accorde une certaine marge de manoeuvre pour améliorer votre situation financière, le bilan n'est qu'une succession de chiffres qui ne se discutent pas. Dans un budget, vous pouvez toujours couper quelque part, réaménager certaines dépenses, en retarder d'autres ; vous êtes le maître du jeu. Mais dans le cas du bilan, que vous le vouliez ou non, vos épargnes sont de tant, votre maison vaut tant, vos dettes sont de tant.

Chez beaucoup de jeunes qui entrent sur le marché du travail, le passif peut être plus important que l'actif : on n'a, à ce stade, que peu d'éléments d'actif, et les dettes contractées pendant les études peuvent facilement faire pencher la balance du côté du passif. Ce n'est pas tragique. Avec un emploi stable, le bilan évoluera graduellement dans un sens favorable, à condition de liquider les dettes contractées pendant les études et d'administrer ses finances selon ses moyens.

Faites votre propre bilan

ACTIF

Immeubles

Maison _____
Chalet _____
Terrains _____
Autres _____

_____
_____

Disponibilités

Encaisse _____
Comptes en
  banque _____
Obligations
  d'épargne _____
Autres _____

_____
_____

Placements

Dépôts à terme _____
REÉR _____
REÉL _____
Actions, fonds
  mutuels,
  autres titres _____
Valeur de rachat
  de polices
  d'assurance-vie _____
Autres _____

Biens personnels

Voitures _____
Autres véhicules _____
Meubles _____
Appareils
  électroménagers _____
Outils _____
Équipements
  de sport _____
Collections,
  antiquités,
  objets d'art _____
Bijoux _____
Vêtements _____
Livres, jeux,
  disques _____
Autres _____

_____
_____
_____

TOTAL DE L'ACTIF _____

PASSIF

Solde de
  l'hypothèque   ————————
Solde des cartes
  de crédit   ————————
Autres dettes auprès
  des institutions   ————————
Dettes auprès des
  amis et parents   ————————
Autres   ————————

TOTAL DU PASSIF ————————

L'ACTIF ————————
MOINS:
LE PASSIF ————————
ÉGALE:
L'AVOIR NET

Il en va autrement d'un ménage établi depuis une dizaine d'années, surtout s'il est propriétaire d'une maison. Un bilan négatif, dans un tel cas, peut signifier une situation financière préoccupante.

Une fois votre bilan complété, conservez-le précieusement. Cela ira beaucoup plus vite lorsque vous ferez votre prochain bilan. Idéalement, on devrait dresser son bilan au moins une fois par année. L'évolution de l'avoir net vous indiquera de façon précise dans quelle mesure votre situation financière s'est améliorée (ou détériorée) depuis un an. Il est également conseillé de dresser un bilan avant et après une importante transaction.

L'achat d'une maison, par exemple, modifiera considérablement votre bilan. Du jour au lendemain, vos disponibilités en argent vont baisser (à cause du premier versement comptant, des frais reliés à l'acquisition, au déménagement et à l'installation), et votre avoir net diminuera d'autant. Mais vos immobilisations vont faire un bond spectaculaire (la valeur marchande de votre nouvelle maison). Le passif, lui aussi, connaîtra un bond aussi spectaculaire (le solde de l'hypothèque).

Par contre, à partir du moment où on devient propriétaire, l'évolution du bilan dépend de nouveaux facteurs comme le règlement de l'hypothèque ou l'augmentation de la valeur de la propriété. Il est important, si on veut y voir clair, de mettre les chiffres à la bonne place, d'où l'utilité de refaire son bilan avant et après la transaction, même s'il ne s'agit, en fait, que de changer les chiffres de colonnes.

Pour des raisons pratiques, la formule type de bilan que nous venons de voir ne colle pas parfaitement aux pratiques comptables rigoureuses reconnues dans l'entreprise. C'est normal : le rôle du bilan n'est pas le même pour une famille et pour une entreprise. Le bilan familial (ou personnel) est le meilleur instrument pour évaluer sa situation, mais il sert aussi à autre chose. C'est un outil de gestion incomparable pour prendre de grandes décisions. En évaluant avec précision votre situation financière, vous saurez si, oui ou non, vous êtes en mesure d'acheter une maison, d'investir dans une entreprise, voire de vous lancer en affaires. Le bilan peut faciliter la rédaction de votre testament. Il peut aplanir des difficultés en cas de séparation ou de divorce.

C'est pour cela, par exemple, que le fonds de pension accumulé chez votre employeur pourrait fausser les données s'il était inclus dans votre bilan. Même si cet argent fait carrément partie de votre actif, il est possible que vous ne puissiez en voir la couleur avant l'âge de la retraite, et il ne peut pas être d'une grande utilité d'ici là. Rien ne vous empêche, cependant, de l'ajouter à votre avoir net, une fois votre bilan terminé, en autant que vous gardiez à l'idée qu'il n'augmente en rien votre marge de manoeuvre dans l'immédiat.

Aide-mémoire

■ Le bilan vous fournit un tableau précis de votre situation financière, à un moment donné.

■ La règle d'or d'un bon bilan : ne pas surévaluer vos biens, votre maison en particulier.

■ Dans l'évaluation de votre actif en biens personnels, ne rien oublier.

■ Idéalement, on devrait dresser son bilan une fois par année, ainsi qu'avant et après une importante transaction.

3

votre
testament

Que se passe-t-il si vous décédez sans testament?

En faisant votre bilan, vous vous apercevrez sans doute que vous « valez » plus cher que vous ne le pensiez. Cela peut être l'occasion de prévoir votre succession en pensant à votre testament.

Le testament est un document où vous établissez la répartition de vos biens entre les personnes (ou organismes) que vous désignez comme héritiers.

Si vous décédez sans testament, la loi répartira votre actif entre vos héritiers légaux. Ce terme désigne votre conjoint, vos enfants, vos parents, vos frères et soeurs. Après la famille immédiate, viennent vos neveux et nièces (de votre « côté », c'est-à-dire les enfants de vos frères et soeurs, mais pas les enfants des frères et soeurs de votre conjoint), puis vos grands-parents, vos oncles et tantes, etc. Le Code civil du Québec prévoit l'attribution de l'héritage jusqu'au douzième degré de parenté. Le partage se fait de la façon suivante :

Ce que prévoit le Code civil

Votre situation	Le partage
Vous êtes célibataire, enfant unique, et vos parents sont encore vivants.	Tout l'héritage va à vos parents. Si un seul de vos deux parents est encore vivant, il reçoit la totalité de l'héritage.

Votre situation	Le partage
Vous êtes célibataire, vos parents sont décédés, mais vous avez des frères et soeurs.	L'héritage est réparti en parts égales entre vos frères et soeurs. Si vous avez un seul frère ou une seule soeur, cette personne reçoit la totalité de vos biens. Si vous avez trois frères et six soeurs, l'héritage est divisé en neuf parts égales.
Vous êtes célibataire, vous avez encore vos parents, des frères et soeurs.	L'héritage est divisé en deux. La première moitié va aux parents (si un seul de vos parents est encore vivant, il reçoit toute cette moitié). La deuxième est répartie en parts égales entre vos frères et soeurs.
Vous êtes célibataire et avez un ou des enfants.	La totalité de l'héritage va à votre (ou vos) enfant(s), peu importe que vos parents soient vivants ou non. La priorité va aux enfants. La même règle s'applique si vous êtes veuf, séparé ou divorcé, et avez des enfants. Si vous êtes légalement remarié, cependant, votre nouveau conjoint a tous les privilèges que détenait l'ancien conjoint.
Vous êtes marié mais n'avez pas d'enfants, ni frères, ni soeurs, et vos parents sont décédés.	La totalité de l'héritage va au conjoint.
Vous êtes marié et avez un enfant.	Le tiers de l'héritage revient au conjoint, les deux tiers à l'enfant.
Vous êtes marié et avez deux enfants ou plus.	Le tiers de l'héritage revient au conjoint, les deux tiers sont répartis en parts égales entre les enfants, peu importe leur âge.

Votre situation	Le partage
Vous êtes marié, n'avez pas d'enfants, mais votre père, votre mère (ou les deux) sont encore vivants.	Le conjoint reçoit la moitié de l'héritage, l'autre moitié va aux parents.
Vous êtes marié, sans enfants, mais vous avez des frères et soeurs.	Le conjoint reçoit la moitié de l'héritage, vos frères et soeurs se partagent le reste en parts égales. Si vous n'avez qu'un seul frère ou une seule soeur, cette personne reçoit automatiquement la moitié.
Vous êtes marié, sans enfants, mais avez des parents, des frères et/ou des soeurs.	Le tiers de l'héritage revient au conjoint, un deuxième tiers aux parents, et le dernier tiers aux frères et soeurs. Notons ici que c'est toujours la même règle qui s'applique si un seul de vos parents est vivant, ou si vous n'avez qu'un seul frère ou une seule soeur. Ces personnes reçoivent une part égale à celle de votre conjoint.
Vous n'avez ni conjoint, ni enfants, ni parents, ni frères, ni soeurs.	L'héritage est divisé en parts égales entre les enfants de vos frères et/ou soeurs décédés. S'il n'y en a pas, vos grands-parents recueillent la totalité de l'héritage. Si vous n'avez plus de grands-parents, l'héritage est divisé en deux. La première moitié va au membre de la famille le plus proche du côté paternel (oncle, tante, grand-oncle, etc.), l'autre moitié au membre le plus proche du côté maternel. Pour retrouver ce membre le plus proche, le Code civil prévoit que l'on peut remonter jusqu'au douzième degré de parenté. Il est tout à fait exceptionnel que l'on ne parvienne pas, ainsi, à retracer un héritier.

Le Code civil a été conçu pour répondre à la plupart des situations, dans les circonstances les plus favorables possible. Mais un simple coup d'oeil sur le tableau nous indique qu'en réalité ce n'est pas toujours le cas.

Vos héritiers légaux ne sont pas nécessairement les personnes à qui vous voulez laisser vos biens. Et le partage peut se révéler difficile, parfois source de conflits, surtout dans le cas de souvenirs de famille ayant une valeur sentimentale. Comment partager les photos de famille « en parts égales » ?

Ajoutons ici deux précisions extrêmement importantes :

Le cas de l'enfant mineur

Dans le cas d'un héritier mineur, la famille doit se soumettre à une longue procédure. Elle doit d'abord réunir un conseil de famille formé d'au moins sept personnes, comprenant des représentants du côté paternel et du côté maternel. Ce conseil, dont les délibérations doivent être consignées, doit nommer un tuteur, et cette nomination doit être approuvée par la Cour supérieure. Le tuteur administre ensuite les biens de l'héritier jusqu'à sa majorité.

La notion de conjoint

Dans l'application des dispositions du Code civil sur le partage des biens, les statuts de « célibataire » et de « conjoint » sont de la plus haute importance.

Votre conjoint doit être légalement marié avec vous. Même si vous vivez ensemble depuis vingt ou trente ans, même si vous avez eu des enfants ensemble, même si vous avez de nombreux biens en commun, votre conjoint ne touchera pas un seul cent de votre héritage si vous n'êtes pas légalement mariés.

■ *Vous vivez depuis vingt ans avec la même personne, mais n'êtes pas légalement marié. Vos parents sont décédés et vous n'avez pas d'enfants. Vous aviez une seule soeur, qui est décédée l'an dernier, laissant un fils, aujourd'hui âgé de dix-neuf ans, et que vous n'avez vu qu'une dizaine de fois dans votre vie. Eh bien! Si vous décédez sans testament, LA TOTALITÉ de vos biens reviendra à ce neveu!*

Les dispositions incluses dans un contrat de mariage, si elles ne sont pas caduques, ont toutefois préséance sur le Code civil.

Le testament demeure le meilleur moyen de maîtriser la situation. Vous voulez léguer toute votre fortune à votre concubin, à une oeuvre de charité, à un ami, à votre chat ? Vous voulez imposer des conditions spéciales à tel ou tel héritier ? Il n'y a, pour cela, qu'une seule réponse, c'est le testament.

Notons enfin que la personne qui meurt sans testament pose un problème de taille à ses héritiers. Sa maison, et d'autres éléments d'actif, peuvent être vendus dans des conditions défavorables. Les délais pour récupérer le produit de ces ventes peuvent être longs, et nous avons vu que le partage des biens peut se révéler difficile.

Toutes ces raisons devraient vous avoir convaincu de la nécessité de faire votre testament. Il n'est pas nécessaire de passer chez le notaire pour cela, bien que ce soit nettement préférable.

Les trois bonnes façons de faire son testament

Au Québec, on reconnaît légalement trois formes de testament :

1) Le testament olographe

Le testament olographe est la forme la plus simple et la plus accessible. Il s'agit d'un document entièrement écrit et signé de votre main, où vous énumérez toutes les clauses. Le testament olographe est pleinement valable sur le plan légal. Un texte dactylographié ou écrit par une autre personne n'est pas valable, même si c'est vous qui le signez. Il faut, répétons-le, qu'il soit entièrement écrit de votre main, du début à la fin. N'oubliez surtout pas d'écrire la date de la rédaction. Vous pouvez conserver ce testament à la maison, dans un coffret de sûreté, au bureau, le confier à un ami. Cela ne lui enlève aucune valeur légale. Dans le cas d'une personne qui a laissé deux ou trois testaments, c'est toujours le plus récent (selon la date) qui l'emporte. Indiquez à une personne sûre (votre conjoint, par exemple) l'endroit où se trouve le document. Vous pouvez aussi faire inscrire votre testament olographe au registre des testaments de la Chambre des notaires. Il suffit, pour cela, d'apporter le document chez un notaire, qui le gardera à son bureau, vous en remettra une copie, et s'occupera des formalités. Le tout coûte une trentaine de dollars. C'est un excellent moyen de vous assurer que vos dernières volontés seront respectées. Le registre assure la confidentialité du document, élimine le risque qu'il soit ignoré, perdu, détruit, ou retracé tardivement lors du règlement de la succession.

Un testament olographe doit être vérifié avant que ses dispositions puissent entrer en vigueur. Pour cela, l'héritier doit présenter une requête en Cour supérieure, qui exige que l'écriture du testateur soit identifiée par une personne assermentée. Cette procédure peut prendre jusqu'à un mois.

2) Le testament dérivé de la loi anglaise

Contrairement au testament olographe, le testament dit « sous forme anglaise » peut être dactylographié ou écrit par une autre personne que le testateur. On peut aussi utiliser une formule imprimée. Ce qui importe dans ce type de testament, c'est votre signature, qui doit être authentifiée par deux témoins neutres, qui ne sont pas bénéficiaires. La signature de votre conjont, par exemple est irrecevable. Les deux témoins doivent certifier avoir assisté à la signature du document.

Le testament sous forme anglaise, comme le testament olographe, peut être conservé en n'importe quel endroit sûr, ou être inscrit au registre de la Chambre des notaires.

Il a également besoin d'un jugement en vérification (ou jugement en homologation) de la Cour supérieure pour que ses dispositions s'appliquent.

3) Le testament notarié

Le testament devant notaire est plus coûteux (cela peut démarrer à 60 $ ou 70 $, et grimper avec la complexité des dispositions testamentaires), mais c'est, de loin, celui qui élimine le plus de complications à vos héritiers. La procédure est simple : vous passez chez le notaire, lui exprimez vos désirs, et celui-ci s'occupe de la rédaction, de l'authentification et de toutes les formalités. Le notaire peut aussi vous donner des conseils fort utiles. Lors de votre décès, le règlement de la succession en sera grandement facilité. Il entre en vigueur immédiatement après le décès, éliminant ainsi les délais liés à la vérification des testaments olographes et dérivés de la loi anglaise.

Aide-mémoire

- Si vous décédez sans testament, vos biens seront partagés selon les dispositions du Code civil.

- Les héritiers désignés par le Code civil ne sont pas nécessairement ceux à qui vous voulez laisser vos biens.

- Un décès sans testament entraîne des complications pour vos héritiers.

- Au sens du Code civil, votre conjoint doit être légalement marié avec vous pour toucher votre héritage.

- Les testaments olographes et dérivés de la loi anglaise ont pleine valeur légale au Québec.
- Le testament devant notaire est plus coûteux, mais c'est celui qui, de loin, présente le plus d'avantages.

4

votre
crédit

Une arme
à deux tranchants

Le crédit est certainement l'une des inventions les plus brillantes qui soient.

C'est un élément essentiel de développement économique ; le crédit permet à des centaines de petites entreprises de démarrer, il crée des milliers d'emplois, il permet aux locataires de devenir propriétaires, aux étudiants de terminer leurs cours, aux investisseurs de financer certains placements, aux jeunes professionnels d'établir leurs bureaux.

Pourtant, le crédit est une arme à deux tranchants. Mal utilisé, il peut conduire à l'enlisement financier.

La première règle à respecter, c'est de n'emprunter que lorsque c'est nécessaire ou avantageux. Dans certains cas, on ne peut évidemment pas éviter d'y avoir recours. Un bon exemple est celui du financement de la maison. Personne n'aurait l'idée de conseiller à un acheteur d'épargner en vue d'une telle acquisition ! L'hypothèque EST une nécessité.

De la même façon, il peut être avantageux d'emprunter pour déposer dans un régime enregistré d'épargne-retraite, si cela vous permet d'obtenir un retour d'impôt plus élevé que les intérêts du prêt.

Lorsque vous utilisez votre carte de crédit, vous empruntez. Mais si vous payez le solde avant l'échéance, vous obtenez du financement sans intérêt. Cela peut être avantageux.

Comment expliquer, alors, les réticences de la plupart des spécialistes à l'égard du crédit ? Tout simplement parce que trop de gens s'endettent au-delà de leurs moyens. C'est là que réside le véritable danger.

Un principe à retenir, avec le crédit : la modération a bien meilleur coût !

■ *M. Pouf veut acheter un mobilier de salon de 2 000 $, mais n'a pas cet argent de côté. Même s'il avait un solde de 2 000 $ à sa caisse populaire, ce ne serait pas très prudent, de sa part, de vider son compte pour acheter le mobilier.*

Idéalement, un tel achat devrait être financé à même l'épargne, mais à condition d'en avoir suffisamment de côté pour conserver un coussin confortable. Puisque le compte de M. Pouf n'est pas assez élevé, il n'y a pas trente-six solutions. Pour financer son mobilier, il a le choix :

a) Emprunter, ou
b) Épargner !

Les facilités de crédit varient considérablement d'un établissement à l'autre, mais, pour les fins de notre exemple, supposons que M. Pouf obtient un financement de 12 p. cent, sur 18 mois. Cela fait des paiements mensuels de 121,96 $. Au bout de 18 mois, il aura ainsi payé son mobilier 2 195 $, soit 195 $ de plus que le prix d'achat.

En réalité, M. Pouf a payé encore plus cher que ces 195 $ d'intérêts. Son « coût » réel doit aussi tenir compte de l'argent qu'il aurait gagné en épargnant au lieu d'emprunter.

Ainsi, au lieu de payer 122 $ par mois pendant 18 mois pour rembourser son emprunt, M. Pouf va déposer 111 $, chaque mois, pour en arriver ainsi, au bout de 18 mois, à amasser les 2 000 $ nécessaires.

Cet argent, déposé dans un compte d'épargne stable, en supposant un intérêt de 5,25 p. cent, calculé sur le solde mensuel minimal, versé trimestriellement, rapportera 85 $ en intérêts. La différence entre l'emprunt (M. Pouf paie 195 $ en intérêts) et l'épargne (il reçoit 85 $) est donc de 280 $.

Voilà ce qu'il lui en coûte, 280 $, pour jouir, 18 mois plus tôt, de son mobilier de salon. Cela en vaut-il la peine ? C'est là une décision purement personnelle.

Le coût du crédit n'est pas le seul facteur dont M. Pouf doit tenir compte. S'il a décidé d'acheter le mobilier, et qu'il se rend compte qu'un marchand le laisse en solde à 1 500 $, il peut emprunter pour profiter de l'aubaine. Même avec les frais d'intérêt, cela lui coûtera moins cher que le paiement comptant, au prix ordinaire de 2 000 $. C'est ici que la notion de consommateur averti prend toute sa valeur. Il est aussi important de se renseigner sur les produits qu'on veut acheter, de magasiner, de comparer les prix, que de connaître les mécanismes de crédit.

L'emprunteur doit évidemment s'assurer, dans un tel cas, qu'il s'agit d'une véritable aubaine. Cela ne sert à rien de s'endetter et de payer des intérêts pour «profiter» d'un rabais insignifiant!

En période de forte inflation, il y a évidemment des risques que le prix du mobilier augmente entre-temps, ce qui peut rendre la démarche moins intéressante. À quoi cela sert-il d'épargner pendant 18 mois pour récolter 300 $, si le prix du mobilier augmente pendant ce temps de 250 $?

Les taux d'intérêt sont plus élevés en période de forte inflation. TOUS les taux d'intérêt: autant ce que vous payez sur vos emprunts que ce que vous recevez sur vos dépôts. Il serait bien surprenant que l'augmentation des prix dépasse le montant combiné des intérêts que vous épargnez (puisque vous n'empruntez pas) et des intérêts que vous recevrez (sur les montants déposés chaque mois).

Lorsque les taux d'intérêt sont élevés, vous obtenez un bien meilleur rendement sur vos dépôts, mais vous devez payer beaucoup plus cher en frais d'intérêt. Il est donc plus intéressant, en de telles circonstances, d'épargner plutôt que d'emprunter.

D'autre part, plus on allonge la période de remboursement, plus les intérêts sont considérables. Ainsi, un prêt personnel de 7 000 $, à 12 p. cent, remboursable en trois ans, représente un versement mensuel de 232,50 $, pour un total, au bout de 36 mois, de 8 370 $. Par contre, 36 dépôts mensuels consécutifs de 194 $ dans un compte d'épargne stable à 6 p. cent signifient, en bout de ligne, 7 669 $, incluant les intérêts.

À condition d'attendre trois ans, on voit à quel point l'écart entre l'épargne et l'emprunt est important: dans ce cas, le prêt de 7 000 $ «coûte» 2 039 $, soit 1 370 $ d'intérêts payés au prêteur, plus 669 $ de «manque à gagner» (les intérêts que l'épargnant aurait perçus sur ses dépôts).

Ajoutons que, pour une période aussi longue, on peut obtenir des rendements plus intéressants avec des dépôts à terme.

Admettons-le, cependant: trois ans, c'est bien long! Ce n'est pas tout le monde qui est prêt à attendre tout ce temps pour jouir de son achat, et c'est bien compréhensible. Mais, comme on le voit, si on veut profiter dans l'immédiat de sa nouvelle acquisition, il faut être prêt à y mettre le prix.

Rien n'empêche, évidemment, une formule de compromis : vous épargnez, disons, pendant un an, pour être en mesure de fournir un versement initial substantiel au moment de l'achat, et diminuer d'autant le montant de l'emprunt.

Certes, ce n'est pas le financement à crédit d'un mobilier de salon de 2 000 $ qui vous mènera à la faillite ! Ce n'est pas le crédit qui est dangereux : c'est l'endettement excessif. Si vous avez peu de dettes, il y a toutes les chances pour que vous puissiez financer un tel emprunt sans difficulté. Mais si vous ajoutez les paiements mensuels sur le mobilier, les versements sur la voiture, les appareils électroménagers, le dernier voyage dans le Sud, le manteau de fourrure, alors là, vous pouvez avoir des problèmes !

Le crédit : beaucoup d'instruments

Quand on pense au crédit, on pense soit au prêt personnel, soit à la carte de crédit. Nous reparlerons un peu plus loin des prêts hypothécaires, qui méritent une attention spéciale.

Il existe en fait beaucoup d'autres instruments de crédit, offrant des caractéristiques bien différentes du prêt personnel ou de la carte de crédit.

Le prêt personnel

Accessible partout (banques, caisses populaires, fiducies), le prêt personnel à taux fixe permet à l'emprunteur de mesurer avec précision la portée de son engagement. Vous empruntez 7 000 $ à 11,75 p. cent, et l'échéance est de 36 mois ? Votre prêteur vous demandera 36 mensualités de 231,67 $. Vous pouvez ainsi organiser vos finances en conséquence, pendant toute la durée du prêt. Vous savez aussi quel est le coût du prêt, en intérêts. Il suffit, pour cela, de multiplier le nombre des mensualités par leur montant, et de soustraire le montant original du prêt du résultat obtenu. Dans notre exemple, les intérêts sont 1 340 $.

Les taux d'intérêt varient considérablement selon l'importance du prêt, l'échéancier, l'utilisation que l'emprunteur entend en faire, l'institution prêteuse, la solidité du crédit de l'emprunteur. Normalement, plus le montant du prêt est élevé et plus l'échéance est courte, moins les intérêts seront élevés. Pour un petit prêt (1 000 $ ou moins), le taux d'intérêt peut être très élevé. Les taux peuvent aussi être plus élevés lorsqu'il s'agit de financer des vacances plutôt que des biens durables.

Certaines institutions offrent aussi des prêts personnels à taux variable. Ces prêts sont généralement consentis à des taux moindres que les prêts à taux fixe. L'emprunteur assume un risque : si les taux descendent, il joue gagnant, s'ils montent, il peut perdre.

La carte de crédit

Les cartes de crédit constituent un moyen facile d'obtenir du financement sur-le-champ, pour des dépenses courantes. Les institutions émettrices imposent une limite de crédit au détenteur. C'est l'instrument de crédit le plus souple que l'on puisse imaginer. Elle est acceptée presque partout, et les formalités qui entourent son emploi sont presque inexistantes. Entre des mains imprudentes, cet avantage peut se transformer en danger. C'est si facile de tout mettre sur Visa ou Master Card...

L'utilisateur qui règle le solde de sa carte de crédit à chaque mois ne paie aucun intérêt. On peut ainsi obtenir, surtout si l'on sait jouer sur les délais, du financement sans intérêt. Nous verrons cela en détail un peu plus loin.

On n'a pas avantage à laisser les soldes s'accumuler de mois en mois. L'intérêt exigé par les institutions prêteuses est généralement bien au-dessus des taux disponibles sur le marché.

La marge de crédit

Disponible dans les banques et caisses populaires, la marge de crédit s'inspire du même principe que la carte de crédit. Le détenteur d'une marge de crédit peut obtenir du financement sur demande, jusqu'à concurrence d'un certain plafond (qui varie selon les institutions et les individus), sans avoir à déposer de demande d'emprunt. Celui qui y recourt doit effectuer un paiement à chaque mois, comme dans le cas des cartes de crédit. Ce versement peut correspondre à un pourcentage minimal du solde, ou à un montant fixe. Certaines institutions sont plus souples que d'autres à ce chapitre. Les taux d'intérêt sont souvent plus avantageux que sur les prêts personnels. Ils varient selon les taux du marché, et selon le degré de solvabilité du détenteur. Dans les caisses populaires, toutefois, l'intérêt sur les marges de crédit est fixe. Les marges de crédit ne sont pas accordées à tout le monde : on doit d'abord prouver la solidité de sa situation financière.

L'utilisation d'une marge de crédit est une très bonne façon de sauver des intérêts en réglant le solde de ses cartes de crédit. Les marges de crédit personnelles commandent en effet des taux moins élevés que les cartes. Si vous avez accumulé d'importantes dettes à même vos cartes de crédit, il se peut que vous deviez payer un intérêt de 18, 21, voire 24 p. cent. Il serait avantageux, pour vous, d'obtenir une marge de crédit, de l'utiliser pour régler le solde de vos cartes de crédit en un seul paiement et de rembourser, selon la fréquence qui vous convient, à un taux de 12 p. cent.

Le billet à demande

Comme la marge de crédit, le billet à demande ne s'adresse qu'aux emprunteurs dont la solvabilité est reconnue. Il s'agit de prêts à court terme, utiles pour dépanner ou réaliser un investissement. Les billets à demande ne supposent pas de versements mensuels. Les conditions du remboursement sont négociables. L'emprunteur peut, par exemple, payer les intérêts seulement à chaque mois, et le capital en un seul versement, au bout d'un an.

La protection sur vos découverts

Également offerte dans les banques et caisses populaires, la protection sur vos découverts offre la possibilité de tirer des chèques, même si votre compte-chèques ne contient pas le montant voulu. Lorsque le chèque arrive à la banque, celle-ci le paie, comme d'habitude, et considère que vous avez emprunté le montant en cause. Cette forme de crédit est soumise à un plafond, et les modalités de remboursement varient considérablement d'un endroit à l'autre : certaines institutions exigent que vous remboursiez dans les 30 jours, d'autres n'imposent pas de limite de temps. La banque exige un taux d'intérêt comparable à celui des cartes de crédit. Certaines imposent, en plus, des frais de service. Bien que disponible partout, la protection sur les découverts n'est pas la forme la plus avantageuse de crédit. On peut la considérer comme un outil de dépannage temporaire.

Les polices d'assurance-vie

On oublie souvent que l'emprunt sur les polices d'assurance-vie comportant une valeur de rachat constitue souvent une source très économique de financement, surtout s'il s'agit de polices émises avant 1968. Certaines de ces polices vous permettent d'emprunter à 5 p. cent! Les polices plus récentes vous permettent d'emprunter aux taux du marché, mais certaines compagnies d'assurance peuvent vous consentir de meilleures conditions. C'est la solution idéale pour régler des dettes comportant des taux d'intérêt élevés. Généralement, les assureurs consentent des prêts correspondant à la presque totalité de la valeur de rachat. Les conditions de remboursement sont habituellement souples.

Le financement direct

On peut aussi obtenir du financement, à des conditions diverses, auprès des marchands. Ce mode de financement est parfois désigné sous le nom d'achat à tempérament. Normalement, les taux d'intérêt sont comparables à ceux des prêts personnels consentis dans les grandes institutions. Il peut y avoir, lors de promotions spéciales, des taux plus avantageux. Dans le doute, chiffrez vous-même le taux réel d'intérêt. Si vous achetez un téléviseur 500 $, et que le vendeur vous propose un plan de financement facile, facile, à raison de versements hebdomadaires de 6 $ pendant deux ans (quoi de plus tentant!), on vous propose du 25 p. cent! Ce livre contient une table qui vous permet de calculer avec précision le coût réel de vos prêts.

Par contre, il se peut que, dans certains secteurs, on offre des taux alléchants pour attirer la clientèle. C'est souvent le cas des concessionnaires de voitures neuves, qui peuvent offrir des taux nettement au-dessous de ceux du marché. Ce n'est pas nécessairement là une raison pour emprunter. D'une part, l'épargne en intérêts n'est souvent pas aussi considérable qu'il n'y paraît à première vue. D'autre part, il est beaucoup plus important de magasiner, de comparer les prix et la qualité des produits, que de se précipiter sur du financement à rabais. À la longue, il devient avantageux de payer comptant à chaque changement de voiture. Un peu plus loin, nous allons voir comment cela est faisable.

Un prêt sans intérêt, c'est possible...

Grâce à votre carte de crédit, vous pouvez obtenir du financement gratuit lors de l'achat de vêtements, d'appareils électroménagers, de mobilier...

Pour cela, il faut réunir deux conditions :

☐ Le montant en question ne doit pas être trop élevé. De préférence, moins de 1 000 $.

☐ Vous devez être disposé, pendant une courte période de temps, à augmenter sensiblement votre effort d'épargne.

Voyons, à l'aide d'un exemple, comment procéder.

Supposons que vous désirez acheter un magnétoscope dont le prix, taxes incluses, est de 650 $. Nous prenons évidemment pour acquis que vous avez les moyens de vous payer cet appareil, peu importe le mode de financement que vous retiendrez.

Idéalement, un achat du genre devrait être prévu au budget annuel. Un bon budget, élaboré en début d'année, devrait tenir compte, au poste logement, des achats de mobilier et appareils électroménagers que l'on prévoit faire au cours de l'année. Mais ce n'est pas facile de tout prévoir ; en outre, vous pouvez toujours avoir le coup de foudre pour tel ou tel bien dont vous n'avez pas prévu le financement à votre budget. C'est bien humain ! Et si vos moyens vous permettent de l'acquérir, pourquoi vous en priveriez-vous ?

Pour financer cet achat, vous avez le choix entre plusieurs options :

☐ Vous pouvez, évidemment, retirer ce montant de votre compte en banque et régler la facture sur-le-champ. La formule n'est pas mauvaise, mais elle a l'inconvénient de faire un «trou» dans vos épargnes, surtout si celles-ci ne sont pas très élevées. Vous pouvez faire mieux.

☐ Une deuxième solution consisterait à épargner un petit montant par semaine pendant cinq ou six mois jusqu'à ce que vous accumuliez la somme nécessaire. Bonne formule, aussi, mais elle vous prive, pendant cette période, de la jouissance du magnétoscope. Là aussi, vous pouvez faire mieux.

☐ Vous pouvez toujours emprunter. Soit en obtenant un financement auprès du marchand, ou encore auprès d'une institution financière, ou, option la plus courante, en utilisant votre carte de crédit. Pour un achat de ce genre, toutefois, l'endettement ne constitue pas nécessairement la meilleure solution. Que faire, alors?

C'est ici que vous pouvez utiliser «intelligemment» votre carte de crédit.

☐ Commencez par prévoir une période d'étalement pour financer votre achat. Par exemple, trois mois (treize semaines). Pour en arriver au total de 650 $, cela fait 50 $ par semaine. En mettant de côté 50 $ par semaine, vous ne créez aucun trou dans votre compte en banque. Par contre, vous n'aurez pas besoin d'emprunter et vous pourrez prendre livraison de votre magnétoscope, non dans trois mois, mais, comme nous allons le voir dans un instant, dans un mois seulement!

☐ La deuxième démarche consiste à vérifier la date des états de compte mensuels de votre carte de crédit. Les institutions émettrices envoient en effet leurs comptes à périodes fixes. Dans le cas qui nous occupe, l'état de compte est daté de l'avant-dernière semaine du mois, disons le 25.

☐ Il faut donc passer au magasin dans la dernière semaine du mois (soit juste après la date mensuelle du relevé). Accordez-vous quelques jours de jeu. Dans notre exemple, il s'agit d'effectuer la transaction le 28 du mois. Vous payez avec votre carte de crédit, et vous apportez le magnétoscope chez vous. Il va de soi que l'achat ne doit pas avoir pour effet de crever la limite de crédit que vous accorde l'institution émettrice.

☐ À la fin du MOIS SUIVANT, vous recevrez votre état de compte, où l'achat de 650 $ sera inscrit. Mais les institutions émettrices vous accordent un délai (généralement, trois semaines) pour effectuer votre paiement. Vous ne devrez donc payer que vers le 17 ou le 18 du mois suivant. Ainsi, dans notre exemple, un magnétoscope acheté fin avril ne devra être payé que passé la mi-juin !

☐ Cinq semaines avant de passer au magasin, commencez à déposer 50 $ par semaine. Continuez ce dépôt régulièrement pendant les treize semaines suivantes. À ce moment-là, vous aurez 650 $ de côté, montant qui correspondra exactement au montant de votre achat, et que vous pourrez régler sans effort à ce moment.

Résultat de l'opération : vous n'avez effectué aucune ponction significative dans vos épargnes, et vous vous êtes fait financer pendant près de deux mois, ce qui vous a permis de prendre livraison de votre magnétoscope cinq semaines seulement après avoir pris la décision de l'acheter. Ce que cela vous a coûté : un effort d'épargne accru pendant une courte période. Mais cela n'en vaut-il pas la peine ?

Certes, cette procédure peut paraître ennuyeuse. Il faut quand même une certaine dose de volonté pour commencer à déposer son 50 $ cinq semaines avant l'achat, et poursuivre sans flancher pendant huit autres semaines. La formule, dans les circonstances, sera donc surtout utile aux gens dont les épargnes sont peu élevées. Évidemment, si vous avez des épargnes de 12 000 $, on peut difficilement qualifier un retrait de 650 $ de « trou » ! La situation est tout à fait différente si votre coussin d'épargne n'est que de 1 500 $.

L'essentiel de la formule est de profiter du délai de sept ou huit semaines qui s'écoule entre la date de l'achat et celle du paiement. Si vous voulez profiter d'une aubaine qui ne se répétera pas, ou si vous prévoyez que le prix du bien que vous convoitez va augmenter, ou encore si l'achat est vraiment urgent, vous pouvez même commencer vos dépôts le jour même de l'achat. Par exemple, si on offre un rabais de 200 $ sur un article qui coûte normalement 800 $, cela ne sert pas à grand-chose d'attendre cinq ou six semaines pour sauver quelques dizaines de dollars en intérêts. Lorsque votre paiement deviendra dû, vous aurez amassé les deux tiers du montant. Vous payez cette partie, et reportez le solde au mois suivant, quitte à payer l'intérêt pour un mois.

Nous venons de parler d'un étalement de treize semaines, mais il appartient à chacun, selon ses moyens, de décider de la période idéale. Certains pourront se permettre de déposer plus. À raison de 81 $ par semaine, par exemple, on paie le magnétoscope de 650 $ en deux mois seulement. C'est donc dire que, dans ce cas, l'utilisation de votre carte de crédit équivaut à un prêt sans intérêt. Au taux d'intérêt qui touche les cartes de crédit (pour les fins de notre exemple, nous prendrons 18 p. cent), cela représente une économie de 65 $, en supposant que le remboursement est étalé sur un an. Par contre, si vous avez les moyens de régler le solde d'un coup, dans un mois, l'économie n'est que de 10 $. Il est plus important, à ce moment, de magasiner pour obtenir le meilleur rapport qualité-prix, que de tenter de sauver de l'intérêt. Tout est une question de moyens.

Si le montant de 50 $ vous paraît trop élevé, étalez votre financement sur une plus longue période. Sur cinq mois, par exemple. Cela correspond à un dépôt hebdomadaire de 31 $. Plus la période d'étalement s'allonge, cependant, plus les inconvénients sont nombreux : vous augmentez les risques d'une hausse de prix, vous ne profitez pas autant du financement gratuit, la période d'attente avant d'entrer en possession de votre achat est plus longue, et cela demande plus de discipline.

Vous pouvez, bien sûr, effectuer votre dépôt hebdomadaire dans votre compte d'épargne véritable. Mais cela sera sans doute plus stimulant d'ouvrir un autre compte, spécialement à cette fin. Ce compte spécial a un avantage psychologique : vous voyez plus clairement la progression de votre épargne, et cela vous encourage davantage à continuer. En outre, vous ne pouvez pas facilement sauter ou oublier votre dépôt.

Et les institutions émettrices, dans tout cela ? Ne vous en faites pas pour elles ! D'une part, elles perçoivent une contribution du marchand qui vous a vendu votre magnétoscope ; d'autre part, plusieurs d'entre elles exigent des frais pour l'émission de la carte ; enfin, même si beaucoup de consommateurs (environ le tiers) règlent ponctuellement le solde de leur état de compte à chaque mois, il en reste encore suffisamment qui s'endettent à 18 p. cent et plus. Ce sont, en quelque sorte, ces emprunteurs qui paient pour les utilisateurs prudents de cartes de crédit.

Faire de l'argent en empruntant: est-ce possible?

Il est donc possible d'obtenir, en certaines circonstances, du crédit gratuit. Mais y a-t-il moyen de faire mieux? Peut-on, comme le proclament certains prêteurs et vendeurs de produits financiers, «faire de l'argent» en empruntant?

La réponse est oui. Mais attention! Ces techniques ne s'adressent pas à tout le monde et, pour l'épargnant moyen, le jeu n'en vaut souvent pas la chandelle.

Retenons ici les trois cas les plus fréquents:

☐ Emprunter pour ne pas toucher à son capital.

☐ Emprunter pour faire un placement.

☐ Emprunter pour bénéficier de l'effet de levier ou, dans le jargon financier, du «leveraging».

Voyons ce qu'il en est, dans les trois cas.

Emprunter pour ne pas toucher à son capital

Cette technique s'adresse à ceux qui disposent déjà d'un certain montant de côté, et qui veulent réaliser une acquisition représentant un montant équivalent.

Vous disposez d'un montant de 10 000 $, et vous voulez acheter une nouvelle voiture qui vous coûtera, excluant la valeur de revente de votre ancien véhicule, 10 000 $. On pourrait vous conseiller d'acheter un certificat de placement garanti de trois ans, à 9 p. cent, et d'emprunter les 10 000 $ à 12 p. cent, pour financer votre voiture, à raison de 36 paiements mensuels de 332 $. Au bout de trois ans, vous recevrez 2 950 $ en intérêts sur votre dépôt, mais vous aurez payé seulement 1 957 $ en intérêts sur votre emprunt. En outre, ces 1 957 $

seront déductibles de l'impôt, puisqu'il s'agit d'un emprunt contracté dans le but de gagner un revenu. Au premier coup d'oeil, l'emprunt semble donc avantageux, mais cette affirmation appelle deux réserves :

1) La moitié environ de ces intérêts seront imposables au provincial. Si vous avez d'autres placements qui vous rapportent au moins 500 $ (au provincial) ou 1 000 $ (au fédéral), vous devrez payer de l'impôt sur la totalité de vos intérêts.

2) Pour profiter d'un rendement alléchant, vous devrez immobiliser votre capital dans un certificat de placement garanti, que vous ne pourrez toucher avant trois ans. Cela ne sert pas à grand-chose, dans les circonstances, de « ne pas toucher à son capital ». Si vous achetez des dépôts à terme, vous pourrez récupérer votre capital avant l'échéance, mais avec des intérêts si faibles que cela n'en vaut pas la peine.

En payant comptant, au départ, vous n'aurez évidemment pas à rembourser 332 $ par mois pendant trois ans. Vous pouvez mettre cet argent de côté à tous les mois, ce qui vous donnera, à un rendement de 7 p. cent, 13 334 $, dont 1 377 $ en intérêts (sur lesquels vous paierez beaucoup moins d'impôts). En bout de ligne, vous vous retrouverez avec un capital légèrement supérieur à celui que vous auriez obtenu avec un certificat de dépôt garanti.

Dans cet exemple, nous avons évidemment supposé tel et tel taux d'intérêt. Une variation dans un sens ou dans l'autre peut modifier la situation. Deux principes doivent être pris en considération avant de décider :

☐ Pour utiliser cette technique, vous devrez disposer au départ du montant que vous voulez emprunter. Il va sans dire que vous n'immobiliserez pas toutes vos épargnes dans un certificat garanti. Gardez-vous toujours une marge de manoeuvre. Autrement dit, n'utilisez cette technique que si vous disposez d'un surplus de liquidités.

☐ Plus l'écart est considérable entre le rendement sur votre dépôt et le taux d'intérêt sur votre prêt, moins l'emprunt est intéressant. À l'inverse, plus l'écart est mince, plus l'emprunt est avantageux. Nous supposons ici, naturellement, que le taux sur les dépôts est moins élevé que celui des prêts.

Si vous pouvez emprunter à 10 p. cent, et obtenir en même temps un rendement de 10 p. cent sur vos dépôts, l'emprunt devient beaucoup plus intéressant. Cela s'explique facilement : les intérêts que vous payez sont décroissants, tandis que ceux que vous recevez sont capitalisés régulièrement et rapportent à leur tour d'autres intérêts.

Si le taux du prêt est inférieur à celui du dépôt, cela devient encore plus avantageux. Enfin, si vous pouvez obtenir un financement gratuit ou à très faible taux d'intérêt, il devient carrément avantageux d'emprunter.

Attention, cependant : tout cela ne doit pas être pris comme un encouragement à s'endetter. Avant de contracter quelque emprunt que ce soit, peu importent les conditions, il faut s'assurer d'avoir les moyens de le faire. Cela ne sert à rien d'obtenir un prêt sans intérêt si vous n'avez pas les moyens de rembourser le capital !

Emprunter pour faire un placement

Il peut être également avantageux d'emprunter pour faire un placement, même si les intérêts sur le prêt, comme nous l'avons vu dans l'exemple précédent, sont plus élevés que le rendement du placement.

Attention ! Emprunter pour acheter des actions, des fonds mutuels ou autres produits sujets à des fluctuations, ce n'est pas l'idéal pour les novices ou les petits épargnants. Par contre, emprunter pour acheter un certificat de dépôt peut être avantageux sur papier. Dans tous ces cas, les intérêts sont déductibles de l'impôt.

Si vous empruntez 5 000 $ sur trois ans à 12 p. cent pour acheter un certificat de dépôt de trois ans rapportant du 9 p. cent, vous allez payer 5 979 $. Les intérêts de 979 $ seront déductibles de l'impôt. À un taux d'imposition de 40 p. cent, vous récupérerez ainsi 392 $, pour un coût réel de 5 587 $. Votre dépôt, pendant ce temps, a rapporté 1 476 $ en intérêts (pratiquement pas imposables si vous n'avez pas d'autres revenus de placement), et vous avez un capital, au bout de trois ans, de 6 476 $, pour une mise de fonds de 5 587 $.

Est-ce que ça en vaut la peine ? Pour la majorité d'entre nous, pas vraiment ! Votre bénéfice, dans cette affaire, est de 889 $, l'équivalent d'à peu près 5,70 $ par semaine. Pour réaliser un tel bénéfice, vous vous êtes mis un engagement financier important sur le dos, avec des paiements mensuels de 166 $. Et vous ne pouvez récupérer cet argent avant trois ans. C'est payer bien cher pour un si petit bénéfice !

C'est donc une technique qui peut être avantageuse mais qui, comme on le voit, ne s'adresse pas à tout le monde.

Il en va autrement dans le cas des Régimes enregistrés d'épargne-retraite (REÉR), où l'économie d'impôt peut largement compenser les frais d'intérêt et même payer une partie du capital. Dans le cas des REÉR, toutefois, les intérêts ne sont pas déductibles. Nous en reparlerons dans le chapitre sur les REÉR.

Emprunter pour bénéficier de l'effet de levier

Tous les experts financiers connaissent depuis longtemps la technique du «leverage», ou de l'effet de levier.

Cela consiste à emprunter pour faire un placement, dans l'espoir qu'il prenne rapidement de la valeur et multiplie ainsi le rendement sur votre mise de fonds initiale.

■ *Prenons l'exemple d'une maison que vous payez 100 000 $. Vous déboursez 20 000 $ et financez le reste, 80 000 $, sur hypothèque. Au bout d'un an, disons que votre maison a pris de la valeur, et qu'elle vaut 120 000 $. Comme votre hypothèque est de 80 000 $, votre avoir net sur la propriété est maintenant de 40 000 $, ce qui représente un rendement de 100 p. cent par rapport à votre mise de fonds initiale de 20 000 $. Tel est donc le rendement que l'effet de levier vous permettrait d'obtenir si vous revendiez votre maison aujourd'hui.*

L'exemple de la maison est bien beau, mais attention! L'utilisation de l'effet de levier, pour acheter des actions ou des parts de fonds mutuels, peut se révéler dangereuse : ces titres sont sujets à des fluctuations, et peuvent baisser autant que monter.

Reprenons l'exemple que nous venons de voir, mais en supposant que la maison ne vaut plus que 80 000 $ au bout d'un an. En la revendant, vous avez juste de quoi régler votre hypothèque, et vous avez perdu votre mise de fonds. Cela est évidemment très rare dans le secteur immobilier, mais pas à la Bourse. Redoublez donc de prudence lorsqu'on fait miroiter l'effet de levier à vos yeux. Cette technique doit être réservée aux investisseurs avertis.

Comment calculer les mensualités d'un prêt personnel

Ce jeu de tables permet de calculer, en quelques minutes, le coût d'un emprunt et le montant des versements mensuels.

Les tables fournissent le montant des intérêts et le montant du versement mensuel pour un prêt de 10 000 $, pour des périodes allant de 6 à 60 mois, et à des taux variant de 5 à 21 p. cent. Par exemple, un prêt de 10 000 $, remboursable en 18 mois, et consenti à 11,5 p. cent, correspond à des mensualités de 607,50 $. À l'échéance, l'emprunteur aura déboursé 935 $ en intérêts.

Pour connaître les versements et le coût relatifs à un autre montant, il s'agit d'effectuer une petite multiplication. Pour un prêt de 3 000 $, multipliez les chiffres fournis dans la table par 0,3. Pour un prêt de 8 750 $, multipliez par 0,875. Pour un prêt de 14 000 $, multipliez par 1,4. Exemple : quel est le coût en intérêts et le montant du versement mensuel, dans le cas d'un prêt de 6 800 $ consenti pour une période de 24 mois, à 12,5 p. cent d'intérêt ? La table de 12,5 p. cent indique des chiffres de 1 353,68 et de 473,06, vis-à-vis la ligne de 24 mois. Multipliez donc ces chiffres par 0,68. Le prêt en question représente donc des mensualités de 321,68 $ et le coût total, en intérêts, atteint 920,50 $. Cette méthode peut donner d'infimes distorsions. Pour le prêt que nous venons de voir, le prêteur demandera, en réalité, des mensualités de 321,69 $, soit un cent de différence ! La publication de tables complètes aurait occupé une centaine de pages, aussi avons-nous choisi de vous laisser faire le calcul, quitte à ce que le résultat varie d'un cent ou deux avec les montants réels.

D'autre part, pour savoir le coût et les mensualités d'un prêt, lorsque le taux comprend un quart ou trois quarts de point de pourcentage (par exemple, 12,25 ou 12,75 p. cent), il suffit de faire la moyenne entre les montants de la table précédente et ceux de la table suivante. Exemple : quel est le coût en intérêts et le montant du versement mensuel, dans le cas d'un prêt consenti à 12,25 p. cent ? Pour le savoir, faites le calcul que nous venons de voir, mais en prenant la table de 12 p. cent. Refaites le même calcul en prenant la table de 12,5 p. cent. Additionnez les deux résultats et divisez par deux.

Il est également possible, enfin, d'avoir une idée relativement précise des mensualités et des coûts d'intérêt dans le cas de prêts consentis pour des périodes intermédiaires. Il suffit, encore là, de faire un simple calcul. Pour trouver, par exemple, les chiffres relatifs à un emprunt étalé sur 30 mois, additionnez les chiffres de 24 mois et ceux de 36 mois, et divisez par deux.

Un des avantages de ce jeu de tables est de favoriser la comparaison entre les différentes propositions qui sont faites aux consommateurs par les prêteurs. Ainsi, lorsqu'on vous fait miroiter des taux d'intérêt (vraiment exceptionnels) de 5 p. cent, vous devez toujours penser en fonction du montant à emprunter et de la période de remboursement. Sur un prêt de 5 000 $ remboursable en un an, la différence entre des taux d'intérêt de 5 et de 11 p. cent est de 166,50 $. C'est un beau cadeau, certes, mais cela justifie-t-il l'achat d'un produit que vous n'aimez pas ?

De la même façon, ces tables permettent de prendre une décision en fonction des taux d'intérêt et de période de remboursement. Un emprunt à 5 p. cent peut vous coûter PLUS cher qu'un autre à 21 p. cent ! Cela dépend de la durée du prêt. Il en coûte en effet beaucoup plus cher de rembourser un prêt consenti à 5 p. cent sur trois ans, qu'un prêt consenti à 21 p. cent sur six mois. Voilà des considérations que nous devrions tous peser avant d'emprunter.

	Coût en intérêts	Versement mensuel
5%		
6 mois	146,30	1 691,05
12 mois	272,84	856,07
18 mois	400,58	577,81
24 mois	529,04	438,71
36 mois	789,56	299,71
48 mois	1 053,92	230,29
60 mois	1 322,60	188,71
5,5%		
6 mois	161,00	1 693,50
12 mois	300,44	858,37
18 mois	441,08	580,06
24 mois	583,04	440,96
36 mois	870,56	301,96
48 mois	1 163,36	232,57
60 mois	1 460,60	191,01
6%		
6 mois	175,70	1 695,95
12 mois	327,92	860,66
18 mois	481,76	582,32
24 mois	637,04	443,21
36 mois	951,92	304,22
48 mois	1 272,80	234,85
60 mois	1 599,80	193,33
6,5%		
6 mois	190,46	1 698,41
12 mois	355,64	862,97
18 mois	522,44	584,58
24 mois	691,04	445,46
36 mois	1 033,64	306,49
48 mois	1 383,20	237,15
60 mois	1 739,60	195,66
7%		
6 mois	205,16	1 700,86
12 mois	383,24	865,27
18 mois	563,30	586,85
24 mois	745,52	447,73
36 mois	1 115,72	308,77
48 mois	1 494,08	239,46
60 mois	1 880,60	198,01
7,5%		
6 mois	219,86	1 703,31
12 mois	410,84	867,57
18 mois	604,16	589,12
24 mois	800,00	450,00
36 mois	1 198,16	311,06
48 mois	1 605,92	241,79
60 mois	2 022,80	200,38

	Coût en intérêts	Versement mensuel
8%		
6 mois	234,62	1 705,77
12 mois	438,68	869,89
18 mois	645,20	591,40
24 mois	854,48	452,27
36 mois	1 280,96	313,36
48 mois	1 718,24	244,13
60 mois	2 165,60	202,76
8,5%		
6 mois	249,38	1 708,23
12 mois	466,40	872,20
18 mois	686,42	593,69
24 mois	909,44	454,56
36 mois	1 364,48	315,68
48 mois	1 831,04	246,48
60 mois	2 310,20	205,17
9%		
6 mois	264,14	1 710,69
12 mois	494,24	874,52
18 mois	727,64	595,98
24 mois	964,40	456,85
36 mois	1 448,00	318,00
48 mois	1 944,80	248,85
60 mois	2 454,80	207,58
9,5%		
6 mois	278,90	1 713,15
12 mois	521,96	876,83
18 mois	768,86	598,27
24 mois	1 019,60	459,15
36 mois	1 531,88	320,33
48 mois	2 059,04	251,23
60 mois	2 601,20	210,02
10%		
6 mois	293,66	1 715,61
12 mois	549,92	879,16
18 mois	810,26	600,57
24 mois	1 074,80	461,45
36 mois	1 616,12	322,67
48 mois	2 174,24	253,63
60 mois	2 748,20	212,47
10,5%		
6 mois	308,48	1 718,08
12 mois	577,88	881,49
18 mois	851,84	602,88
24 mois	1 130,24	463,76
36 mois	1 700,72	325,02
48 mois	2 289,44	256,03
60 mois	2 896,40	214,94

	Coût en intérêts	Versement mensuel
11%		
6 mois	323,30	1 720,55
12 mois	605,84	883,82
18 mois	893,42	605,19
24 mois	1 185,92	466,08
36 mois	1 786,04	327,39
48 mois	2 406,08	258,46
60 mois	3 045,20	217,42
11,5%		
6 mois	338,06	1 723,01
12 mois	633,80	886,15
18 mois	935,00	607,50
24 mois	1 241,60	468,40
36 mois	1 871,36	329,76
48 mois	2 522,72	260,89
60 mois	3 195,80	219,93
12%		
6 mois	352,94	1 725,49
12 mois	661,88	888,49
18 mois	976,76	609,82
24 mois	1 297,52	470,73
36 mois	1 957,04	332,14
48 mois	2 640,32	263,34
60 mois	3 346,40	222,44
12,5%		
6 mois	367,76	1 727,96
12 mois	689,96	890,83
18 mois	1 018,70	612,15
24 mois	1 353,68	473,07
36 mois	2 043,44	334,54
48 mois	2 758,40	265,80
60 mois	3 498,80	224,98
13%		
6 mois	382,58	1 730,43
12 mois	718,04	893,17
18 mois	1 060,64	614,48
24 mois	1 410,08	475,42
36 mois	2 129,84	336,94
48 mois	2 876,96	268,27
60 mois	3 651,80	227,53
13,5%		
6 mois	397,40	1 732,90
12 mois	746,24	895,52
18 mois	1 102,58	616,81
24 mois	1 466,48	477,77
36 mois	2 216,60	339,35
48 mois	2 996,48	270,76
60 mois	3 806,00	230,10

	Coût en intérêts	Versement mensuel
14%		
6 mois	412,28	1 735,38
12 mois	774,44	897,87
18 mois	1 144,70	619,15
24 mois	1 523,12	480,13
36 mois	2 304,08	341,78
48 mois	3 116,48	273,26
60 mois	3 960,80	232,68
14,5%		
6 mois	427,16	1 737,86
12 mois	802,76	900,23
18 mois	1 187,00	621,50
24 mois	1 579,76	482,49
36 mois	2 391,56	344,21
48 mois	3 237,44	275,78
60 mois	4 116,80	235,28
15%		
6 mois	442,04	1 740,34
12 mois	830,96	902,58
18 mois	1 229,30	623,85
24 mois	1 636,88	484,87
36 mois	2 479,40	346,65
48 mois	3 358,88	278,31
60 mois	4 274,00	237,90
15,5%		
6 mois	456,92	1 742,82
12 mois	859,28	904,94
18 mois	1 271,60	626,20
24 mois	1 694,00	487,25
36 mois	2 567,96	349,11
48 mois	3 480,80	280,85
60 mois	4 431,80	240,53
16%		
6 mois	471,80	1 745,30
12 mois	887,72	907,31
18 mois	1 314,08	628,56
24 mois	1 751,12	489,63
36 mois	2 656,52	351,57
48 mois	3 603,20	283,40
60 mois	4 590,80	243,18
16,5%		
6 mois	486,74	1 747,79
12 mois	916,16	909,68
18 mois	1 356,74	630,93
24 mois	1 808,48	492,02
36 mois	2 745,44	354,04
48 mois	3 726,56	285,97
60 mois	4 751,00	245,85

	Coût en intérêts	Versement mensuel
17%		
6 mois	501,62	1 750,27
12 mois	944,60	912,05
18 mois	1 399,40	633,30
24 mois	1 866,08	494,42
36 mois	2 835,08	356,53
48 mois	3 850,40	288,55
60 mois	4 911,80	248,53
17,5%		
6 mois	516,56	1 752,76
12 mois	973,04	914,42
18 mois	1 442,24	635,68
24 mois	1 923,92	496,83
36 mois	2 924,72	359,02
48 mois	3 974,72	291,14
60 mois	5 073,20	251,22
18%		
6 mois	531,50	1 755,25
12 mois	1 001,60	916,80
18 mois	1 485,08	638,06
24 mois	1 981,76	499,24
36 mois	3 014,72	361,52
48 mois	4 100,00	293,75
60 mois	5 235,80	253,93
18,5%		
6 mois	546,44	1 757,74
12 mois	1 030,16	919,18
18 mois	1 527,92	640,44
24 mois	2 039,84	501,66
36 mois	3 105,44	364,04
48 mois	4 225,76	296,37
60 mois	5 399,60	256,66
19%		
6 mois	561,44	1 760,24
12 mois	1 058,84	921,57
18 mois	1 570,94	642,83
24 mois	2 098,16	504,09
36 mois	3 196,16	366,56
48 mois	4 352,00	299,00
60 mois	5 564,60	259,41
19,5%		
6 mois	576,38	1 762,73
12 mois	1 087,40	923,95
18 mois	1 614,14	645,23
24 mois	2 156,48	506,52
36 mois	3 287,24	369,09
48 mois	4 479,20	301,65
60 mois	5 729,60	262,16

	Coût en intérêts	Versement mensuel
20%		
6 mois	591,38	1 765,23
12 mois	1 116,20	926,35
18 mois	1 657,34	647,63
24 mois	2 215,04	508,96
36 mois	3 379,04	371,64
48 mois	4 606,40	304,30
60 mois	5 896,40	264,94
20,5%		
6 mois	606,38	1 767,73
12 mois	1 144,88	928,74
18 mois	1 700,72	650,04
24 mois	2 273,60	511,40
36 mois	3 470,84	374,19
48 mois	4 734,56	306,97
60 mois	6 063,80	267,73
21%		
6 mois	621,38	1 770,23
12 mois	1 173,68	931,14
18 mois	1 744,10	652,45
24 mois	2 332,64	513,86
36 mois	3 563,00	376,75
48 mois	4 863,68	309,66
60 mois	6 231,80	270,53

Trois questions avant d'emprunter

S'il est généralement préférable de payer comptant, ce n'est pas toujours possible et, dans certains cas, on doit recourir à l'emprunt. Avant de contracter un prêt personnel, cependant, tout consommateur devrait se poser trois questions fondamentales.

Est-ce que j'en ai les moyens?

La première question saute aux yeux, et pourtant, on oublie souvent de se la poser. Est-ce qu'on a les moyens de se procurer l'article en question? La question est pertinente, en fait, peu importe le mode de financement choisi. Elle doit être posée (et examinée) lorsqu'on envisage tout achat important.

Acheter un bien sans évaluer auparavant sa situation financière, son épargne, ses revenus, c'est courir le risque de s'embourber. L'endettement excessif découle toujours d'une mauvaise évaluation, ou d'une absence d'évaluation, de sa capacité de payer.

La faute la plus courante est de surévaluer ses revenus. Ou, en d'autres termes, de «vivre au-dessus de ses moyens». Si vous gagnez 15 000 $ net par année, ne roulez pas en Mercedes! Le seul moyen de rouler en Mercedes, c'est de faire plus d'argent. En attendant, interdisez-vous les dépenses qui dépassent vos ressources.

Mais comment peut-on savoir si on a les moyens d'effectuer tel ou tel achat? Il existe un instrument extraordinaire pour répondre à cette question. C'est, nous l'avons vu, le budget familial ou personnel. Le budget, où vous prévoyez vos revenus et vos dépenses, vous indiquera si, oui ou non, vous pouvez y aller. Vous êtes sur le point d'emprunter un montant important? Vérifiez d'abord votre budget. Si vous n'en avez pas, faites-en un. Après tout, le crédit est utilisé, faute d'épargne, pour effectuer une dépense qui dépasse les disponibilités dans le cadre du budget hebdomadaire, mensuel, ou annuel. Les paiements sur un emprunt peuvent être mis en rapport avec la capacité du budget. Pour savoir si vous avez les moyens d'effectuer telle ou telle dépense, il faut d'abord connaître cette capacité. Vous pouvez, naturellement, réaménager vos postes budgétaires en fonction d'un achat important.

S'agit-il d'un achat urgent?

Supposons que vous avez bien évalué vos revenus. Vous calculez, correctement, être en mesure de consacrer X montant à tel achat. Bon! Deuxième question: avez-vous un besoin urgent de l'article en question? Est-il indispensable de l'acquérir maintenant? Puisque, de toute façon, vous avez décidé d'y consacrer X montant, ne serait-il pas préférable d'épargner, quitte à retarder l'achat de trois mois, six mois, un an?

Il existe évidemment de nombreuses situations où vous n'y pouvez rien: la dépense est indispensable, et elle doit être faite maintenant! Dans ce cas, si vous n'avez pas les épargnes nécessaires pour y faire face, l'emprunt est la seule solution. La plupart de ces situations, toutefois, découlent de circonstances imprévues. C'est pour cela, entre autres, qu'un coussin d'épargne est si utile!

Est-ce que j'ai des revenus stables?

Dernière question: jusqu'à quel point pouvez-vous compter sur des revenus stables? Beaucoup d'emprunteurs, se basant sur leurs revenus actuels, croient avoir les moyens de rembourser leur prêt sans problème.

Mais êtes-vous assuré de conserver le même niveau de revenu pendant toute la période de remboursement? Avez-vous un emploi stable? Et votre conjoint? Prévoyez-vous des événements qui pourraient modifier votre situation financière? L'arrivée d'un bébé dans la famille, par exemple, qui pourrait supprimer ou diminuer les revenus de la nouvelle maman pendant plusieurs mois? Ou le risque d'un conflit de travail? Quand les négociations entre votre syndicat et votre employeur se déroulent dans un climat de tension, quand le mot «grève» commence à circuler, ce n'est pas le moment de s'engager financièrement! S'il y a vraiment grève, vous aurez besoin de toutes vos ressources pour passer au travers, et la dernière chose dont vous aurez besoin à ce moment est certainement le versement mensuel sur le nouveau système de son!

Si vous pouvez, de façon réaliste, répondre OUI à ces trois questions, et si vous ne disposez pas des épargnes nécessaires, alors, allez-y. Il va de soi, avant de faire une demande d'emprunt, que vous allez prendre un peu de temps pour vous y préparer.

☐ Étudiez les différentes formes de crédit que vous pourriez utiliser. Dans ce cas-ci, la carte de crédit pourrait-elle vous dépanner? Combien cela coûtera-t-il par rapport à un prêt personnel?

☐ Calculez plusieurs hypothèses avant de solliciter votre prêt. Chiffrez les mensualités en fonction des échéances et des taux d'intérêt. Peut-être n'est-il pas nécessaire d'emprunter la totalité du montant. Cela pourrait être plus avantageux de payer une partie comptant, et d'emprunter la différence.

☐ Les taux d'intérêt ne sont pas les mêmes partout. S'il est un domaine où cela varie beaucoup d'une institution à l'autre, c'est bien celui-là. Renseignez-vous et comparez.

☐ Si vous faites affaire avec une même institution depuis plusieurs années, votre réputation de crédit est sans doute bien établie, et vous pourrez probablement y obtenir un prêt facilement, et à de bonnes conditions.

☐ Arrivez chez votre prêteur bien préparé. Un emprunteur qui connaît bien ses revenus, ses disponibilités, ses habitudes de consommation, ses dépenses, son historique de crédit, laisse une impression bien plus favorable qu'un autre qui ignore les grands traits de sa situation financière.

Et si vous êtes vraiment mal pris...

Malgré les mises en garde, les appels à la prudence, les incitations à ne pas vivre au-dessus de ses moyens, il y aura toujours des gens qui trouveront le moyen de s'endetter encore et encore... jusqu'à l'enlisement financier.

Il y a, heureusement, moyen de se « sortir du trou ». Mais, dans tous les cas, il faut accepter de faire des sacrifices. Personne ne vous fait de cadeaux de nos jours.

On peut se retrouver en mauvaise posture financière pour plusieurs raisons. Si on a vécu au-dessus de ses moyens pendant des années, peu importe son niveau de revenu, viendra le moment où il faudra payer les pots cassés. Mais on n'est pas toujours entièrement responsable. On peut avoir emprunté raisonnablement, et voir les taux d'intérêt grimper à un point tel que le fardeau des dettes devient insupportable. On peut avoir subi une malchance, avoir perdu son emploi. On peut avoir des revenus tellement modestes que toutes les dépenses vont à l'essentiel (nourriture, logement, vêtement), laissant peu de place à l'épargne, et créant ainsi une situation de vulnérabilité en cas de coup dur.

Que faire lorsqu'on constate que sa situation est désespérée ?

Le réaménagement budgétaire

La première voie, et la plus évidente, est un réaménagement de votre gestion financière. Le simple fait de faire un budget et de le respecter, surtout si vous êtes dans une situation serrée, peut vous ouvrir de toutes nouvelles perspectives. Près de la moitié des gens qui pensent être dans l'abîme financier ne sont pas, en réalité, aussi mal pris qu'ils le pensent. Peut-être est-ce votre cas ?

☐ Une des premières choses à faire est d'éviter l'affolement. L'angoisse est mauvaise conseillère. Prenez le temps d'évaluer lucidement et avec réalisme l'état de vos revenus nets et de vos dépenses.

☐ Si vous avez un budget, réexaminez-le, point par point. Si vous n'en avez pas, c'est l'occasion ou jamais d'en commencer un.

☐ Passez en revue vos habitudes de consommation. Il y a peut-être plus de « coulage » que vous ne le pensez. Si vous repérez des « fuites », colmatez !

☐ Mettez vos cartes de crédit au fond d'un tiroir. Évitez l'endettement.

Le réaménagement consiste, en examinant son budget, à voir s'il est possible, en déplaçant ou en coupant certaines dépenses, d'améliorer sa situation.

Certes, chaque cas est différent de l'autre, mais certaines questions seront pertinentes pour tout le monde :

☐ Combien d'argent consacrez-vous au remboursement de vos dettes ? Vous est-il possible d'en mettre plus à chaque mois pour accélérer le remboursement ? Et à ce rythme, combien de temps cela vous prendra-t-il pour liquider vos dettes ?

☐ Où pouvez-vous couper ? Y a-t-il moyen de reporter telle ou telle dépense (vacances, nouvelle voiture, mobilier) jusqu'à ce que votre situation financière soit plus saine ? Peut-être consacrez-vous trop d'argent à vos dépenses personnelles ? Aux loisirs, aux vêtements ?

☐ Avez-vous des avoirs qui peuvent être consacrés à diminuer votre endettement ? Pouvez-vous vendre certains éléments d'actif ?

Faites-vous aider

Ne craignez pas de vous faire aider. Un bon comptable, un gérant de banque ou de caisse populaire, diverses organisations (comme les associations coopératives d'économie familiale) peuvent vous donner un coup de main précieux. Et rien ne vous empêche de demander conseil à vos amis qui ont déjà un budget !

Si le remboursement mensuel de toutes vos dettes, hypothèque exceptée, se situe entre 10 et 25 p. cent de vos revenus nets, vous êtes probablement dans le groupe de consommateurs qui peuvent se tirer d'affaire avec un bon réaménagement budgétaire, même si vos avoirs (comptes en banque, obligations, partie non hypothéquée de la maison, valeur de revente de la voiture) sont peu élevés. Cela vous prendra peut-être un an ou deux, voire trois, mais au bout de cette période, vous verrez le bout du tunnel!

Peut-être considérez-vous votre situation financière comme critique, mais elle n'est pas forcément désespérée.

La plupart des ménages arrivent à vivre en consacrant 10 p. cent ou moins de leur revenu net au remboursement de leurs dettes (hypothèque exclue). Cela dépend évidemment du niveau de revenu. Le boeuf, l'essence, le café, le vêtement, se vendent au même prix, que vous soyez riche ou pauvre! Pour quelqu'un qui gagne 800 $ par mois, un endettement de 10 p. cent est dangereux, puisqu'il ne lui reste que 720 $ pour payer toutes ses autres dépenses. Mais pour celui qui a un revenu mensuel de 3 000 $, la marque des 10 p. cent est tolérable : il peut consacrer 2 700 $ à ses autres dépenses.

Plus le pourcentage de votre endettement grimpe par rapport à votre revenu net, plus votre situation est précaire. À 25 p. cent, à moins d'avoir des revenus nettement supérieurs à la moyenne (et encore!), c'est excessif.

Il existe certes des cas d'exception. Un diplômé qui arrive sur le marché du travail, qui a accumulé des dettes pendant ses études et dont le revenu est relativement faible, peut fort bien dépasser le seuil des 10, 15 et même 25 p. cent. Cette situation n'est pas inquiétante. Il va de soi qu'il est mille fois préférable d'emprunter pour terminer ses études que de « lâcher l'école » faute d'argent! Dans des circonstances normales, ses revenus augmenteront et ses dettes diminueront rapidement, à condition qu'il vive selon ses moyens. Si notre diplômé achète une Corvette neuve à crédit dès qu'il a décroché son premier emploi, c'est une autre histoire...

Dans tous les cas, si votre endettement paraît vous étouffer, votre nouveau budget devra accorder la priorité à l'élimination de vos dettes, quitte à vous serrer la ceinture pendant un certain temps. Ce sera sans doute difficile, mais c'est le prix qu'il faut payer pour s'en sortir. Une personne fortement endettée, mais dont les revenus sont élevés, peut décider de donner un grand coup pour liquider ses dettes. Dans ce cas, ses remboursements peuvent également, pendant une certaine période, dépasser 25 p. cent. Cela ne signifie pas qu'il court vers la catastrophe, au contraire : c'est un bon gestionnaire!

La consolidation

Dans environ un cas sur deux, donc, le ménage qui se sent pris à la gorge, sur le plan financier, peut se tirer d'affaire avec un réaménagement de ses priorités budgétaires. Mais il arrive que cela ne soit pas suffisant. Il faut alors recourir à une deuxième possibilité, quelquefois plus dure mais généralement efficace : la consolidation de dettes.

Il n'est pas nécessaire d'en être rendu à la dernière extrémité pour consolider ses dettes. Bien au contraire ! Cela peut être, dans bien des cas, une solution simple, raisonnable et économique. Cela est particulièrement vrai dans le cas des ménages pour qui l'endettement ne représente pas un fardeau trop considérable. La consolidation est une bonne chose. Mais, quand on demande une consolidation parce qu'on n'est plus capable de faire face à ses obligations, cela peut être plus dur.

Si vous avez accumulé des factures à gauche et à droite, avez fait financer l'acquisition du mobilier chez le vendeur, avez laissé s'accumuler les soldes sur vos cartes de crédit, il y a de bonnes chances pour que vous n'y voyiez plus clair, tout en payant trop d'intérêts. Évidemment, certains marchands font du crédit à des conditions relativement avantageuses, mais il s'agit toujours de dettes qui, ajoutées aux autres, ne sont finalement pas si « avantageuses » que cela ! Non seulement vous n'y voyez plus clair, mais vous savez, rien qu'à voir la proportion de vos revenus qui s'envole à chaque paie pour rembourser vos dettes, que le monstre de l'endettement a pris le dessus !

Dans ce cas, une consolidation de dettes peut représenter la bonne solution. Le principe de la consolidation est simple : le prêteur règle vos dettes, et étale votre paiement sur une certaine période, parfois à un taux d'intérêt moindre que ceux que vous deviez payer avant pour régler toutes vos dettes éparpillées. Au bout de cette période, à condition de ne pas ajouter de nouveaux emprunts, vous serez libre de toutes dettes et pourrez réapprendre à fonctionner (avec un budget). Le gérant de banque ou de caisse populaire peut profiter de l'occasion pour dresser avec vous un budget réaliste, qui vous permettra de passer plus facilement au travers de cette période.

Plus votre endettement est élevé par rapport à votre revenu, plus le prêteur étalera le remboursement, et plus vous paierez cher en intérêts.

En fin de compte, il se peut même que la consolidation coûte plus cher que le paiement de toutes vos dettes aux conditions déjà consenties. Mais, dans un tel cas, votre versement mensuel unique est moindre que ce que vous deviez payer avant, et cela vous laisse le temps de respirer.

La consolidation de dettes n'est pas toujours facile. Elle demande une bonne dose de discipline et de sacrifices pendant une assez longue période. Toutefois, c'est une solution de plus en plus populaire. Presque deux fois plus de gens, qu'il y a cinq ans, y recourent aujourd'hui. D'après les spécialistes en finances personnelles, cette formule permet à plus du tiers des gens mal pris de se sortir de l'enlisement. Elle possède deux avantages sur la solution extrême, la faillite :

☐ L'emprunteur qui opte pour la consolidation de dettes garde tous ses éléments d'actifs intacts (dans une faillite, ses éléments d'actifs sont saisis pour rembourser les créanciers).

☐ La consolidation ne ruine pas votre réputation de crédit.

Évidemment, le prêteur peut poser des conditions. Il peut exiger un endosseur, vous refuser l'accès à de nouveaux crédits tant que vous n'aurez pas réglé la note, etc. Vous le trouverez peut-être dur. Mais après tout, l'institution prêteuse considérera sans doute que vous n'êtes pas ce qu'il y a de plus solvable. En outre, tant que vous n'avez pas remboursé, votre réputation de crédit peut demeurer chancelante.

Pour ceux qui ont la chance d'avoir une propriété dont la valeur marchande excède le solde de l'hypothèque, un refinancement sur hypothèque, à taux d'intérêt avantageux, qui handicape moins votre marge de crédit et ne requiert pas d'endosseur, peut présenter la solution la plus attrayante pour consolider des dettes. Parlez-en à votre gérant de banque ou de caisse populaire.

La faillite

Le réaménagement budgétaire et la consolidation de dettes demeurent les solutions les plus courantes pour « se sortir du trou ». Mais il se peut qu'elles soient insuffisantes. Dans ce cas, il faut envisager une solution plus radicale : la faillite.

La faillite! Que n'a-t-on pas dit à ce sujet? Qu'elle est humiliante et déshonorante, qu'elle vous met sur la liste noire des créanciers pour le restant de vos jours, et quoi encore... La faillite, c'est naturellement le dernier recours, le remède qu'on applique lorsque sa situation financière est telle que les solutions classiques n'y peuvent plus rien. De nos jours, la faillite n'a plus rien de «déshonorant». C'est un peu comme le divorce: il y a vingt ans, une faillite, ou un divorce, vous attirait les regards de travers. Aujourd'hui, de la même façon qu'un divorce ne fait à peu près plus sourciller personne, la faillite est de plus en plus utilisée comme solution pour se tirer du bourbier et repartir à zéro.

On peut résumer simplement le principe de la faillite: vous cédez tout votre actif (maison, chalet, auto, meubles, bijoux, épargnes) pour rembourser vos créanciers. Ainsi, pour quelqu'un qui possède 10 000 $ d'actif, et dont les dettes s'élèvent à 20 000 $, le syndic offrira aux créanciers 50 cents par dollar de dettes. Si l'ensemble de votre actif est inférieur à l'ensemble de vos dettes, vous pourriez, en théorie, y gagner à faire faillite et à repartir à zéro.

Mais votre réputation de crédit sera ruinée. Votre dossier de crédit indiquera pendant au moins sept ans que vous avez fait faillite. Vos créanciers ne sont pas près de vous oublier. Certes, tout n'est pas perdu. Au bout de quelque temps, avec un bon emploi, une saine gestion de vos finances, et sans doute un brin de chance, vous pourrez peut-être parvenir à faire oublier cet épisode de votre vie aux institutions prêteuses.

Lorsque votre actif est légèrement inférieur à vos dettes, mieux vaut considérer la consolidation. On ne déclare pas faillite pour 1 000 $ ou 2 000 $. Par contre, si votre endettement a atteint un point tel que vous en auriez pour dix ans, vingt ans, voire toute une vie à éponger vos dettes, alors la faillite peut constituer une solution à votre problème.

Si votre situation financière est intenable, mieux vaut déclarer vous-même faillite que d'attendre qu'un de vos créanciers s'adresse aux tribunaux. Avant de déclarer faillite, consultez toujours un avocat ou un notaire. Au point où vous en êtes rendu, ce ne sont pas quelques dollars d'honoraires qui peuvent changer grand-chose à votre situation financière, et vous y gagnerez à suivre les conseils de ces spécialistes.

Le dépôt volontaire

Le dépôt volontaire (également connu sous le nom de loi Lacombe) a déjà connu une forte popularité au Québec. Mais on y a de moins en moins recours, et pour plusieurs raisons. Le dépôt volontaire est une disposition juridique qui permet à un débiteur de rembourser ses créanciers en évitant la saisie de ses meubles (ce que les juristes appellent les « meubles meublants ») et de son salaire. Un citoyen peut y avoir accès en enregistrant sa requête au Palais de justice le plus proche de son domicile. Il ne subit aucune saisie de salaire, mais doit lui-même déposer une partie de son salaire brut à la banque jusqu'au remboursement complet de ses dettes. Toutefois, indépendamment de ce dépôt volontaire, il a droit à un minimum hebdomadaire de subsistance.

Le régime du dépôt volontaire interdit aux créanciers de saisir le salaire et les meubles du débiteur. De son côté, celui-ci doit évidemment respecter les échéances de ses dépôts. Beaucoup de gens se sont fait jouer de mauvais tours en pensant que leurs biens étaient intouchables, parce que protégés par la loi Lacombe. Ils ont vite dû déchanter lorsqu'on a saisi, en toute légalité, leur voiture, leur chalet, ou d'autres éléments d'actif. Le dépôt volontaire, donc, ne protège que les meubles et le salaire.

La loi Lacombe remonte à une époque où la proportion de locataires était beaucoup plus élevée que maintenant ; « sauver les meubles », à cette époque, était important parce qu'il s'agissait non seulement d'objets essentiels, mais aussi des principaux éléments d'actif de nombreux ménages. De nos jours, le moindrement qu'on possède quelque actif, le dépôt volontaire devient nettement moins intéressant. Au bout du compte, on paie la totalité des dettes seulement pour protéger des meubles et un salaire. Et si on n'a pas de salaire ? C'est précisément le cas de chômeurs et de bénéficiaires de l'assistance sociale, qui n'ont ni voiture, ni chalet, ni épargnes, et n'ont rien à déposer tant qu'ils ne perçoivent pas de revenus de salaires. Et c'est pour cela que le dépôt volontaire, aujourd'hui, n'intéresse surtout, à titre de solution temporaire, que cette catégorie de citoyens.

Aide-mémoire

■ Le crédit est une bonne invention. Mais, mal utilisé, il peut être dangereux.

■ Vous pouvez utiliser votre carte de crédit pour obtenir du financement gratuit.

■ Renseignez-vous sur les outils de crédit à votre disposition. Cette vieille police d'assurance-vie que vous détenez depuis des années vous donne peut-être accès à des conditions de crédit exceptionnelles.

■ Emprunter pour investir ou pour ne pas toucher à son capital peut représenter, dans plusieurs cas, une décision avantageuse. De façon générale, toutefois, ces techniques ne sont pas à la portée de tout le monde, et l'épargnant moyen devra les aborder avec prudence.

■ Trois questions fondamentales avant d'emprunter :
— est-ce que j'en ai les moyens ?
— s'agit-il d'un achat urgent ?
— puis-je compter sur des revenus stables ?

■ Dans un cas sur deux, un réaménagement budgétaire est suffisant pour rétablir des finances personnelles chancelantes.

■ Si ce n'est pas suffisant, il faut envisager la consolidation de dettes.

■ En dernier recours, la faillite peut représenter une solution. Voyez toujours un avocat ou un notaire avant de déclarer faillite.

5

votre
voiture

Le financement de la voiture, un cas spécial

Le financement d'une voiture constitue un des sujets de préoccupation les plus courants. Cela se comprend: après la maison, l'automobile est sans doute, pour beaucoup de ménages, l'achat le plus important.

Or, contrairement à une maison, la voiture perd constamment de sa valeur, année après année. Cette dépréciation varie selon le fabricant, le modèle, la demande. On peut raisonnablement calculer, dans la plupart des cas, une dépréciation de 30 p. cent dès la première année. Les années suivantes, cela peut varier entre 20 et 30 p. cent. Ainsi, une voiture payée 12 000 $ l'an dernier en vaut 8 000 $ aujourd'hui et n'en vaudra probablement guère plus de 6 000 $ dans un an.

Il va de soi que la dépréciation frappe également les voitures usagées.

Dans les circonstances, chaque changement de voiture pose un problème complexe de financement. Deux questions reviennent constamment à l'esprit lorsqu'on parle du financement de la voiture:

□ Vaut-il mieux louer ou acheter une voiture?

□ Dans le cas d'un achat, vaut-il mieux payer comptant ou acheter à crédit?

D'abord, une précision: nous ne parlons pas ici du propriétaire de petite entreprise, ou du représentant, ou de la société qui possède une flotte de voitures. Dans tous ces cas, un bon comptable peut chiffrer et indiquer le meilleur choix entre la location et l'achat, en tenant compte de la fiscalité, du kilométrage parcouru, etc.

Intéressons-nous plutôt au particulier, salarié, qui ne peut obtenir aucun avantage fiscal de la location d'une voiture, et qui se demande quelle est la meilleure solution dans son cas.

Louer ou acheter?

Tous les vendeurs de voitures sont prêts à vous prouver, chiffres à l'appui, que l'achat est plus avantageux que la location. Toutes les entreprises de location sont également disposées à vous prouver, chiffres à l'appui, que c'est la location qui est la plus avantageuse! Qui dit vrai? Les deux! Ou personne (cela dépend du point de vue où on se place).

On peut toujours comparer, sur papier, le coût de la location d'une voiture au coût d'achat. Cet exercice théorique suppose que l'acheteur emprunte la totalité du montant en cause. Cela sous-entend évidemment des frais d'intérêt assez considérables, et c'est un argument de poids pour les entreprises de location, dont les méthodes de calcul peuvent par ailleurs varier considérablement.

La plupart du temps, ce calcul nous mènera à la conclusion que la différence entre achat et location ne vaut pas la peine de s'y intéresser, que cela revient sensiblement au même.

Toutefois, chaque cas est différent, et une foule de facteurs, variant à l'infini d'une entreprise à l'autre, entrent en jeu, et peuvent faire pencher la balance d'un côté comme de l'autre.

Ainsi, il faut tenir compte des taux d'intérêt pratiqués par les entreprises de location, du rabais accordé sur le prix de la voiture, du mode de financement, des frais additionnels que certains locateurs peuvent imposer, des pénalités ou frais additionnels qui peuvent frapper le locataire en certaines circonstances, du kilométrage parcouru, des services indirects offerts par le locateur (en cas de problèmes avec la garantie, par exemple).

Toutes ces conditions, répétons-le, varient considérablement d'un établissement à l'autre. Dans les circonstances, le seul choix du client est de magasiner le plus possible, tout en gardant à l'esprit qu'entre l'achat (à crédit) et la location, peu importent les circonstances, le fossé n'est pas énorme!

Pour soutenir la comparaison avec les vendeurs, les entreprises de location supposent que l'acheteur finance sa voiture à crédit. Plus vous êtes en mesure de fournir un comptant important, plus cet argument perd de sa valeur. Et si vous êtes en mesure de payer le véhicule comptant, n'hésitez plus entre l'achat et la location : achetez !

D'autant plus qu'à chaque changement de voiture d'autres facteurs plus importants interviennent, et qui n'ont rien à voir avec la location ou l'achat. Par exemple, on peut supposer une valeur de revente normale dans la plupart des cas. La plupart des entreprises de location vont pénaliser le client si celui-ci rapporte, au bout de trois ans, un véhicule en mauvais état. Le même principe s'applique si vous êtes propriétaire de votre véhicule. Lorsque vous voulez le revendre, l'acheteur éventuel va aussi considérer l'usure, l'état de la carrosserie, le kilométrage. À ce moment, ce n'est pas la formule de financement qui importe : vos habitudes de conduite, le soin que vous portez au véhicule, peuvent vous coûter autrement plus cher que la différence entre achat et location.

Au sujet de la valeur de revente

Beaucoup de propriétaires de voitures usagées vendent leur véhicule lorsque celui-ci a parcouru environ 100 000 kilomètres. Or, 102 000 ou 103 000 kilomètres, cela fait très élevé. Beaucoup plus que 97 000 ou 98 000. Que voulez-vous, c'est psychologique, exactement comme dans le cas des ventes à 99,99 $, mais ça marche ! Pour ces quatre ou cinq mille kilomètres de différence, vous avez de meilleures chances de revendre à meilleur prix !

Faites travailler les intérêts POUR VOUS !

Le financement de la voiture, comme toutes vos autres dépenses, doit d'abord obéir au principe fondamental d'une saine gestion financière : cela doit être fait selon vos moyens.

Beaucoup plus que les débats sur l'achat et la location, que les comparaisons entre l'achat comptant ou à crédit, c'est ce principe qu'il faut retenir. Si votre paiement mensuel vous écrase, cela ne dépend pas nécessairement du fait que vous avez emprunté ; c'est sans doute davantage attribuable au fait que vous avez acheté une voiture trop chère pour vous, compte tenu de vos autres engagements financiers.

Cela dit, il est certain que l'automobiliste qui paie comptant, à chaque changement de voiture, épargne des milliers de dollars en intérêts. Il peut consacrer cet argent à se payer des voitures un peu plus luxueuses, ou à changer de véhicule plus fréquemment, ou encore à toute autre dépense qui l'intéresse...

Le consommateur qui achète ses voitures comptant obtient une voiture gratuite à tous les trois ou quatre changements de voiture ! Oui, oui, une voiture gratuite, si l'on tient compte des intérêts que vous ne payez pas, et des intérêts que vous recevrez sur vos dépôts.

Mais où trouver l'argent ?

La réponse est dans votre budget. Une saine gestion de vos épargnes devrait vous permettre, au troisième ou quatrième changement de voiture, de payer chaque voiture comptant, sans que cela ne vous coûte plus cher. Cela vaut autant pour les voitures neuves qu'usagées.

Et vous n'avez pas besoin d'être millionnaire pour payer toutes vos voitures comptant. Cela est pratiquement à la portée de tout le monde. Nous allons voir comment, mais d'abord, il faut retenir le principe qui est derrière tout cela.

À partir du moment où vous achetez votre première voiture, vous en aurez pour toute votre vie d'automobiliste à payer d'une façon ou d'une autre, qu'il s'agisse de location, de remboursements d'emprunt, ou d'épargne, pour financer chaque changement de voiture.

Voyons maintenant comment mettre ce beau principe au travail.

□ À l'achat d'une première voiture, vous pouvez emprunter. Nous venons de voir qu'il n'est pas très réaliste de penser accumuler, pendant des années, le montant nécessaire afin de payer sa première voiture comptant. Il va de soi que vous emprunterez dans la mesure de vos moyens, et seulement si vous êtes assuré d'un revenu stable pour la durée du remboursement.

■ *Votre premier achat est une voiture usagée, et vous la payez 4 500 $. Vous pouvez fournir 600 $ comptant. Il reste donc 3 900 $ à financer. Nous supposerons un financement étalé sur 24 mois, à 12 p. cent. Cela représente des mensualités de 184 $ par mois. En faisant votre budget, vous avez calculé être en mesure de payer ces mensualités.*

AU BOUT DE 24 MOIS, VOTRE SITUATION SERA LA SUIVANTE:

□ Vous avez effectué 24 versements de 184 $, soit 4 416 $ (les intérêts représentent 506 $).

□ Votre véhicule est entièrement payé.

□ Jusque-là, tout va bien. Vous ne devez plus rien au prêteur, et vous avez le choix entre trois options. Ou bien vous gardez votre voiture, et votre niveau de vie augmente brusquement, puisque vous avez maintenant 184 $ de plus par mois à dépenser; ou bien vous changez de voiture, et contractez un nouvel emprunt pour financer votre acquisition; ou bien, vous gardez le véhicule et CONTINUEZ de « payer » 184 $ par mois. Mais, cette fois-ci, ce montant ne sert pas à rembourser votre prêteur. C'est un paiement que vous vous faites à vous-même en vue du prochain achat. Cela n'entraînera aucune baisse de votre niveau de vie: avant d'emprunter, vous avez établi que vous pouviez consacrer ce montant au financement mensuel de la voiture.

■ *Vous optez pour la troisième solution, et décidez de conserver votre voiture pendant encore un an et demi. Comme vous avez eu une petite augmentation de salaire entre-temps, vous pouvez vous permettre d'augmenter vos paiements à 210 $ par mois. Nous supposerons des intérêts à 7 p. cent, calculés sur le solde mensuel minimum, et versés à tous les trois mois.*
AU BOUT DE 18 MOIS, VOTRE SITUATION SERA LA SUIVANTE :

☐ *Vous disposerez, expressément pour financer votre prochaine automobile, d'un capital de 4 008 $ (vous aurez touché 228 $ en intérêts).*

☐ *Vous avez toujours votre voiture usagée, dont la valeur de revente est maintenant de 1 200 $.*

☐ Vous avez gardé votre voiture pendant trois ans et demi, et vous jugez qu'il est temps de changer. Cette fois-ci, toutefois, vous ne voulez plus d'un véhicule usagé. Vous voulez rouler en voiture neuve, même s'il ne s'agit pas d'un carrosse. La façon dont vous avez géré votre budget depuis trois ans et demi vous permettra cette dépense, mais il vous faudra encore emprunter.

■ *Vous optez pour une petite voiture à 7 600 $. Ce n'est pas le grand luxe, mais vous êtes bien content de posséder votre première voiture neuve. Vous ajoutez la valeur de revente de votre ancienne voiture à vos épargnes, et cela vous donne 5 208 $, montant que vous remettez au concessionnaire, à titre de paiement comptant. Il reste donc 2 400 $ à financer. Vous choisissez de liquider cette dette en un an. Cela fera des paiements mensuels de 213 $. C'est en plein selon vos moyens! Nous supposons toujours un financement à 12 p. cent, bien que de nombreux concessionnaires de voitures offrent du financement à des taux plus attrayants.*
AU BOUT DE 12 MOIS, VOTRE SITUATION SERA LA SUIVANTE :

☐ *Vous avez versé 12 mensualités de 213 $, pour un total de 2 556 $ (les intérêts représentent 156 $).*

☐ *Vous êtes seul propriétaire du véhicule.*

☐ Il n'est pas question d'échanger votre petite voiture, encore pratiquement neuve avec à peine un an d'usure. Vous décidez donc, comme la fois précédente, d'effectuer des dépôts à votre compte en vue du financement de la prochaine voiture.

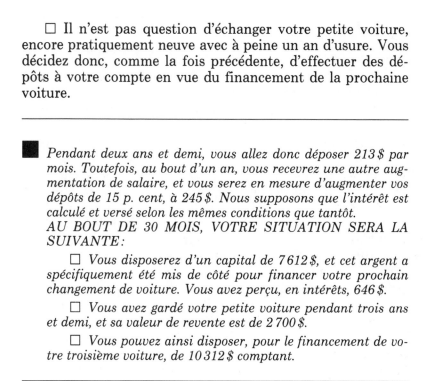

Pendant deux ans et demi, vous allez donc déposer 213 $ par mois. Toutefois, au bout d'un an, vous recevrez une autre augmentation de salaire, et vous serez en mesure d'augmenter vos dépôts de 15 p. cent, à 245 $. Nous supposons que l'intérêt est calculé et versé selon les mêmes conditions que tantôt.

AU BOUT DE 30 MOIS, VOTRE SITUATION SERA LA SUIVANTE :

☐ Vous disposerez d'un capital de 7 612 $, et cet argent a spécifiquement été mis de côté pour financer votre prochain changement de voiture. Vous avez perçu, en intérêts, 646 $.

☐ Vous avez gardé votre petite voiture pendant trois ans et demi, et sa valeur de revente est de 2 700 $.

☐ Vous pouvez ainsi disposer, pour le financement de votre troisième voiture, de 10 312 $ comptant.

Votre voiture est encore en bon état, et vous pourriez la garder pendant encore un bon bout de temps. Mais vous décidez plutôt d'opter pour une voiture un peu plus grosse. Le montant dont vous disposez, 10 312 $, est-il suffisant pour cela ? Si oui, bravo ! Vous êtes parvenu, au deuxième changement de voiture, à rejoindre le club des prévoyants qui épargnent des milliers de dollars en intérêts, sans que cela ne leur coûte un cent de plus que les emprunteurs. Désormais, vous n'aurez plus qu'à déposer, à tous les mois, selon vos revenus et vos besoins, les montants nécessaires pour payer comptant toutes les autres voitures que vous achèterez pendant votre vie.

Et si les 10 312 $ ne sont pas suffisants, le montant à financer sera sans doute minime et vous serez alors en mesure, au prochain changement, de payer comptant.

Voyons un peu ce qu'il en coûte, en intérêts seulement, pour financer une voiture à crédit. Prenons le cas d'un financement de 11 000 $, étalé sur trois ans. Au taux de 11 p. cent, les intérêts représentent 1 965 $. À 13 p. cent, on atteint 2 343 $. Même si vous pouvez obtenir un financement au taux relativement avantageux de 8,8 p. cent, les intérêts vont aller chercher dans les 1 560 $! Et nous ne parlons pas ici des intérêts que vous « perdez » : en vous payant vous-même au lieu de payer le prêteur, vous récolterez évidemment des intérêts.

L'exemple que nous avons vu plus haut n'est pas irréaliste. Il peut coller à la réalité de la plupart d'entre nous. Consacrer 200 $ par mois à sa voiture, ce n'est pas une dépense à la portée des riches. Nous avons supposé deux augmentations de salaire en sept ans, ce qui, là aussi, est réaliste. Évidemment, nous avons pris l'exemple d'un acheteur de première voiture. Si vous en êtes à votre cinquième ou dixième automobile, et que vous payez toujours à crédit, il n'est jamais trop tard pour élaborer votre propre programme d'épargne qui vous permettra, d'ici quelques années et sans douleur, de payer comptant à chaque changement.

Une fois que vous avez payé un premier véhicule comptant, la fréquence des changements a peu d'importance. Tout se calcule en fonction de vos moyens. Plusieurs automobilistes changent de voiture à chaque année. C'est donc dire qu'ils roulent toujours en voiture neuve. Leur effort d'épargne correspond à la dépréciation du véhicule pendant la première année. Mais pour en arriver là, il faut d'abord payer une première voiture comptant. Par la suite, si cela correspond à vos disponibilités budgétaires, tout va comme sur des roulettes...

On peut toujours opposer deux arguments à ce raisonnement. Le premier, c'est que la voiture que vous gardez une année de plus continuera de se déprécier, et que sa valeur de revente sera forcément moins élevée. Le deuxième, c'est qu'une voiture âgée de trois ou quatre ans entraîne des frais d'entretien et de réparation plus élevés qu'une voiture neuve. Ces deux arguments ne résistent pas à l'analyse : à moins d'une malchance, dépréciation et entretien, ensemble, ne seront jamais aussi coûteux que la dépréciation qui touchera le véhicule neuf.

■ *Vous décidez de changer de voiture aujourd'hui. La valeur de revente de votre voiture actuelle, âgée de quatre ans, est de*

3 500 $. Une voiture neuve vous coûte 11 000 $. Avec la dépréciation, dans un an, votre voiture neuve vaudra entre 7 000 $ et 8 000 $. Cette dépréciation vous coûte donc de 3 000 $ à 4 000 $ en un an. Si vous gardez votre ancienne voiture, la dépréciation oscillera entre 700 $ et 1 000 $. Il vous faudrait donc dépenser de 2 000 $ à 3 000 $ en frais d'entretien (!) pour que cela vous coûte autant que la dépréciation sur le véhicule neuf.

Le financement de la voiture est une affaire à long terme. L'objectif à atteindre est de parvenir à payer ses voitures comptant au bout du troisième ou du quatrième changement de voiture. Mais cela ne vous coûte pas plus cher de déposer à chaque mois que d'effectuer vos versements mensuels. Au contraire ! Une fois que vous avez payé les dettes relatives à vos deux ou trois premiers véhicules, autant faire travailler les intérêts pour vous plutôt que contre vous !

Aide-mémoire

■ À peu de chose près, la location d'une voiture revient sensiblement au même coût que le financement à crédit.

■ Un principe important à retenir : à partir du moment où vous achetez votre première voiture, vous en avez pour toute votre vie d'automobiliste à effectuer des versements mensuels, que vous choisissiez la location, l'achat à crédit, ou le paiement comptant.

■ Payez ses voitures comptant, c'est possible et avantageux : vous faites travailler les intérêts pour vous, non contre vous.

6

votre
maison

Propriétaire ou locataire ?

Pendant longtemps, les Québécois ont eu la triste réputation de constituer un « peuple de locataires ». Aujourd'hui, de plus en plus de gens prennent conscience que l'on n'achète pas une propriété uniquement pour habiter un meilleur logement. Une maison, c'est aussi un investissement, un placement.

Certes, pendant les premières années qui suivent votre installation dans une nouvelle maison, celle-ci peut représenter, sur une base mensuelle, un coût plus élevé que la location d'un appartement. Mais dites-vous bien que tout l'argent versé en loyer à vos propriétaires, vous ne le reverrez plus jamais. Au contraire, l'argent que vous consacrez à votre maison, surtout si vous planifiez adroitement l'amortissement de votre hypothèque, travaille en votre faveur.

On peut évidemment faire le raisonnement suivant : comme la propriété coûte généralement plus cher, mensuellement, que la location, ne serait-il pas avantageux de rester locataire et de déposer la différence à la banque ? Au bout de dix, quinze, ou vingt ans, n'aurait-on pas, de cette façon, amassé suffisamment d'argent (avec les intérêts) pour compenser largement le prix de la maison ? C'est loin d'être certain ! Un tel raisonnement sous-entend en effet trop d'inconnues.

M. Loulou paie mensuellement 400 $ de loyer. Un projet en copropriété, situé tout près de son logement actuel, lui offrirait une qualité de vie comparable à celle que son appartement lui procure. L'unité de logement qu'il envisage d'acheter coûte 45 000 $. Il est en mesure de fournir un versement initial de 5 000 $. Les versements mensuels, capital, intérêts, taxes et frais de copropriété, atteignent 550 $. Pour faciliter la compa-

raison, nous supposons ici que les frais de chauffage et d'élec-
tricité ne sont pas inclus dans le loyer (de toute façon, si c'est le
propriétaire qui assume ces frais, le montant du loyer est géné-
ralement rajusté en conséquence).

M. Loulou décide de demeurer locataire, et de déposer 150 $
par mois à la banque. Non seulement ne touche-t-il pas à son
capital de 5 000 $, mais, en outre, en tenant compte des inté-
rêts, il aura près de 2 000 $ de plus au bout d'un an, 4 000 $
après deux ans, et ainsi de suite. Cela peut sembler attrayant
mais M. Loulou aura un problème d'impôt dès la troisième ou
la quatrième année. Dès qu'il recevra plus de 500 $ en revenus
d'intérêts, il devra en effet trouver le moyen de protéger ces
revenus du fisc. De plus, il devra faire face, régulièrement, à des
augmentations de loyer.

Sa voisine, Mme Poupou, est exactement dans la même
situation. Elle décide d'acheter le condo. Elle consent donc à
effectuer une ponction de 5 000 $ dans ses épargnes, et à payer
150 $ de plus par mois. Mais, au fur et à mesure qu'elle rem-
bourse son capital, ses paiements mensuels diminuent. Et sa
capacité d'épargne augmente dans la même proportion. Vien-
dra un jour où Mme Poupou, protégée contre toute hausse de
«loyer», pourra déposer autant que M. Loulou. En même
temps, la valeur de revente de sa propriété augmente! Elle peut
mettre son condo en vente quand elle le veut, récupérer ainsi sa
mise de fonds initiale et réaliser un gain en capital.

Dans cet exemple, la gagnante semble être Mme Poupou.
Mais attention! Personne ne sait, aujourd'hui, quelle sera la
valeur de revente de la propriété dans dix ou quinze ans. On
peut évidemment présumer qu'elle grimpera, mais dans
quelle mesure? Est-ce que ce sera suffisant pour compenser
l'argent investi dans la propriété depuis le début?

Et quel sera le niveau des taux d'intérêt lors des renouvellements de l'hypothèque? S'ils sont trop élevés, Mme Poupou peut se faire jouer un mauvais tour, tandis que M. Loulou se frottera les mains d'aise en voyant gonfler ses épargnes. Lorsque les taux atteignent des niveaux démentiels, les
emprunteurs écopent. Par contre, si les taux d'intérêt deviennent inabordables, il est vraisemblable que l'inflation soit
également élevée, et gruge à belles dents dans les épargnes de
M. Loulou. Que vaudront ses beaux dollars de 1987, dans
quinze ans? Et dans quelle mesure pourra-t-il, en outre, protéger ses revenus d'intérêts du fisc? Les lois fiscales seront-
elles plus libérales ou plus sévères, dans quelques années, et

quel effet cela pourrait-il avoir sur le rendement des épargnes de M. Loulou?

Autant de questions, autant d'inconnues! Devant une telle avalanche de « si » et de « mais », mieux vaut se fier à des valeurs sûres. Malgré tous les calculs, hypothèses et suppositions que l'on peut échafauder, une constante demeure : sur le plan financier, on ne perd pas à acheter une maison!

À défaut de prédire l'avenir, jetons au moins un coup d'oeil sur le passé. Combien valait un terrain, il y a cinq ans, dix ans, quinze ans, dans votre quartier, votre ville? Combien valait un bungalow, un duplex, un triplex? La réponse à ces questions a des chances d'être convaincante. C'est une règle, on n'y échappe pas (ou si peu...) : les prix des maisons vont toujours en grimpant.

Oh! Évidemment, il peut y avoir des hauts et des bas, les prix peuvent même descendre dans tel ou tel secteur pendant un certain temps. Sur une plus longue période, toutefois, il n'y a pas à se tromper : la tendance est toujours à la hausse. Il peut certes y avoir de rares exceptions. La fermeture d'une grande entreprise dans une petite ville provoque souvent une dépression des prix de l'immobilier. Mais ces situations demeurent marginales par rapport à l'ensemble du marché. Dans des circonstances ordinaires, insistons là-dessus, le prix d'une maison grimpe de façon constante!

Cinq questions de base

De tous les achats que vous ferez dans votre vie, la maison sera sans doute le plus important. Hélas! Beaucoup de gens achètent une maison sur un coup de tête, sous l'impulsion du moment. On trouve telle pièce à son goût, on aime l'aménagement paysager, et paf, on ne se pose plus de questions! L'offre d'achat est faite en moins de deux, et la transaction expédiée dans les jours qui suivent!

L'achat d'une maison est pourtant une affaire beaucoup plus importante que cela. Tout acheteur devrait considérer attentivement cinq questions de base, et accompagner chacune d'une « liste de contrôle » qui éliminera ennuis et mauvaises surprises.

1) Le type de propriété

Entre le condominium au centre-ville et l'unifamiliale en banlieue, le triplex et la maison en rangée, il y a un monde. Il est important de définir, en fonction de vos goûts, de vos habitudes de vie, de vos besoins et de ceux de votre famille, de vos ressources financières, quel type de logement vous convient le mieux.

2) Le quartier ou la ville

Une des erreurs les plus fréquentes des acheteurs de maisons (surtout s'il s'agit d'une première transaction) est de ne pas tenir compte de la multitude de facteurs reliés à l'emplacement de la propriété : éloignement du lieu de travail, des écoles, des parcs, des magasins, qualité des services, niveau des taxes. Ce n'est pas là uniquement question de qualité de vie. Votre maison, comme investissement, aura une meilleure valeur de revente si elle est bien située.

3) L'inspection de la maison

Surtout dans le cas d'une maison usagée, il est important de vérifier (ou de faire vérifier par un expert) l'état général de la maison, des fondations, du toit. À cela se greffe une autre question primordiale : les frais cachés. Dans l'année qui suit l'installation dans une nouvelle maison, les nouveaux propriétaires devront faire face à une multitude de dépenses. Il arrive que ces frais cachés, dont on ne soupçonne même pas l'existence au moment de l'achat, soient si élevés qu'ils forcent l'acheteur imprudent à revendre sa propriété au bout de quelques mois. Cela est vrai à la fois pour les maisons neuves et les maisons usagées.

4) La transaction

Tout acheteur potentiel d'une propriété devrait connaître les règles qui régissent l'offre d'achat, le rôle (extrêmement important, surtout pour l'acheteur) du courtier en immeubles, les frais entourant la transaction.

5) Le financement

Enfin, la question du financement, la plus importante. L'acheteur doit, avant la transaction, évaluer ses revenus de façon réaliste, se renseigner sur les mécanismes du prêt hypothécaire, apprendre comment négocier une hypothèque. On aura beau vanter les avantages (financiers) de la propriété sur tous les tons, cela ne rime à rien d'acheter une maison si elle est au-dessus de ses moyens !

Quel type de maison vous convient le mieux?

Le marché de l'habitation offre un choix considérable de propriétés aux acheteurs de maisons. Chacune comporte ses avantages et inconvénients. L'acheteur devra d'abord fixer son choix en fonction de ses besoins, de ses priorités et, répétons-le, de ses moyens.

La maison unifamiliale détachée

Quand on parle de maison, l'unifamiliale détachée (c'est-à-dire, la plupart du temps, le bungalow de banlieue) est souvent la première image qui vient à l'esprit. C'est normal : ce type de logement correspond aux besoins de la majorité des gens et est toujours en forte demande. L'unifamiliale peut prendre plusieurs formes (bungalow, split-level, maison à étages ou cottage) et on en retrouve partout ; en banlieue, certes, où elle règne en maîtresse presque absolue, mais aussi en ville, voire tout proche du centre-ville.

Nous ne parlons pas ici que de maisons neuves, mais aussi de maisons déjà construites, ou maisons usagées. La plupart des villes québécoises possèdent, généralement au centre-ville, de bons stocks de maisons à étages usagées. Règle générale, à qualité comparable, le prix d'une unifamiliale détachée devient de plus en plus abordable à mesure qu'on s'éloigne du centre-ville ou des endroits les plus en demande. Dans la banlieue éloignée, on peut dénicher de véritables aubaines, à condition d'accepter les inconvénients de l'éloignement.

Avantages

☐ De tous les types de propriété, c'est généralement l'unifamiliale détachée qui offre le plus de terrain. Nous considérons ici le terrain comme un «avantage», comme c'est la règle en immobilier; toutefois, peut-être pensez-vous différemment. À vous d'en juger, répétons-le, selon vos priorités.

☐ Sa valeur de revente, dans des circonstances normales, augmente rapidement.

☐ Plus que tout autre type de logement, elle fournit un véritable «chez-soi». C'est l'intimité assurée. Vous n'avez aucune contrainte pour entreprendre tous les travaux que vous désirez, à l'intérieur ou à l'extérieur (en autant que ces travaux soient conformes aux règlements municipaux); l'unifamiliale, c'est votre «domaine».

Inconvénients

☐ Le coût d'une unifamiliale détachée est relativement élevé, sauf en banlieue éloignée.

☐ Ses frais de chauffage sont importants.

☐ Le propriétaire doit lui-même effectuer de nombreux petits travaux autour de la maison. Cela ne pose pas de problème si vous avez un tant soit peu de dons de bricoleur (pas besoin d'être un expert, mais il faut quand même prendre le temps de s'en occuper).

L'unifamiliale semi-détachée (ou jumelée)

Comparable presque en tous points à l'unifamiliale détachée, ce type de maison sacrifie généralement un peu de terrain et d'intimité au profit d'une économie sensible. Mais ce n'est pas toujours vrai: on peut aussi trouver des semi-détachées offrant les mêmes avantages que les maisons détachées.

Avantages

☐ Coût moins élevé que la maison détachée.

☐ Frais de chauffage et d'entretien également moins élevés.

☐ Généralement, terrain de bonnes dimensions.

Inconvénients

☐ Vous êtes «collés» sur votre voisin, qui voit tout ce qui se passe dans votre cour (à moins que vous clôturiez la propriété en conséquence). Évidemment, si cela ne vous dérange pas...

☐ Pour certains travaux extérieurs (haies, jardin paysager, revêtement extérieur), vous devrez peut-être sacrifier vos goûts personnels pour assurer l'harmonie visuelle de l'ensemble de la construction. Votre voisin tient mordicus à sa façade en pierres des champs, tandis que vous préférez (tout aussi mordicus!) la brique. L'un des deux devra céder, ou bien les deux devront se résigner à vivre dans un ensemble disparate, chacun avec sa façade, et chacun acceptant d'y perdre possiblement lors de la revente!

La maison en rangée («townhouse»)

Construite sur le même principe que la maison jumelée, mais en allant un peu plus loin, la maison en rangée a connu une forte popularité dans les années 70. Un nombre de plus en plus important de Québécois, à l'époque, ont compris que l'acquisition d'une propriété représentait un meilleur placement que la location d'un logement pour le restant de leurs jours. Dans ce contexte, la formule de la maison en rangée, qui sacrifie plusieurs des avantages de la maison jumelée au profit du coût, a permis à des milliers de jeunes ménages d'accéder à la propriété.

Avantages

☐ Coût peu élevé à l'achat.

☐ Taxes, frais d'entretien, chauffage représentent également des coûts relativement modestes.

Inconvénients

☐ Petit terrain.

☐ Peu d'intimité. Le problème s'accentue encore si l'insonorisation des murs mitoyens est déficiente.

☐ Pour les maisons situées au milieu de la rangée, conception peu pratique, surtout pour les travaux à l'extérieur: impossible de faire le tour de la maison.

La propriété à revenus (duplex, triplex, etc.)

Nous ne parlons pas ici du bloc à appartements, acquis comme investissement, mais de la maison comprenant deux, trois ou quatre logements, dont un est occupé par le propriétaire. Il s'agit ici d'un concept tout à fait différent de la propriété unifamiliale, surtout sur le plan financier. L'acquisition, dans le cas du duplex ou du triplex, est financée en partie à même les revenus de la propriété. C'est une formule dont la popularité demeure constante : dans l'optique de tout acheteur éventuel, il est intéressant de savoir que le locataire paiera une bonne partie de l'hypothèque ! Mais cela ne va pas sans inconvénients.

Avantages

☐ Le grand avantage de la propriété à revenus est d'abord financier. Le loyer que vous percevez sert à payer une partie des taxes et du remboursement hypothécaire. Comme il s'agit d'un type de propriété dont les prix sont généralement plus élevés, le montant que vous toucherez à la revente en sera d'autant plus attrayant !

☐ Vous pouvez aussi, comme propriétaire d'un duplex ou d'un triplex, profiter de certains avantages fiscaux. La partie de l'immeuble que vous louez vous donne droit à des déductions pour taxes, intérêts, divers travaux. La propriétété unifamiliale ne donne droit à aucun avantage de ce genre.

Inconvénients

☐ L'inconvénient majeur de la propriété à revenus découle directement de son principal avantage. Pour profiter d'une propriété à revenus, il faut évidemment en louer une partie. Ici entre un élément de hasard : il y a de « bons » et de « mauvais » locataires. Ceux qui sont déjà « tombés » sur un mauvais locataire comprendront le sens des arguments suivants : les loyers qui arrivent en retard (le prêteur hypothécaire, lui, n'a que faire de vos excuses si vous êtes en retard, pas plus que la ville n'est disposée à vous accorder de généreux délais pour le paiement de vos taxes), le tapage d'enfer jusqu'aux petites heures du matin, le mauvais entretien des locaux, les dommages causés à votre propriété, et, lors du départ, un logement laissé dans une repoussante malpropreté. Oh! certes, vous avez des recours! Mais malgré cela, un locataire négligeant ou de mauvaise foi est parfaitement capable de vous causer suffisamment d'ennuis et de tracas pour vous faire regretter votre acquisition. Évidemment, il existe, et c'est la majorité des cas, des locataires propres, rangés, qui paient régulièrement leur loyer. Tant mieux pour vous, propriétaire de duplex, si vous avez un tel locataire. Mais celui-ci peut déménager, et qui vous dit que vous trouverez un nouveau locataire immédiatement? Combien peut vous coûter un logement vacant pendant un mois, deux mois, voire six mois? Serez-vous capable de respecter tous vos engagements financiers malgré ce manque à gagner?

☐ Côté entretien et petits travaux, il faut s'attendre, avec une propriété à revenus, à une tâche encore plus astreignante que dans le cas d'une unifamiliale.

La copropriété (ou condominium)

À peine connue au Québec il y a dix ans, mais déjà fort répandue en Europe et dans le reste de l'Amérique du Nord, la formule de la copropriété s'est développée chez nous, depuis trois ou quatre ans, d'une façon phénoménale. Comme toute nouveauté, son implantation au Québec a été marquée par les essais, les tâtonnements, les erreurs, les improvisations, les abus. Mais également par quelques succès, et surtout par une très forte demande, qui a, hélas, contribué à gonfler artificiellement les prix, en particulier pour certains projets du centre-ville montréalais. Aujourd'hui, les forces du marché, très présentes dans le secteur de l'habitation, amènent doucement la formule de copropriété vers un meilleur équilibre. Le trois et demi de luxe à 150 000 $ ne représente plus qu'une toute petite partie du marché. Il se construit de plus en plus de logements en copropriété, de tous les genres et pour toutes les bourses.

La copropriété divise est la formule la plus répandue. Selon cette formule, vous achetez un logement dans un immeuble. Vous en êtes le propriétaire, tout comme si vous aviez acheté une maison, et pouvez généralement le revendre sans avoir à consulter qui que ce soit. Vous n'êtes responsable que de l'hypothèque sur votre logement. Certaines parties de la propriété (terrain, équipements récréatifs, piscine, salle de réception, stationnement, corridors et hall d'entrée), sont mises en commun.

La propriété indivise, au contraire, ne fait pas de l'acheteur le propriétaire de son appartement, mais d'une partie du tout de l'immeuble. Dans un immeuble à six logements, le propriétaire d'un logement sera propriétaire d'un sixième de l'ensemble de l'immeuble. La responsabilité de l'hypothèque incombe à chaque propriétaire. La formule de copropriété indivise est donc dangereuse si l'on ne connaît pas très bien les autres propriétaires.

Dans un cas comme dans l'autre, la convention qui lie les propriétaires est de la plus haute importance, et l'acheteur éventuel a intérêt à en prendre soigneusement connaissance avant de s'engager.

Avantages

☐ Le grand avantage du condo est d'offrir un logement qu'un acheteur, par ses propres moyens, ne pourrait se permettre autrement. Pour des prix relativement raisonnables, il permet d'accéder à la propriété. Et l'achat d'une unifamiliale dans un secteur hautement recherché coûterait une fortune par rapport au prix du condo construit au même endroit.

☐ Beaucoup de condos sont très bien situés, et offrent des équipements récréatifs de qualité.

☐ Les problèmes d'entretien sont réduits à leur minimum.

☐ Coûts de chauffage peu élevés.

☐ Habituellement, proximité des services.

Inconvénients

☐ Une fois acheté, le condo coûte relativement cher (si on le compare à la propriété unifamiliale) en frais d'entretien. Dans le cas d'une unifamiliale, vous vous occupez vous-même de vos arbres, de votre piscine, de votre gazon, etc. Dans un condo, vous n'avez certes pas à vous soucier de tout cela, mais il vous faut payer pour que quelqu'un le fasse! Il vous faudra aussi payer des frais d'administration. Cela peut faire singulièrement grimper votre coût mensuel.

☐ Les décisions concernant l'immeuble peuvent vous coûter de l'argent, sans que vous soyez d'accord. Si vous avez peur de l'eau, mais que la majorité des copropriétaires décide d'investir 25 000 $ dans une piscine creusée, vous n'aurez sans doute pas d'autre choix que de payer votre quote-part de l'indésirable piscine !

☐ Naturellement, il faut renoncer à une partie de l'intimité que procure l'unifamiliale. Surtout si l'insonorisation des murs est de piètre qualité. Mais ce n'est pas forcément un inconvénient pour tout le monde. Encore là, à vous de juger !

☐ Dans certains cas (mais pas partout), la valeur de revente grimpe plus lentement que dans le cas des unifamiliales et des duplex.

La maison mobile

Forme apparemment très économique de logement, la maison mobile devra être installée sur votre terrain. La municipalité devra avoir prévu les règlements de zonage appropriés. Mais l'«économie» n'est pas toujours aussi importante que l'on pense.

Avantages

☐ Coût modéré à l'achat.

☐ De nos jours, les maisons mobiles sont souvent de très bonne qualité. Il y a eu, de l'avis des spécialistes, nette amélioration à ce chapitre depuis quelques années.

☐ Taxes insignifiantes.

☐ Organisation de plus en plus compétente des parcs de maisons mobiles.

☐ Très peu d'entretien.

Inconvénients

☐ Contrairement aux autres formes de propriété, la maison mobile n'a guère tendance à prendre de la valeur avec les années. Ce serait plutôt le contraire ! Dans ce sens, ce n'est pas toujours une acquisition très avantageuse.

☐ L'espace peut être relativement réduit. Cela dépend du modèle : certains modèles peuvent se révéler carrément trop exigus pour une famille de taille moyenne, tandis que d'autres offrent un espace comparable, voire supérieur, à celui de certains bungalows.

☐ Éloignement possible des principaux services. Plusieurs villes autorisant l'installation de maisons mobiles sur leur territoire les confinent dans des endroits reculés.

Sachez choisir votre quartier

Un peu comme on se laisse trop facilement séduire par une maison, on peut aussi fixer son choix sur un quartier ou une municipalité sans trop réfléchir.

Pourtant, on doit accorder la plus haute importance à cette question, avant d'acheter une maison.

Votre choix doit d'abord être basé sur vos habitudes, vos goûts, vos ressources financières, vos besoins et ceux de votre famille. Il s'agit donc de mettre dans la balance tous les arguments qui pèsent pour et contre les quartiers ou municipalités qui vous intéressent.

Une liste de contrôle sera fort utile pour cela. Mais rien ne vous empêche (au contraire, c'est assez recommandé) de circuler dans le quartier et de prendre des renseignements auprès des résidents. Même si vous ne connaissez personne, n'hésitez pas à aborder les gens. La plupart seront heureux de vous renseigner. Le pire qui puisse vous arriver, c'est d'essuyer un refus. Ne vous gênez pas pour poser des questions sur des détails, comme la pression d'eau en été, le service de déneigement en hiver. Vos futurs voisins en puissance constituent une de vos meilleures sources de renseignements. À certains égards, surtout s'ils résident dans le quartier depuis plusieurs années, ils vous renseigneront davantage que l'hôtel de ville ou le courtier en immeubles ! Faut-il rappeler ici que votre maison constitue probablement l'investissement le plus important de votre vie. Ne lésinez donc pas sur les moyens à prendre pour obtenir le plus de renseignements possible !

C'est AVANT d'acheter, pas après, qu'il faut se renseigner ! Une liste de contrôle typique devrait au moins comprendre les éléments que nous allons analyser. À vous d'évaluer l'importance de chaque point, selon vos besoins.

En premier lieu, renseignez-vous sur le niveau des taxes

Les taxes municipales constituent un élément important de vos versements mensuels. Or, elles peuvent varier considérablement d'une ville à l'autre.

Pour une propriété de 60 000 $, les taxes peuvent varier de 60 $ à 75 $ par mois, dans les municipalités les moins voraces à ce chapitre, et grimper jusqu'à 170 $ et 180 $ là où les contribuables sont les plus écrasés. L'écart, on le voit, est énorme. Les taxes municipales sont calculées sur l'évaluation de la propriété. Il est donc toujours important de comparer les taxes, d'une ville à l'autre, pour des propriétés d'égale valeur.

Dans la ville de Saint-Split, les taxes pour une maison évaluée à 60 000 $ sont de 1 500 $ par année. La même maison, dans la ville de Saint-Level, vaut 80 000 $, et les taxes sont de 1 700 $. Saint-Level, il faut le dire, est mieux située que Saint-Split, et ses terrains sont plus chers. Le contribuable de Saint-Level paiera donc 200 $ de plus par année que son homologue de Saint-Split. Mais il est, en réalité, MOINS taxé que celui-ci. Pourquoi ? Parce que ce qui importe, ici, c'est le rapport entre les taxes et la valeur de la propriété. Dans notre exemple, pour chaque 100 $ d'évaluation, Saint-Split impose 2,50 $ en taxes, contre seulement 2,10 $ à Saint-Level.

Le propriétaire levellois paie 200 $ de plus, en termes absolus, mais il n'est pas vraiment perdant parce que sa propriété, mieux située, prendra sans doute de la valeur plus rapidement qu'à Saint-Split. Même si le prix des maisons augmente au même rythme dans les deux villes, le Levellois est encore gagnant, puisqu'il détient, avec ses basses taxes comparativement à la valeur de la maison, un argument de vente en or. De toute façon, au moment de la revente, il récupère amplement les quelques centaines de dollars qu'il a payées en plus.

C'est donc le taux de taxation, et non le compte de taxes, qu'il faut considérer lorsqu'on compare la fiscalité entre deux municipalités.

Mesurez soigneusement l'éloignement de votre lieu de travail

Il se peut que vous ne voyiez pas d'inconvénient à parcourir quinze, trente, voire soixante kilomètres par jour pour aller à votre travail et en revenir. Des centaines de milliers de banlieusards s'accommodent relativement bien de cette formule. Mais pensez-y bien quand même! Ces trajets quotidiens finiront peut-être par vous décourager, surtout l'hiver.

N'oubliez pas, d'autre part, que plus votre maison est éloignée de votre travail, plus vous devrez dépenser au chapitre du transport: essence, changements d'huile plus fréquents, usure de la voiture qu'il faudra forcément remplacer plus souvent, etc. Si les deux conjoints travaillent à l'extérieur, peut-être aurez-vous besoin de deux voitures.

Renseignez-vous aussi, puisque vous y êtes, sur la densité de la circulation aux heures de pointe, sur le trajet que vous emprunterez normalement. Pour un travailleur qui se déplace en sens contraire de la circulation dense, l'éloignement devient beaucoup moins préoccupant.

Vérifiez la qualité des transports en commun

La proximité du métro et des arrêts d'autobus est importante. Les maisons collées sur le métro se vendent évidemment plus cher, mais c'est un investissement; le prix que vous en obtiendrez à la revente en sera d'autant plus intéressant. En banlieue, il est primordial de connaître la fréquence, les parcours, les prix et la qualité des services de transport en commun.

Renseignez-vous sur les services publics

C'est ici que vos futurs voisins seront plus utiles. Les points à vérifier sont nombreux, mais cela vaut la peine de tout vérifier:

— quand enlève-t-on les ordures ménagères?
— la pression de l'eau est-elle suffisante en été? qu'en est-il de la qualité de l'eau potable? quel est l'état des égouts?
— le nettoyage des rues est-il bien assuré? et l'éclairage? quel est l'état général des rues et des trottoirs? le service de déneigement, en hiver, répond-il aux besoins?

— les loisirs sont-ils bien organisés ? la municipalité possède-t-elle des parcs en quantité suffisante ? des piscines ? des bibliothèques ? y a-t-il des programmes d'activités communautaires ?
— quelle est la réputation du service de police ? et l'efficacité du service des incendies ?
— quelle est la réglementation concernant le zonage ? quel genre de clôture devrez-vous construire si vous voulez une piscine ? y a-t-il des règlements concernant le cabanon de jardin, l'aménagement du terrain, de l'entrée d'auto ou du garage ? pourrez-vous stationner facilement dans la rue ? le zonage permet-il l'aménagement d'installations indésirables (édifice en hauteur, centre commercial) à deux pas de chez vous ?
— comment le transport est-il organisé ? les écoles sont-elles bien situées ?

Quelques-uns de ces points ne vous sembleront peut-être pas prioritaires. Vous pouvez vous balancer totalement du fait qu'il y ait un gymnase et une bibliothèque dans le quartier. Mais un beau jour, lorsque vous voudrez revendre votre maison, il se peut qu'un acheteur éventuel ne pense pas comme vous, et considère ces services comme essentiels. Vous aurez à ce moment de beaux atouts de vente en main ! Ne l'oublions jamais : la maison, c'est aussi un investissement.

Évaluez les distances qui vous séparent des services

Question très, très importante. Il est bien beau, pour une municipalité d'offrir parcs, bibliothèques et piscines, encore faut-il que tout cela soit accessible, et à pied de préférence. Et il y a aussi les magasins.

Attachez une importance particulière à l'épicerie, puisque c'est le commerce que vous fréquenterez le plus souvent. N'hésitez pas à la visiter avant d'acheter votre maison. Le quartier possède-t-il une ou des épiceries en mesure de satisfaire vos besoins ? Où sont-elles situées ? Y a-t-il un dépanneur à proximité ? Pouvez-vous avoir accès facilement à la banque ou caisse populaire, aux magasins de vêtements, de chaussures, d'articles de sport, à la quincaillerie, au garage, au nettoyeur, au magasin de la SAQ, à la papeterie, à la bijouterie, au cinéma, au bureau de poste, etc ?

Dans le cas d'une maison neuve, dans un nouveau quartier, il est probable que vous devrez vivre sans service postal à domicile.

S'il y a un grand centre commercial dans les environs, de quoi a-t-il l'air ? Y a-t-il, à proximité, une clinique médicale ou une pharmacie ouverte sept jours par semaine ? Et y a-t-il suffisamment de restaurants dans les parages (d'une qualité qui vous convienne) pour vous permettre de « sortir » sans avoir à parcourir 40 kilomètres ?

Étudiez l'état de l'environnement

Quand on choisit une maison, l'environnement n'est pas un vain mot ! Le quartier est-il situé près d'une raffinerie de pétrole, d'une carrière, d'une usine bruyante, d'un aéroport, d'une route où les camions roulent avec fracas, d'un bar où la police est obligée d'intervenir à tous les vendredis soir ? Quelle est la densité de circulation dans la rue ?

Ce n'est pas là uniquement une question de qualité de vie, mais aussi de gros sous. La valeur de revente de votre maison dépend de tous ces facteurs. De la même façon, il faudra accorder beaucoup d'importance au marché immobilier du quartier: les prix des maisons ont-ils tendance à grimper rapidement, lentement, ou à rester stables ? dans l'ensemble, les propriétés y sont-elles bien entretenues ? Enfin, il va de soi que vous vous renseignerez sur les possibilités d'inondations printanières, surtout si la propriété est riveraine.

L'inspection
de la maison

Lorsque vous envisagez l'achat d'une maison, vous devez porter beaucoup d'attention à la qualité de la construction. La stratégie à suivre est bien différente, selon qu'il s'agit d'une maison neuve ou déjà construite.

La maison neuve

Dans le cas d'une maison neuve, vous ne pouvez évidemment pas inspecter la construction, puisque l'édifice n'est pas encore construit! Vous pouvez cependant avoir une bonne idée de la dimension et de l'arrangement des pièces, de la disposition des fenêtres, de la grandeur des garde-robes, en examinant les plans fournis par le constructeur. Si celui-ci a déjà des maisons-témoins, c'est encore mieux (d'ailleurs, avant d'acheter une maison neuve, il est fortement conseillé de visiter plusieurs projets avec maisons-témoins).

Mais cet exercice sommaire ne vous dira pas tout. Il faut vous renseigner sur la réputation du constructeur et sur son service après-vente. Les organismes officiels, comme l'Association provinciale des constructeurs d'habitations du Québec (qui regroupe la plupart des constructeurs d'habitations dans la région de Montréal et dans plusieurs autres régions), et la Fédération de la construction du Québec (surtout présente à l'extérieur de Montréal) peuvent vous fournir certains renseignements. Mais ceux-ci demeurent fragmentaires. On pourra vous dire, par exemple, que le constructeur en question «n'a jamais fait l'objet d'une plainte».

Cela est insuffisant. D'autant plus que certains constructeurs ont fait l'objet de plaintes peu fondées de la part de clients insatisfaits. Aux «projets-citrons» tant décriés dans divers milieux, les milieux de la construction aiment opposer les « clients-citrons », qui peuvent faire grand tapage et démolir la réputation d'un constructeur pour des broutilles. Le client éventuel n'est pas certain de bien s'y retrouver.

Dans les circonstances, LES CLIENTS DU CONSTRUCTEUR constituent votre meilleure source de renseignements. Personne au monde, mieux que ceux qui ont déjà acheté une maison du constructeur ZIP, ne peut vous fournir de renseignements aussi précieux ! Ils savent si le constructeur ZIP a respecté ou non les délais de construction ; ils ont pu expérimenter, de façon concrète, la qualité de son produit ; ils ont été à même de vérifier la fiabilité de son service après-vente.

N'hésitez surtout pas à leur demander des renseignements. La plupart d'entre eux seront heureux de vous les fournir. Ces clients sont faciles à trouver : la plupart du temps, vous pourrez les repérer dans le même projet domiciliaire. S'il s'agit d'un projet tout neuf, demandez au vendeur de vous indiquer l'emplacement d'autres projets déjà réalisés par le même constructeur, et allez vous renseigner sur place. Il va de soi que si le vendeur refuse de vous fournir un tel renseignement, vous quitter les lieux sans plus attendre.

La question de la solvabilité du constructeur a causé des maux de tête considérables aux acheteurs de maisons, il y a quelques années. Plusieurs clients ont perdu de l'argent et gagné des cheveux blancs quand un constructeur faisait faillite avant d'avoir terminé la maison. Ce problème est en bonne partie réglé, aujourd'hui, avec les programmes de certification des maisons neuves mis sur pied par les constructeurs. Ces programmes offrent une garantie sur la maison, mais protègent aussi le dépôt de l'acheteur jusqu'à concurrence de 20 000 $, ce qui suffit largement dans la presque totalité des cas, en cas de faillite du constructeur. Mais attention ! Tous les constructeurs n'en font pas partie. Il est largement préférable, à ce sujet, de faire affaire avec un constructeur qui offre ce programme. On peut vérifier ce point avec l'association des constructeurs.

Si votre constructeur ne participe pas au programme, demandez-lui de vous donner le nom de son banquier. S'il refuse, ne faites pas affaire avec lui. S'il accepte, contactez la banque, et demandez des références sur son crédit. L'institution vous fournira quelques détails, mais ces renseignements, en aucun cas, ne peuvent servir de garantie. Ils ne sont fournis qu'à titre indicatif. C'est mieux que rien, mais ça ne vaut pas le programme de garantie.

Les frais cachés

Beaucoup d'acheteurs de maisons neuves ont amèrement déchanté, dans les mois qui ont suivi la transaction, en constatant l'ampleur des frais cachés reliés à leur propriété. C'est pour cela qu'il faut toujours se garder quelques milliers de dollars en banque, lors de l'achat d'une maison, pour faire face à tous ces frais. Selon ce qu'offre le constructeur, cela peut vous coûter entre 2 000 $ (rarement moins) et 5 000 $ au cours des deux ou trois premières années.

Attention ! Nous ne parlons pas ici de vices cachés (affaire autrement plus sérieuse), mais de frais que vous devrez obligatoirement débourser si vous ne voulez pas que votre maison perde rapidement de sa valeur. Il vous faudra :

— Aménager le terrain (terrassement, gazon, arbustes, fleurs) ;

— Installer des gouttières ;

— Poser une clôture ou planter une haie ;

— Recouvrir l'entrée d'asphalte ;

— Faire des allées et un patio.

Certains constructeurs offrent déjà tout cela, et le coût de ces travaux est inclus dans le prix de la maison. La liste que nous venons de voir constitue un minimum : généralement, les propriétaires aiment compléter l'aménagement par une foule d'autres améliorations : décoration intérieure, cabanon de jardin, etc. Évidemment, si vous pouvez faire ces travaux vous-même, vous y gagnerez beaucoup.

La maison usagée

L'inspection d'une maison déjà construite est une tout autre affaire. Là aussi, cela ne vous fera pas de tort, surtout si vous en êtes à votre premier achat, de visiter plusieurs maisons, en compagnie d'un courtier en immeubles, avant d'acheter. Mais ne faites aucune offre. Contentez-vous de visiter ! Vous tombez en amour-passion avec une maison ? Résistez à la tentation, n'achetez jamais sous l'impulsion du moment. Et soyez sur vos gardes, surtout si le courtier commence à y mettre un peu trop de pression. Méfiez-vous de phrases comme : « Vous savez, cette maison, à ce prix-là, va partir bien vite, dépêchez-vous de faire une offre ! » Le courtier est avant tout un vendeur, et il y aura toujours des aubaines sur le marché.

Pour la plupart des acheteurs de maisons, qui n'ont aucune compétence particulière en construction, l'inspection d'une maison déjà construite se limite souvent à une visite sommaire : on regarde un peu la disposition des pièces, la grandeur du terrain, on essaie de trouver des défauts. Les plus osés vérifieront la grandeur des garde-robes. La présence du représentant immobilier et, encore plus, des gens qui habitent les lieux, gêne et gèle les visiteurs. « Bonsoir monsieur, bonsoir madame, vous avez là une bien belle maison, au plaisir de se revoir »... et hop, en vitesse au bureau du courtier ! Dommage ! Quelle belle façon de commettre une erreur.

Sans être un expert, vous pouvez facilement, vous-même, vérifier de nombreux détails lors de l'inspection. Ne vous fiez qu'à vous-même ; même s'ils sont fort utiles et souvent fort compétents, les agents immobiliers n'ont pas tous l'habitude d'attirer votre attention sur les défauts d'une maison !

Ce que vous pouvez inspecter vous-même

Prenez d'abord le temps, en arrivant sur les lieux, de bien examiner l'extérieur de la maison. Cela vous dira plusieurs choses. En premier lieu, l'état général du terrain. Voilà qui est très significatif. Un terrain mal entretenu correspond généralement à une maison mal entretenue, même si cela ne se voit pas. Méfiance !

Si, d'un autre côté, le terrain est propre, agencé avec goût, visiblement entretenu avec amour, c'est bon signe. Quant à la grandeur du terrain, vous convient-elle ? Pourrez-vous y installer une piscine, y aménager un jardin à votre goût ?

Faites aussi le tour de la maison. Voyez l'état général du revêtement extérieur (pas besoin d'être un expert pour voir du ciment qui s'effrite, des déclins en bois pourris, des cadres de fenêtres qui ont grand besoin d'être remplacés).

Jetez aussi un coup d'oeil sur les maisons voisines. Si celles-ci sont toutes plus petites que celle que vous convoitez, attention ! Vous risquez de payer trop cher. Une belle grosse maison dans un quartier de petits bungalows perd de sa valeur. Au contraire, un petit bungalow dans un quartier de belles grosses maisons prend beaucoup de valeur. Maintenant, entrez.

Quelle impression vous donne la maison, en entrant ? À la moindre impression défavorable, commencez à hésiter. Peut-être s'agit-il, effectivement, d'une aubaine. Mais vous aurez à vivre « dans » cette « aubaine », et si elle ne vous plaît pas, vous le regretterez. Peu importe l'état du marché immobilier, mieux vaut payer un peu plus cher pour une maison à votre goût, que de vous installer dans une maison que vous n'aimez pas, dans le but d'épargner quelques dollars! Si, au contraire, votre première impression est favorable, poursuivez la visite, mais ne prenez aucune décision trop rapide.

Si vous avez une certaine expérience de la visite de maisons à vendre, vous serez moins intimidé par la présence des gens. Même sans cela, ne vous gênez pas pour vous rendre compte de la grandeur de la garde-robe d'entrée (important). Évaluez la dimension des pièces au fur et à mesure que la visite progresse. Imaginez de quelle façon vous y placeriez vos meubles. Renseignez-vous sur les dimensions exactes de chaque pièce. Une pièce non meublée paraît toujours plus grande qu'en réalité.

Certains détails seront déjà consignés sur la fiche d'inspection du courtier. Demandez-en une copie. Vous avez peur d'oublier des détails au cours de la visite? Prenez des notes! Regardez bien l'état des planchers de bois franc, des cadres de fenêtres, des rampes d'escaliers, des plinthes, des murs et des plafonds. Repérez les fissures. Vérifiez si le plancher est de niveau, s'il «craque», si les portes sont droites. Portez une attention particulière à la cuisine, où vous passerez beaucoup de temps à la préparation des repas. Les comptoirs sont-ils suffisants? L'éclairage? Les armoires et autres espaces de rangement? En général, l'intérieur sera comme l'extérieur. Des murs propres, des vitres bien lavées, un plancher reluisant, tout cela est bon signe. Plus l'état de la maison est délabré, moins vous devriez être intéressé à l'acheter. Ceux qui n'ont pas entretenu leurs planchers sont souvent les mêmes qui ne se sont jamais vraiment souciés du toit qui coule au printemps. Certes, la plupart des propriétaires intéressés à vendre auront fait un grand ménage avant de recevoir les visiteurs. Mais il y a des choses qui ne se masquent pas, et que l'oeil averti peut déceler.

Passez ensuite au sous-sol. Plusieurs visiteurs ont tendance à escamoter cette dernière étape, pourtant importante. Peut-être pourrez-vous repérer vous-même des fissures dans les fondations. Si vous vous y connaissez, inspectez le système de chauffage. Vérifiez l'état des poutres: sont-elles touchées par le pourrissement? Quel est l'état de la boîte électrique?

Détail très important : existe-t-il un établi de bricoleur au sous-sol ? Si oui, dans quel état est-il ? Un établi impeccable, propre, les outils bien rangés, est un indice qui ne trompe généralement pas : la maison appartient à un bricoleur soigneux de ses affaires, et donc de sa maison. Ne recherchez pas nécessairement la grande table du super-bricoleur équipé de pied en cap. La présence d'une telle installation est, certes, un bon signe, mais ce n'est pas essentiel : une petite table de travail, avec les outils de base, suffit pour fournir une bonne indication.

Cette inspection vous aura donné un aperçu général de l'état de la maison. S'il s'agit d'une maison âgée, les visiteurs qui s'y connaissent et qui veulent en savoir davantage monteront sur le toit pour inspecter les bardeaux, le calfeutrage. Ils inspecteront l'isolation, dans le grenier. Si vous avez l'impression d'y perdre votre temps, vous pouvez demander l'aide d'un parent ou ami familier avec la construction. Si vous n'en connaissez pas, il existe des maisons d'évaluateurs spécialisés dans ce genre d'inspection. En cas de doute, vous pouvez faire appel à leurs services. Si le vendeur vous refuse le droit de faire inspecter la maison par un évaluateur professionnel, refusez de lui parler plus longtemps !

Une maison propre et bien entretenue représente donc un indice de bon achat. Mais cela ne veut pas dire qu'il faut rejeter une maison en mauvais état du revers de la main. Certaines de ces maisons négligées, surtout celles qui ont un peu d'âge, peuvent être acquises pour une bouchée de pain. Une fois remises à neuf, elles peuvent devenir un petit bijou, et commander un prix plusieurs fois supérieur. C'est un très beau placement, mais il faut être prêt à y mettre le prix, en temps et en argent. Si une telle maison vous intéresse, l'offre d'achat devra tenir compte de tous les travaux à effectuer. Par exemple, si une maison vaut normalement 60 000 $ sur le marché, mais qu'il y a pour 15 000 $ de travaux à faire, offrez 45 000 $. Ou, mieux, quelques milliers de dollars de moins, question de vous laisser une marge de manoeuvre pour négocier.

Les frais cachés

Tout comme les maisons neuves, les maisons usagées peuvent receler des frais cachés. Il s'agit, la plupart du temps, de travaux d'entretien et de réparation. Les maisons de construction relativement récente, produites par un constructeur de solide réputation, et dont les propriétaires précédents ont pu finir le terrain, les haies, les entrées, le patio, etc., représentent souvent un bon achat. Les maisons plus âgées ont certes plus de cachet, mais peuvent représenter des déboursés (et des problèmes) plus considérables.

Le rôle du courtier

Dans une transaction immobilière, le courtier en immeubles ou son représentant est un intervenant de premier ordre. La formation professionnelle des courtiers et agents s'est considérablement améliorée depuis quelques années. Malgré cela, il faut toujours être prudent dans le choix de son courtier.

Plusieurs personnes tentent de vendre elles-mêmes leur maison. C'est très bien, si on a le temps de s'en occuper. De cette façon, on épargne la commission du courtier, qui atteint généralement 7 p. cent du prix de vente. Ainsi, sur une maison de 65 000 $, la commission sera de 4 550 $. La personne qui vend elle-même sa maison peut soit mettre cette différence dans ses poches, soit en profiter pour réduire le prix de sa maison, la rendant ainsi plus attrayante.

Pour mieux saisir le rôle du courtier, voyons comment est partagée la commission. Lorsque vous vendez votre maison par l'entremise d'un courtier, vous faites d'abord appel à un agent qui prendra votre inscription. Si c'est le même agent qui vend votre maison, la commission sera partagée entre lui et son employeur (la société de courtage immobilier). Si la maison est vendue par un autre agent, la commission sera divisée en deux. La première partie est partagée entre l'agent inscripteur et son employeur, la deuxième partie entre l'agent vendeur et son employeur. Ces règles pour le partage de la commission peuvent varier sensiblement d'un endroit à l'autre, mais le principe de base est toujours le même : l'agent d'immeubles a autant d'intérêt à prendre des inscriptions qu'à vendre des maisons.

Le courtier s'occupe des détails qui entourent la vente : il remplit la fiche d'inscription qui décrit votre propriété et qui sera diffusée, par l'intermédiaire du service d'inscriptions multiples (également connu sous son sigle anglais MLS), chez tous les courtiers du secteur ; il installe une pancarte sur votre terrain, place des petites annonces dans les journaux, répond aux appels des acheteurs potentiels, ce qui lui permet, en principe, de ne retenir que les clients sérieux; il fait visiter la maison aux personnes intéressées; il sert d'intermédiaire entre le vendeur et l'acheteur lors de la négociation sur le prix; enfin, une fois l'offre d'achat déposée et acceptée, il assiste les deux parties dans les formalités d'usage.

C'est un travail exigeant, qui demande une grande disponibilité et beaucoup d'énergie. Hélas! Comme dans tous les métiers et professions, les agents d'immeubles ne sont pas tous d'une égale compétence!

L'agent, il ne faut jamais l'oublier, est d'abord un vendeur. Son gagne-pain est directement lié au nombre de transactions qu'il réussit à mener à terme: vous n'avez rien à payer si la maison ne se vend pas! Dans les circonstances, certains agents n'hésitent pas à «pousser» un peu trop fort dans le dos de clients hésitants. D'autres, pour augmenter leurs inscriptions, vont inciter le vendeur à exiger un prix beaucoup trop élevé pour sa maison, se faisant fort d'obtenir le prix en question; une fois l'inscription obtenue, ils peuvent inciter l'acheteur éventuel à faire une offre très basse, pour ensuite faire des pressions sur le vendeur pour que celui-ci accepte de réduire son prix. D'autres, enfin, n'hésiteront pas à faire visiter des maisons qu'eux-mêmes n'ont jamais vues, prenant ainsi la chance que le visiteur, séduit, fasse une offre d'achat; pour l'agent, c'est sûrement un risque qui en vaut la peine, mais est-il bien, dans un tel cas, la personne la mieux qualifiée pour répondre aux questions des visiteurs?

Il ne faut surtout pas penser que tous les courtiers sont des vendeurs à pression qui feraient n'importe quoi, au détriment de leurs clients, pour faire aboutir une transaction. La plupart offrent des services compétents, dévoués et consciencieux. Mais comment choisir un «bon» agent?

D'abord, une règle d'or: votre agent doit connaître à fond le marché immobilier dans son secteur. De préférence, y résider depuis plusieurs années. Il doit être en mesure de vous renseigner non seulement sur la propriété, mais aussi sur les services. Généralement, l'agent inscripteur est la personne la mieux qualifiée pour vous faire visiter une propriété. Mais cela ne veut pas dire qu'il ignore tout des autres propriétés dans le voisinage. Après la visite d'une première maison, l'agent peut vous proposer d'autres propriétés semblables dans les environs, et vous les faire visiter avec compétence même si l'inscription a été prise par un collègue. D'ailleurs, la plupart des maisons de courtage immobilier organisent, à l'intention de leurs agents, des visites de propriétés à vendre dans le secteur. Cela permet à plusieurs agents de se familiariser davantage avec les caractéristiques de la maison.

Si vous désirez vendre votre maison par l'entremise d'un courtier, méfiez-vous des agents qui font miroiter des prix mirobolants. Il est tout à fait normal pour l'agent de vous proposer un prix légèrement supérieur à la valeur marchande de la propriété. Il va également conseiller à l'acheteur de faire une offre inférieure au prix demandé. Cela fait partie du jeu de l'offre et de la demande. Il n'y a pas de quoi s'offusquer. Mais si on vous fait de trop belles promesses, attention! L'agent qui se fait fort d'aller chercher 90 000 $, quand vous savez pertinemment que votre maison en vaut 70 000 $, ne mérite pas votre confiance.

Si vous êtes acheteur, méfiez-vous de l'agent qui tente de vous inciter à déposer rapidement une offre d'achat, la visite à peine terminée.

Enfin, que vous soyez acheteur ou vendeur, cela ne fait jamais de tort de se familiariser avec le marché avant de contacter un agent. Lisez les petites annonces des journaux; cela vous donnera une bonne idée des prix demandés dans le secteur qui vous intéresse. Sans prendre d'engagements, renseignez-vous auprès des courtiers. Ceux-ci constituent de précieuses sources de renseignements.

Le mécanisme d'une transaction immobilière suit généralement le même scénario:

1) L'acheteur éventuel visite la propriété mise en vente. Si elle lui plaît, il dépose une offre d'achat. RARES, très rares sont les agents d'immeubles qui ont conseillé à leur client (le vendeur) de demander un juste prix. Il y a toutes les chances du monde pour que le prix demandé soit sensiblement plus élevé que la valeur réelle de la propriété. Cela est parfaitement normal, puisque le vendeur et l'acheteur peuvent profiter de cette marge pour négocier divers accessoires ou conditions spéciales. L'offre d'achat doit donc tenir compte de cette réalité, et toujours être inférieure au prix demandé. Certains agents, pour rendre la propriété plus attrayante, limiteront la marge de manoeuvre à son strict minimum. Si l'agent vous déclare, dans les circonstances, que son client ne veut pas descendre au-dessous d'un tel montant, il vous dit probablement la vérité.

2) Le représentant va ensuite trouver le vendeur avec l'offre de l'acheteur éventuel. Si le vendeur accepte, les deux parties sont liées. Certaines offres peuvent contenir des restrictions. Il s'agit d'offres conditionnelles, c'est-à-dire qu'elles deviennent nulles si certaines conditions ne sont pas remplies. Un acheteur peut, par exemple, déposer une offre d'achat conditionnelle à la vente, à l'intérieur d'un certain délai spécifié dans le document, de sa propre maison. Ou encore lier son offre à telle ou telle disposition relative au financement. Dans le cas des maisons plus vieilles, il est courant de déposer une offre conditionnelle à l'inspection de la propriété par un évaluateur ou autre spécialiste neutre. Si ces conditions ne font pas l'affaire du vendeur, il n'a qu'à refuser.

3) Si le vendeur refuse l'offre, il peut faire une contre-offre (c'est-à-dire baisser le prix demandé, mais exiger plus que ce qu'offre l'acheteur). Dans ce cas, le courtier va retourner vers l'acheteur et lui faire part de la contre-offre. Si l'acheteur accepte, les deux parties sont liées. Il se peut que le courtier soit obligé de faire la navette entre acheteur et vendeur trois, quatre fois, même plus, avant de conclure une vente.

4) Une fois les deux parties d'accord, il ne reste que les formalités d'usage. Ces formalités sont relativement coûteuses pour l'acheteur. Le vendeur, à part la commission du courtier, n'a pas grands frais à débourser, sauf le coût du certificat de localisation s'il n'en possède pas déjà un en règle. Une entente entre les deux parties peut cependant modifier la répartition des frais.

L'offre d'achat doit obligatoirement contenir un certain nombre d'éléments (description de l'immeuble et du terrain, énumération des dépendances, accessoires, mobilier ou autres articles inclus dans le prix de vente, détails précis sur les délais alloués à l'acheteur pour se trouver du financement, au notaire pour régler les formalités, date d'occupation de l'immeuble, montant du dépôt, prix et conditions de paiement, et toutes autres conditions relatives à l'offre). Les courtiers utilisent des formulaires standard où toutes les clauses normales sont énumérées. Vous pouvez, en tant qu'acheteur ou vendeur, apporter les modifications que vous voulez à ces formulaires. Si l'autre partie n'est pas satisfaite, elle n'a qu'à refuser de signer !

Si vous ne passez pas par l'intermédiaire d'un courtier, le notaire (vous devrez en consulter un, de toute façon) peut se charger de préparer l'offre d'achat.

Enfin, l'acheteur doit s'attendre à plusieurs frais entourant la transaction. Les plus courants sont :

☐ L'assurance-hypothèque, qui protège le prêteur en cas d'insolvabilité de l'emprunteur (bien que ce soit ce dernier qui paie la prime). Le coût varie en fonction du type de propriété, et du montant à financer. Plus le comptant est important, moins la prime est élevée, puisque le risque est évidemment moins considérable. Le prêteur n'exige généralement pas cette assurance de la part des emprunteurs qui sont en mesure de fournir un versement initial correspondant à au moins 25 p. cent du prix de la propriété. Les primes varient entre 1 et 3 p. cent du montant du prêt. Le montant de la prime peut être inclus dans l'hypothèque, mais il est plus avantageux de la régler sur-le-champ. L'acheteur ne paie cette prime qu'une seule fois, et l'assurance couvre l'hypothèque jusqu'à l'échéance.

L'assurance-hypothèque ne doit pas être confondue avec l'assurance-vie-hypothèque, un service offert par les prêteurs et qui consiste, moyennant une prime qui peut varier selon l'âge de l'emprunteur, à annuler la dette advenant le décès de l'emprunteur. Les héritiers se retrouvent ainsi avec une maison entièrement payée. On trouve aussi des assurances invalidité-hypothèque ; ce genre de protection prévoit qu'en cas d'invalidité de l'emprunteur les versements hypothécaires sont fournis par l'assurance.

Ces assurances ne sont pas obligatoires.

☐ La «taxe de bienvenue» est imposée par la presque totalité des municipalités québécoises à leurs nouveaux résidants. Elle est basée sur le montant de la transaction : 0,3 p. cent pour les premiers 50 000 $, et 0,6 p. cent sur l'excédent. Pour une maison de 40 000 $, la taxe de bienvenue sera donc de 120 $. Pour une maison de 60 000 $, elle passera à 210 $. Si la transaction est de 100 000 $, la taxe atteint 450 $.

☐ Les frais d'inscription de l'hypothèque varient beaucoup d'un prêteur à l'autre. Certains offrent ce service gratuitement. D'autres exigent entre 100 $ et 200 $. Lors du renouvellement, certaines institutions exigeront des frais pour étudier de nouveau votre demande. Ces frais sont moins élevés que lors de la première demande.

☐ Les frais du notaire dépendent d'une foule de facteurs : montant de la transaction, nature de l'immeuble, complexité du dossier, etc. Dans des circonstances normales, il faut s'attendre à payer entre 1 et 2 p. cent du prix de la transaction.

☐ Le certificat de localisation, exigé par le prêteur, coûte entre 150 $ et 250 $ dans les grands centres. Dans les endroits plus éloignés, cela peut atteindre 350 $, voire plus. Ce document n'est pas nécessairement établi aux frais de l'acheteur. Les constructeurs de maisons l'offrent normalement à leurs clients. Pour les maisons déjà construites, le vendeur doit habituellement fournir le document, à ses frais, mais peut aussi spécifier que c'est l'acheteur qui paiera.

Aide-mémoire

- ■ Votre maison, c'est un investissement, un placement !

- ■ La valeur des maisons augmente toujours avec les années.

- ■ Avant d'acheter, renseignez-vous sur votre futur quartier, votre future municipalité. Vos futurs voisins seront vos sources de renseignements les plus précieuses.

- ■ N'achetez jamais une maison sous l'impulsion du moment. Méfiez-vous des coups de foudre.

- ■ Ne vous gênez pas pour inspecter (ou faire inspecter) attentivement votre future maison.

- ■ Méfiez-vous des agents d'immeubles qui vous font de trop belles promesses, ou vous incitent à prendre une décision rapidement.

- ■ De nombreux frais (assurances, notaire, taxe de bienvenue, certificat de localisation, etc.) entourent une transaction immobilière. Sachez en tenir compte.

- ■ Attention aux frais cachés, qui peuvent vous coûter les yeux de la tête au cours des deux ou trois années qui suivront votre installation.

7

votre
hypothèque

Comment épargner des milliers de dollars

On peut avoir l'impression, en voyant les périodes d'amortissement classiques de prêts hypothécaires (25 ans, parfois plus), que le prêt hypothécaire est un long tunnel dont on n'aperçoit pas l'issue...

Heureusement, ce n'est pas le cas. Il y a parfaitement moyen de contracter une hypothèque sans s'engager à vie ! La planification intelligente d'un remboursement hypothécaire constitue la clé du financement d'une propriété. Un emprunteur qui sait s'y prendre peut épargner des dizaines de milliers de dollars, tout en raccourcissant considérablement sa période de remboursement. Le secret est de SAVOIR ÉTALER SON REMBOURSEMENT.

Faisons tout de suite une importante distinction entre l'amortissement et le terme d'un prêt hypothécaire :

☐ L'amortissement est la période de temps nécessaire pour rembourser votre prêt en totalité. Cette période varie à chaque renouvellement.

☐ Le terme du prêt ne concerne que la période de temps pendant laquelle vous êtes lié au prêteur.

Par exemple, une hypothèque amortie sur 25 ans peut être consentie pour un terme de cinq ans. À l'échéance du terme, vous devez en principe rembourser le solde de l'hypothèque. Comme la plupart des emprunteurs n'ont pas les moyens de le faire, ils demandent un renouvellement, pour un autre terme, selon des conditions à négocier avec le prêteur.

Examinons tout de suite la procédure du prêt hypothécaire :

☐ Plus la période de remboursement est longue, plus vous payez cher. Certes, les mensualités sont moins élevées, et vous avez peut-être l'impression de payer moins cher. C'est une illusion. En réalité, en bout de ligne, vous vous faites joliment avoir !

☐ Si vous payez plus cher, c'est parce que vous consacrez la majeure partie de votre versement mensuel à payer les intérêts, étant donné que vous immobilisez une importante somme pendant une longue période. À ce rythme, les remboursements sur le capital sont minimes.

■ *Vous contractez un prêt hypothécaire de 60 000 $, amorti sur 25 ans, au taux de 11 p. cent. Vos mensualités s'élèvent à 577,52 $. Regardez bien, sur l'échéancier fourni par votre prêteur, comment cet argent est utilisé.*

Au premier versement, vous ne paierez que quelques dollars de capital, et la presque totalité de votre versement servira à défrayer les intérêts. Le mois suivant, le remboursement en capital grimpera de quelques cents, et le montant des intérêts diminuera d'autant. Au bout d'un an, le solde de votre hypothèque s'élèvera à 59 520 $. Autrement dit, vos douze versements de 577,52 $, soit 6 930 $, n'auront servi qu'à rembourser 480 $ sur le capital. Le reste, 6 450 $, représente les intérêts. Oui, oui: vous avez payé treize fois plus d'argent en intérêts qu'en capital !

Certes, au fur et à mesure que le temps passe, le montant consacré au remboursement de capital devient de plus en plus important. Mais en attendant, vous payez une fortune en intérêts.

Et n'allez surtout pas traiter votre banquier de voleur ! Le prêteur immobilise un capital important, pendant longtemps, pour vous permettre d'accéder à la propriété. Ce financement se paie. Il vous appartient de vous libérer le plus rapidement possible de cette dette, dans la mesure de vos moyens.

Le principe à retenir, lorsqu'on négocie une hypothèque, est donc simple: plus l'amortissement est long, moins les remboursements en capital sont importants, et plus vous payez cher en intérêts. À l'inverse, plus l'amortissement est court, plus les remboursements sont importants, et les coûts en intérêts diminuent en conséquence. Cela vaut pour toutes les situations, PEU IMPORTENT LES TAUX D'INTÉRÊT.

Illustrons tout cela par quelques exemples:

■ *Vous avez acheté votre maison depuis quelque temps, et il vous reste un solde hypothécaire de 40 000 $ à rembourser, sur 20 ans. Votre emprunt vient à échéance, et vous devrez vous présenter chez votre gérant de caisse populaire pour renégocier votre hypothèque. Prenons un taux tout à fait hypothétique de 11 p. cent. Calculé sur 20 ans, cela vous donnera des versements mensuels de 406,26 $. Dans tous les exemples qui suivent, nous ne tenons compte que du capital et des intérêts. Le paiement mensuel, dans bien des cas, comprend aussi les taxes municipales, qui varient d'une ville à l'autre.*

Au bout de 20 ans, vous aurez ainsi payé le joli montant de 97 502 $ (soit 406,26 $ multiplié par douze mois, multiplié par 20 ans). C'est pratiquement deux fois et demie le montant original du renouvellement!

Reprenons maintenant le même exemple, mais en étalant le remboursement sur 15 ans, au lieu de 20. Le versement mensuel, à ce moment, passera à 448,53 $. Cela vous coûtera donc 42 $ de plus par mois, soit un peu plus de un dollar par jour. Et qu'obtiendrez-vous pour ces quelques sous? Une épargne frisant les 17 000 $! Vous n'avez qu'à faire le calcul: 448,53, multiplié par douze mois, multiplié par 15 ans, cela fait 80 735 $, soit 16 767 $ de moins que si vous aviez renégocié sur 20 ans.

En outre, vous en aurez pour cinq ans de moins à payer!

Poussons l'exemple un peu plus loin. Vous voulez régler le solde de votre hypothèque en 10 ans? Vous pensez ne pas en avoir les moyens? Voyons voir! Toujours à 11 p. cent, un solde d'hypothèque de 40 000 $ étalé sur 10 ans vous revient à 545,50 $ par mois. Cela fait 139 $ de plus par mois que sur 20 ans, soit environ 32 $ par semaine. Si vous pouvez vous permettre de consacrer ce 32 $ supplémentaire par semaine (5 $ par jour) à votre logement, N'HÉSITEZ PLUS! Un tel étalement sur 10 ans vous coûtera, en bout de ligne, 65 460 $. Autrement dit, pour 5 $ de plus par jour, vous réglez votre solde hypothécaire en 10 ans (au lieu de 20) et vous épargnez plus de 32 000 $!

Le même raisonnement est valable, répétons-le, peu importent les taux d'intérêt.

Certes, les taux d'intérêt vont varier d'ici à votre prochain renouvellement. À cela, vous ne pouvez rien. Mais si vous avez pris la bonne précaution de raccourcir votre période d'étalement, le montant à refinancer à l'échéance du prêt en sera réduit d'autant. En d'autres termes, que les taux d'intérêt montent ou descendent, vous êtes toujours gagnant en raccourcissant votre période d'amortissement.

Une autre question qui se pose fréquemment est de savoir si cela vaut la peine, lors du renouvellement de l'hypothèque, de fournir quelques milliers de dollars pour réduire le solde du prêt avant de s'engager pour un nouveau terme. Il n'y a pas de réponse précise à cette question : cela dépend de chaque cas.

Il existe quand même quelques principes à retenir dans une telle situation :

☐ Le premier est de ne jamais vider son compte d'épargne pour diminuer une hypothèque. Si, lors du renouvellement, vous n'avez que 1 000 $ ou 2 000 $ en banque, gardez-les ! Si, par contre, vos épargnes atteignent 10 000 $ ou 15 000 $, vous pouvez certes réduire votre hypothèque d'un 7 000 $ ou 10 000 $, et rajuster votre renouvellement en conséquence. Peut-être même qu'une telle réduction vous permettra de liquider le solde en très peu de temps tout en épargnant des milliers de dollars. Mais votre petit coussin à la banque ou à la caisse pop, c'est votre assurance tous risques contre les coups durs et imprévus. N'y touchez pas !

☐ L'autre principe est d'étudier, avant de réduire votre hypothèque, s'il n'y a pas moyen d'obtenir davantage pour votre argent. Si vous avez le choix entre déposer 1 500 $ dans un REÉR ou réduire votre solde hypothécaire du même montant, mais ne pouvez vous permettre les deux, il y a de fortes chances que le REÉR soit plus avantageux.

Mais peut-être n'avez-vous pas l'intention de conserver la même maison pendant quinze ans. À quoi cela sert-il, dans ce cas, de payer plus cher pour raccourcir la période d'amortissement ? Ne vaudrait-il pas mieux, dans les circonstances, jouir de cet argent en le dépensant ailleurs que sur sa maison ? Ou encore, de le déposer, de façon à accumuler un montant sans doute supérieur, avec les intérêts, à l'épargne qu'on réalise en remboursant plus rapidement ?

La réponse est NON.

Vous avez toujours avantage à accélérer le remboursement de votre hypothèque. Voyons cela de plus près :

☐ Plus la période d'amortissement est courte, plus les remboursements en capital sont importants, et plus votre avoir net, votre «équité», augmente rapidement. Vous contractez une hypothèque de 65 000 $, amortie sur 25 ans, pour un terme de cinq ans, au taux de 11,25 p. cent. Les versements mensuels seront de 636,84 $. Au bout de cinq ans, vous aurez ainsi payé 38 210 $, dont 3 282 $ en capital et 34 928 $ en intérêts. Vous devrez donc refinancer, au bout de cinq ans, un solde hypothécaire de 61 718 $. Si la période d'amortissement avait été de 15 ans, toutes les autres conditions demeurant inchangées, les paiements mensuels auraient atteint 738,59 $ et vous auriez payé, à l'échéance du terme de cinq ans, 44 315 $, soit, en bout de ligne, 6 105 $ de plus qu'avec un amortissement de 25 ans. Par contre, vous auriez remboursé 11 371 $ en capital et seulement 32 944 $ en intérêts. Le montant à refinancer se situerait à 53 629 $. Autrement dit, vous avez payé, en raccourcissant l'amortissement de 10 ans, 6 105 $ de plus, mais vous avez, du même coup, remboursé 8 089 $ de plus sur le capital, tout en payant moins d'intérêts. Si vous mettiez votre maison en vente au bout de cinq ans, vous récupéreriez ainsi amplement votre investissement.

☐ Un amortissement plus court vous place en meilleure situation lors d'un renouvellement. Dans l'exemple que nous venons de voir, un amortissement sur 25 ans vous laisse, au bout de cinq ans, un solde hypothécaire de 61 718 $ remboursable en 20 ans. Avec un amortissement de 15 ans, vous auriez, toujours au bout de cinq ans, un solde de 53 629 $ remboursable en 10 ans. Il est plus facile, dans cette deuxième hypothèse, de raccourcir davantage l'amortissement, et de payer ainsi votre maison beaucoup plus rapidement.

☐ Il est vrai qu'en étalant son hypothèque sur une période plus courte, on augmente sensiblement son paiement mensuel. Mais, lorsque la maison est payée, votre capacité d'épargne augmente de façon spectaculaire, et vous disposez en outre d'un avoir net considérable. Cela vous place dans une situation financière nettement plus avantageuse que le propriétaire qui a opté pour un amortissement plus long. D'autre part, si, au lieu d'augmenter vos paiements de façon à rembourser plus vite, vous décidiez de déposer cet argent, il est probable que, sur papier, vous réussissiez à accumuler plus d'argent. Mais l'inflation et les impôts viendraient faire des ravages dans ces épargnes. Pour que cela soit avantageux, il faudrait obtenir sur vos épargnes, après impôts et compte tenu de l'inflation, un rendement supérieur à l'appréciation de votre maison. Ce serait exceptionnel !

☐ Le raisonnement vaut pour toutes les maisons unifamiliales. Dans le cas d'un duplex ou d'un triplex, on peut se demander s'il est aussi avantageux d'accélérer son remboursement, puisque les intérêts donnent droit à des déductions d'impôt. Si on rembourse plus vite, on paie moins d'intérêts, et on doit donc se contenter de déductions moindres. En ce sens, il est certes moins avantageux, pour un propriétaire de duplex ou de triplex, d'accélérer son remboursement. Les comptables qui ont régulièrement à faire ce genre de calcul estiment que, malgré tout, cela demeure avantageux dans la majorité des cas. Vous déduisez vos intérêts de vos revenus, ce qui vous permet de faire payer une partie du financement de la propriété par le fisc. Mais vous devrez quand même payer l'autre partie. Les propriétaires d'immeubles plus importants auraient intérêt à consulter un comptable à ce sujet.

Planifiez votre demande de prêt hypothécaire

Tout cela est bien beau, mais comment peut-on faire, concrètement, pour profiter d'une telle formule ?

Ce n'est pas à la dernière minute, dans le bureau du gérant de banque ou de caisse populaire, alors qu'on est toujours un peu nerveux, qu'il faut négocier son hypothèque. Il faut savoir se préparer afin de se présenter devant le prêteur avec une demande précise. Pour cela, il faut avoir calculé d'avance les différentes possibilités qui s'offrent à vous. Dix ans, cela vous donne quelles mensualités ? Et cela représente quelle économie en fin de compte ? Et douze ans ? Quinze, dix-sept, dix-huit ?

Pour le savoir, prenez quelques heures, avant de vous présenter chez le prêteur, pour étudier tout l'éventail des possibilités. Vous avez besoin, pour cela, d'une table d'amortissement de prêts hypothécaires. Les pages suivantes fournissent une table de base qui peut répondre à la plupart des besoins, et vous permet d'ébaucher un nombre considérable d'hypothèses. Ce livre fournit également une table de soldes qui vous permettra de mesurer comment sont répartis vos remboursements entre le capital et les intérêts.

Calculez vos mensualités

Cette table abrégée d'amortissement des taux d'intérêt hypothécaires peut vous permettre de calculer une gamme considérable de possibilités. Dans la colonne de gauche, on retrouvera la période d'amortissement. Celle-ci couvre la totalité du prêt, et n'a rien à voir avec le terme de l'hypothèque (qui varie normalement de un à cinq ans). Les autres colonnes indiquent le montant du versement mensuel, par tranches de 1 000 $, selon un éventail de taux d'intérêt allant de 8½ à 17½ p. cent. Exemple : quel versement mensuel correspond à une hypothèque de 35 000 $, négociée à 11½ p. cent, et dont l'amortissement est étalé sur 20 ans ? La colonne où sont données les mensualités à 11½ p. cent, au niveau de 20 ans, indique le montant de 10,48 $. Multipliez ce montant par 35, et vous savez ainsi que la mensualité, capital et intérêts, s'élève à 366,80 $. Si vous voulez savoir combien le prêt vous coûtera, en bout de ligne, en supposant que les taux ne changent pas, multipliez ce montant par 12 (mois), puis par 20 (ans). Ainsi, une hypothèque de 35 000 $ amortie sur 20 ans à 11½ p. cent représente un coût total de 112 035 $. Le tableau permet ainsi de répéter le calcul pour n'importe quelle période d'étalement.

Pour les hypothèques dont le montant se situe entre deux tranches de 1 000 $, on n'a qu'à appliquer la même proportion lorsqu'on effectue la première multiplication. Supposons qu'au lieu de 35 000 $, par exemple, l'hypothèque est de 35 600 $. Il faut, à ce moment, multiplier 10,48 $ par 35,6 ce qui donne une mensualité de 373,09 $.

Enfin, il est possible, à l'aide du tableau, de calculer les hypothèques dont le taux comprend un quart ou trois quarts de point de pourcentage. Il suffit, pour cela, de faire la moyenne entre le montant qui suit et celui qui précède le taux qui nous intéresse. Exemple : vous voulez calculer les mensualités d'une hypothèque amortie sur 20 ans, à 11¼ p. cent. Vis-à-vis la ligne de 20 ans, on indique le montant de 10,16 $ dans la colonne du 11 p. cent, et 10,48 $ dans la colonne du 11½ p. cent. Additionnez ces deux montants, et divisez le résultat par deux (10,16 $ plus 10,48 $ égalent 20,64 $, divisé par 2 égalent 10,32 $). Ainsi, chaque tranche de 1 000 $ d'une hypothèque étalée sur 20 ans à 11¼ p. cent représente un versement mensuel de 10,32 $.

Nombre d'années	8½	9	9½	10	10½	11	11½
1	87,15	87,38	87,60	87,82	88,04	88,27	88,49
2	45,39	45,61	45,83	46,05	46,27	46,49	46,72
3	31,50	31,72	31,95	32,17	32,40	32,62	32,85
4	24,58	24,81	25,04	25,27	25,50	25,73	25,96
5	20,45	20,68	20,91	21,15	21,38	21,62	21,86
6	17,71	17,94	18,18	18,42	18,67	18,91	19,15
7	15,76	16,01	16,25	16,50	16,74	16,99	17,25
8	14,32	14,57	14,82	15,07	15,32	15,58	15,83
9	13,20	13,46	13,71	13,97	14,23	14,49	14,76
10	12,32	12,58	12,84	13,10	13,37	13,64	13,91
11	11,61	11,87	12,14	12,41	12,68	12,95	13,23
12	11,02	11,29	11,56	11,83	12,11	12,39	12,67
13	10,53	10,80	11,08	11,36	11,64	11,93	12,22
14	10,11	10,39	10,68	10,96	11,25	11,54	11,84
15	9,76	10,05	10,33	10,62	10,92	11,21	11,51
16	9,46	9,75	10,04	10,33	10,63	10,93	11,24
17	9,19	9,49	9,78	10,08	10,39	10,70	11,01
18	8,96	9,26	9,56	9,87	10,18	10,49	10,81
19	8,76	9,07	9,37	9,68	9,99	10,31	10,63
20	8,59	8,89	9,20	9,52	9,83	10,16	10,48
21	8,42	8,74	9,05	9,37	9,69	10,02	10,35
22	8,29	8,60	8,92	9,25	9,57	9,90	10,24
23	8,16	8,48	8,81	9,13	9,46	9,80	10,14
24	8,05	8,38	8,70	9,03	9,37	9,71	10,05
25	7,95	8,28	8,61	8,94	9,28	9,63	9,97
26	7,86	8,19	8,53	8,87	9,21	9,55	9,90
27	7,78	8,12	8,45	8,80	9,14	9,49	9,84
28	7,71	8,05	8,39	8,73	9,08	9,43	9,79
29	7,64	7,98	8,33	8,68	9,03	9,38	9,74
30	7,59	7,93	8,28	8,63	8,98	9,34	9,70

Nombre d'années	12	12½	13	13½	14	14½
1	88,71	88,94	89,16	89,38	89,60	89,83
2	46,94	47,16	47,38	47,61	47,83	48,05
3	33,08	33,30	33,53	33,76	33,99	34,22
4	26,19	26,43	26,66	26,89	27,13	27,37
5	22,10	22,34	22,58	22,82	23,07	23,31
6	19,40	19,65	19,90	20,15	20,40	20,65
7	17,50	17,75	18,01	18,27	18,52	18,78
8	16,09	16,36	16,62	16,88	17,15	17,42
9	15,02	15,29	15,56	15,83	16,11	16,38
10	14,18	14,46	14,73	15,01	15,29	15,58
11	13,51	13,79	14,07	14,36	14,65	14,94
12	12,96	13,25	13,54	13,83	14,12	14,42
13	12,51	12,80	13,10	13,40	13,70	14,00
14	12,13	12,43	12,73	13,04	13,35	13,66
15	11,82	12,12	12,43	12,74	13,06	13,37
16	11,55	11,86	12,17	12,49	12,81	13,13
17	11,32	11,64	11,96	12,28	12,60	12,93
18	11,12	11,45	11,77	12,10	12,43	12,76
19	10,96	11,28	11,61	11,94	12,28	12,62
20	10,81	11,14	11,48	11,81	12,15	12,49
21	10,68	11,02	11,36	11,70	12,04	12,39
22	10,57	10,91	11,26	11,60	11,95	12,30
23	10,48	10,82	11,17	11,52	11,87	12,22
24	10,39	10,74	11,09	11,44	11,80	12,16
25	10,32	10,67	11,02	11,38	11,74	12,10
26	10,25	10,61	10,97	11,33	11,69	12,05
27	10,20	10,55	10,92	11,28	11,64	12,01
28	10,15	10,51	10,87	11,24	11,60	11,97
29	10,10	10,47	10,83	11,20	11,57	11,94
30	10,06	10,43	10,80	11,17	11,54	11,91

Nombre d'années	15	15½	16	16½	17	17½
1	90,05	90,27	90,49	90,71	90,93	91,15
2	48,27	48,50	48,72	48,94	49,17	49,39
3	34,45	34,68	34,91	35,14	35,37	35,60
4	27,60	27,84	28,08	28,32	28,56	28,80
5	23,56	23,80	24,05	24,30	24,55	24,80
6	20,90	21,16	21,41	21,67	21,93	22,19
7	19,05	19,31	19,57	19,84	20,11	20,37
8	17,69	17,96	18,23	18,51	18,78	19,06
9	16,66	16,94	17,22	17,50	17,79	18,07
10	15,86	16,15	16,44	16,73	17,02	17,31
11	15,23	15,52	15,82	16,12	16,42	16,72
12	14,72	15,02	15,33	15,63	15,94	16,25
13	14,31	14,62	14,93	15,24	15,55	15,87
14	13,97	14,29	14,60	14,92	15,24	15,56
15	13,69	14,01	14,33	14,66	14,99	15,32
16	13,46	13,78	14,11	14,44	14,78	15,11
17	13,26	13,59	13,93	14,26	14,60	14,94
18	13,10	13,43	13,77	14,11	14,46	14,80
19	12,96	13,30	13,64	13,99	14,34	14,68
20	12,84	13,18	13,53	13,88	14,23	14,59
21	12,74	13,09	13,44	13,79	14,15	14,51
22	12,65	13,01	13,36	13,72	14,08	14,44
23	12,58	12,94	13,30	13,66	14,02	14,38
24	12,52	12,88	13,24	13,60	13,97	14,33
25	12,46	12,83	13,19	13,56	13,93	14,29
26	12,42	12,78	13,15	13,52	13,89	14,26
27	12,38	12,74	13,11	13,49	13,86	14,23
28	12,34	12,71	13,09	13,46	13,83	14,21
29	12,31	12,69	13,06	13,44	13,81	14,19
30	12,29	12,66	13,04	13,42	13,79	14,17

Le solde de votre hypothèque

Comment utiliser cette table

Ce jeu de tables vous permet de calculer le montant de capital qu'il vous reste à rembourser sur un prêt hypothécaire. Il vous permet également de calculer, en fonction de différentes hypothèses, la proportion de vos versements mensuels qui va au remboursement du capital et au paiement des intérêts. Utilisée en complément de la table d'amortissement qui précède, c'est un instrument d'une grande utilité pour planifier un remboursement hypothécaire à votre avantage, selon vos moyens et vos autres priorités.

Cherchez d'abord la table qui correspond au nombre d'années de l'amortissement. Ensuite, reportez-vous à la colonne correspondant au taux d'intérêt du prêt, et à la rangée correspondant au terme. Multipliez le chiffre qui se trouve à la croisée de ces deux rangées par le nombre de tranches de 1 000 $ du prêt, et vous obtiendrez le solde de votre hypothèque à l'échéance du terme. Exemple : vous avez contracté un prêt hypothécaire de 32 000 $, amorti sur 20 ans, à 11 p. cent. Le terme du renouvellement est de quatre ans. Trouvez d'abord la table des amortissements sur 20 ans. Référez-vous ensuite à la colonne du 11 p. cent. Vis-à-vis la rangée « 4 ans », vous voyez 929. Multipliez 929 par 32, ce qui donne 29 728, et vous permet de savoir qu'à l'expiration du terme de quatre ans, vous aurez remboursé 2 272 $ en capital, et qu'il vous faudra refinancer 29 728 $. Si cela vous intéresse, vous pouvez aussi faire le calcul pour un, deux ou trois ans, pour savoir quelle est la proportion de capital et d'intérêts que vous payez à chaque année.

Pour trouver les montants correspondant à des taux d'intérêt comprenant un quart ou trois quarts de point de pour-

171

centage, procédez de la même façon qu'avec la table précédente, c'est-à-dire en faisant la moyenne entre les chiffres
correspondant au pourcentage précédent et celui qui suit. Par
exemple, pour trouver le solde correspondant à une hypothèque à 11¼ p. cent, amortie sur 15 ans, au bout d'un terme de
quatre ans, référez-vous d'abord à la table de 15 ans. Vis-à-
vis la ligne de quatre ans, vous trouvez les montants de 866
sous la colonne de 11 p. cent, et de 870 sous la colonne de
11 ½ p. cent. Additionnez ces deux montants, puis divisez par
deux, et vous n'aurez qu'à multiplier le résultat (868) par le
nombre de tranches de 1 000 $ pour savoir le solde hypothé-
caire à l'expiration du terme. Pour faciliter les calculs et la
présentation, nous avons arrondi les montants au dollar près.
Le résultat de vos calculs peut donc présenter une infime
distortion par rapport à la réalité, mais cela n'a vraiment pas
d'importance.

Amortissement: 5 ans

Terme	8½	9	9½	10	10½	11	11½
1 an	832	834	835	837	839	840	842
2 ans	649	652	655	657	660	663	665
3 ans	450	453	456	459	462	465	468
4 ans	235	237	239	241	243	245	247

Terme	12	12½	13	13½	14	14½	15
1 an	844	845	847	849	850	852	853
2 ans	668	671	673	676	679	681	684
3 ans	471	474	477	479	482	485	488
4 ans	249	251	253	255	257	260	262

Terme	15½	16	16½	17	17½		
1 an	855	856	858	859	861		
2 ans	686	689	691	694	697		
3 ans	491	494	496	499	502		
4 ans	264	266	268	270	272		

Amortissement: 6 ans

Terme	8½	9	9½	10	10½	11	11½
1 an	866	868	869	871	873	875	876
2 ans	720	723	726	729	732	735	738
3 ans	562	566	569	573	576	580	583
4 ans	390	393	397	400	403	407	410
5 ans	203	205	208	210	212	214	216

Terme	12	12½	13	13½	14	14½	15
1 an	878	880	881	883	884	886	887
2 ans	741	743	746	749	752	755	757
3 ans	587	590	593	597	600	603	607
4 ans	413	417	420	423	426	430	433
5 ans	219	221	223	225	228	230	232

Terme	15½	16	16½	17	17½		
1 an	889	890	892	893	895		
2 ans	760	763	765	768	770		
3 ans	610	613	617	620	623		
4 ans	436	440	443	446	449		
5 ans	234	237	239	241	243		

Amortissement: 7 ans

Terme	8½	9	9½	10	10½	11	11½
1 an	890	892	894	895	897	899	900
2 ans	771	774	777	780	783	786	789
3 ans	641	645	649	653	657	661	664
4 ans	500	505	509	513	517	521	525
5 ans	347	351	355	358	362	366	369

Terme	12	12½	13	13½	14	14½	15
1 an	902	904	905	907	908	910	911
2 ans	792	795	798	800	803	806	809
3 ans	668	672	675	679	683	686	690
4 ans	529	533	537	541	545	549	553
5 ans	373	376	380	384	387	391	395

Terme	15½	16	16½	17	17½		
1 an	913	914	916	917	918		
2 ans	811	814	817	819	822		
3 ans	694	697	701	704	707		
4 ans	557	561	565	568	572		
5 ans	398	402	405	409	413		

Amortissement: 8 ans

Terme	8½	9	9½	10	10½	11	11½
1 an	908	910	912	913	915	917	918
2 ans	809	812	815	818	821	824	827
3 ans	700	704	708	712	716	720	724
4 ans	582	587	592	596	601	605	610
5 ans	455	459	464	468	473	477	482

Terme	12	12½	13	13½	14	14½	15
1 an	920	921	923	924	926	927	929
2 ans	830	832	835	838	841	844	846
3 ans	728	732	736	740	743	747	751
4 ans	614	619	623	628	632	636	641
5 ans	487	491	496	500	505	509	513

Terme	15½	16	16½	17	17½
1 an	930	931	933	934	935
2 ans	849	851	854	856	859
3 ans	754	758	762	765	769
4 ans	645	649	653	658	662
5 ans	518	522	527	531	535

Amortissement: 9 ans

Terme	8½	9	9½	10	10½	11	11½
1 an	922	924	926	927	929	930	932
2 ans	838	841	844	847	850	853	856
3 ans	746	750	754	758	762	766	770
4 ans	646	651	656	661	665	670	675
5 ans	537	542	548	553	558	563	568

Terme	12	12½	13	13½	14	14½	15
1 an	933	935	936	938	939	940	942
2 ans	858	861	864	867	869	872	875
3 ans	774	778	782	786	790	793	797
4 ans	680	684	689	694	698	703	707
5 ans	574	579	584	589	594	599	603

Terme	15½	16	16½	17	17½
1 an	943	944	946	947	948
2 ans	877	880	882	885	887
3 ans	801	804	808	811	814
4 ans	712	716	720	725	729
5 ans	608	613	618	623	627

Amortissement: 10 ans

Terme	8½	9	9½	10	10½	11	11½
1 an	933	935	936	938	940	941	943
2 ans	861	864	867	870	873	875	878
3 ans	782	786	790	794	798	802	806
4 ans	696	701	706	711	716	721	726
5 ans	603	608	614	620	625	631	636

Terme	12	12½	13	13½	14	14½	15
1 an	944	945	947	948	950	951	952
2 ans	881	884	886	889	892	894	897
3 ans	810	814	818	822	826	829	833
4 ans	731	736	740	745	750	754	759
5 ans	642	647	652	658	663	668	673

Terme	15½	16	16½	17	17½
1 an	953	955	956	957	958
2 ans	899	902	904	906	908
3 ans	836	840	843	846	850
4 ans	763	768	772	776	780
5 ans	678	683	688	693	698

Amortissement: 11 ans

Terme	8½	9	9½	10	10½	11	11½
1 an	942	944	945	947	948	950	951
2 ans	879	882	885	888	891	894	896
3 ans	811	815	819	823	827	831	835
4 ans	736	742	747	752	757	762	767
5 ans	656	662	667	673	679	685	691

Terme	12	12½	13	13½	14	14½	15
1 an	953	954	955	956	958	959	960
2 ans	899	902	904	907	909	912	914
3 ans	839	843	847	850	854	858	861
4 ans	772	777	781	786	791	795	800
5 ans	696	702	707	713	718	723	729

Terme	15½	16	16½	17	17½
1 an	961	962	964	965	966
2 ans	916	919	921	923	925
3 ans	864	868	871	874	877
4 ans	804	808	812	817	821
5 ans	734	739	744	749	754

Amortissement: 12 ans

Terme	8½	9	9½	10	10½	11	11½
1 an	949	951	952	954	955	957	958
2 ans	894	897	900	903	906	909	911
3 ans	835	839	843	847	851	855	859
4 ans	770	775	780	785	791	795	800
5 ans	699	705	711	717	723	729	735

Terme	12	12½	13	13½	14	14½	15
1 an	959	961	962	963	964	966	967
2 ans	914	916	919	921	924	926	928
3 ans	863	866	870	874	877	880	884
4 ans	805	810	815	819	824	828	832
5 ans	741	746	752	757	763	768	773

Terme	15½	16	16½	17	17½
1 an	968	969	970	971	972
2 ans	930	933	935	937	939
3 ans	887	890	893	896	899
4 ans	837	841	845	849	853
5 ans	778	783	788	793	797

Amortissement: 13 ans

Terme	8½	9	9½	10	10½	11	11½
1 an	956	957	958	960	961	963	964
2 ans	907	910	913	916	918	921	924
3 ans	855	859	863	867	871	875	878
4 ans	797	803	808	813	818	823	828
5 ans	735	742	748	754	760	766	772

Terme	12	12½	13	13½	14	14½	15
1 an	965	966	968	969	970	971	972
2 ans	926	928	931	933	935	938	940
3 ans	882	886	889	893	896	899	902
4 ans	833	837	842	846	851	855	859
5 ans	777	783	788	794	799	804	809

Terme	15½	16	16½	17	17½
1 an	973	974	975	976	977
2 ans	942	944	946	947	949
3 ans	905	908	911	914	917
4 ans	863	867	871	875	878
5 ans	814	819	824	828	833

Amortissement : 14 ans

Terme	8½	9	9½	10	10½	11	11½
1 an	961	962	964	965	966	968	969
2 ans	918	921	924	926	929	931	934
3 ans	871	876	880	884	887	891	895
4 ans	821	826	831	836	841	846	851
5 ans	766	772	779	785	791	796	802

Terme	12	12½	13	13½	14	14½	15
1 an	970	971	972	973	974	975	976
2 ans	936	938	941	943	945	947	949
3 ans	898	902	905	908	911	914	917
4 ans	856	860	864	869	873	877	881
5 ans	808	813	818	824	829	834	839

Terme	15½	16	16½	17	17½		
1 an	977	978	979	980	981		
2 ans	951	953	955	956	958		
3 ans	920	923	926	928	931		
4 ans	885	888	892	896	899		
5 ans	843	848	853	857	861		

Amortissement : 15 ans

Terme	8½	9	9½	10	10½	11	11½
1 an	965	966	968	969	970	972	973
2 ans	927	930	933	935	938	940	942
3 ans	886	890	894	898	901	905	908
4 ans	841	846	851	856	861	866	870
5 ans	792	799	805	811	817	822	828

Terme	12	12½	13	13½	14	14½	15
1 an	974	975	976	977	978	979	980
2 ans	945	947	949	951	953	955	957
3 ans	912	915	918	921	924	927	930
4 ans	875	879	883	887	891	895	899
5 ans	833	839	844	849	854	859	863

Terme	15½	16	16½	17	17½		
1 an	981	982	982	983	984		
2 ans	959	960	962	963	965		
3 ans	933	935	938	940	943		
4 ans	903	906	910	913	916		
5 ans	868	872	876	881	885		

Amortissement: 16 ans

Terme	8½	9	9½	10	10½	11	11½
1 an	969	970	972	973	974	975	976
2 ans	935	938	940	943	945	947	950
3 ans	898	902	906	910	913	917	920
4 ans	858	863	868	873	878	882	887
5 ans	815	821	827	833	839	844	850

Terme	12	12½	13	13½	14	14½	15
1 an	977	978	979	980	981	982	983
2 ans	952	954	956	958	960	961	963
3 ans	923	926	929	932	935	938	940
4 ans	891	895	899	903	907	911	914
5 ans	855	860	865	870	875	879	884

Terme	15½	16	16½	17	17½		
1 an	984	985	985	986	987		
2 ans	965	966	968	969	971		
3 ans	943	945	948	950	952		
4 ans	917	921	924	927	930		
5 ans	888	892	896	900	904		

Amortissement: 17 ans

Terme	8½	9	9½	10	10½	11	11½
1 an	972	973	975	976	977	978	979
2 ans	942	944	947	949	952	954	956
3 ans	909	913	916	920	923	927	930
4 ans	873	878	883	888	892	897	901
5 ans	834	840	846	852	858	863	868

Terme	12	12½	13	13½	14	14½	15
1 an	980	981	982	983	984	985	985
2 ans	958	960	962	964	965	967	969
3 ans	933	936	939	942	944	947	949
4 ans	905	909	913	916	920	923	927
5 ans	873	878	883	888	892	897	901

Terme	15½	16	16½	17	17½		
1 an	986	987	988	988	989		
2 ans	970	972	973	974	976		
3 ans	952	954	956	958	960		
4 ans	930	933	936	939	941		
5 ans	905	909	912	916	920		

Amortissement: 18 ans

Terme	8½	9	9½	10	10½	11	11½
1 an	975	976	977	979	980	981	982
2 ans	948	950	953	955	957	959	961
3 ans	918	922	926	929	932	935	939
4 ans	886	891	896	900	905	909	913
5 ans	851	857	863	869	874	879	884

Terme	12	12½	13	13½	14	14½	15
1 an	983	984	984	985	986	987	988
2 ans	963	965	967	969	970	972	973
3 ans	941	944	947	950	952	954	957
4 ans	917	921	924	928	931	934	937
5 ans	889	894	899	903	907	911	915

Terme	15½	16	16½	17	17½		
1 an	988	989	989	990	991		
2 ans	975	976	977	978	980		
3 ans	959	961	963	965	966		
4 ans	940	943	946	948	951		
5 ans	919	923	926	929	933		

Amortissement: 19 ans

Terme	8½	9	9½	10	10½	11	11½
1 an	978	979	980	981	982	983	984
2 ans	953	955	958	960	962	964	966
3 ans	927	930	934	937	940	943	946
4 ans	898	902	907	911	916	920	923
5 ans	866	872	878	883	888	893	898

Terme	12	12½	13	13½	14	14½	15
1 an	985	986	987	987	988	989	989
2 ans	968	970	971	973	974	976	977
3 ans	949	951	954	956	959	961	963
4 ans	927	931	934	937	941	944	946
5 ans	903	908	912	916	920	924	927

Terme	15½	16	16½	17	17½		
1 an	990	991	991	992	992		
2 ans	978	980	981	982	983		
3 ans	965	967	969	970	972		
4 ans	949	952	954	957	959		
5 ans	931	934	937	941	943		

Amortissement: 20 ans

Terme	8½	9	9½	10	10½	11	11½
1 an	980	981	982	983	984	985	986
2 ans	958	960	962	964	966	968	970
3 ans	934	937	941	944	947	950	952
4 ans	908	912	917	921	925	929	933
5 ans	880	885	891	896	901	906	910

Terme	12	12½	13	13½	14	14½	15
1 an	987	987	988	989	990	990	991
2 ans	972	973	975	976	978	979	980
3 ans	955	957	960	962	964	966	968
4 ans	936	939	943	946	949	951	954
5 ans	915	919	923	927	931	934	938

Terme	15½	16	16½	17	17½		
1 an	991	992	992	993	993		
2 ans	981	983	984	985	986		
3 ans	970	972	973	975	976		
4 ans	957	959	961	963	965		
5 ans	941	944	947	950	952		

Amortissement: 21 ans

Terme	8½	9	9½	10	10½	11	11½
1 an	982	983	984	985	986	987	988
2 ans	962	964	965	968	970	972	974
3 ans	940	944	947	950	953	955	958
4 ans	917	921	925	929	933	937	940
5 ans	891	897	902	907	912	916	921

Terme	12	12½	13	13½	14	14½	15
1 an	988	989	990	990	991	992	992
2 ans	975	977	978	979	981	982	983
3 ans	960	963	965	967	969	971	973
4 ans	944	947	950	953	956	958	961
5 ans	925	929	933	937	940	943	947

Terme	15½	16	16½	17	17½		
1 an	993	993	994	994	994		
2 ans	984	985	986	987	988		
3 ans	974	976	977	979	980		
4 ans	963	965	967	969	971		
5 ans	950	952	955	958	960		

Amortissement: 22 ans

Terme	8½	9	9½	10	10½	11	11½
1 an	983	984	985	986	987	988	989
2 ans	965	968	970	971	973	975	977
3 ans	946	949	952	955	958	960	963
4 ans	925	929	933	937	940	944	947
5 ans	902	907	912	917	921	926	930

Terme	12	12½	13	13½	14	14½	15
1 an	990	990	991	992	992	993	993
2 ans	978	980	981	982	983	984	985
3 ans	965	967	969	971	973	975	976
4 ans	950	953	956	959	961	964	966
5 ans	934	938	941	945	948	951	954

Terme	15½	16	16½	17	17½		
1 an	994	994	995	995	995		
2 ans	986	987	988	989	990		
3 ans	978	979	981	982	983		
4 ans	968	970	972	974	976		
5 ans	957	959	962	964	966		

Amortissement: 23 ans

Terme	8½	9	9½	10	10½	11	11½
1 an	985	986	987	988	989	989	990
2 ans	969	971	973	974	976	978	979
3 ans	951	954	957	960	962	965	967
4 ans	932	936	940	943	947	950	953
5 ans	911	916	921	925	930	934	938

Terme	12	12½	13	13½	14	14½	15
1 an	991	992	992	993	993	994	994
2 ans	981	982	983	984	986	987	988
3 ans	969	971	973	975	977	978	980
4 ans	956	959	962	964	967	969	971
5 ans	942	945	949	952	955	958	960

Terme	15½	16	16½	17	17½		
1 an	995	995	995	996	996		
2 ans	988	989	990	991	991		
3 ans	981	982	984	985	986		
4 ans	973	975	976	978	979		
5 ans	963	965	968	970	972		

Amortissement : 24 ans

Terme	8½	9	9½	10	10½	11	11½
1 an	986	987	988	989	990	991	991
2 ans	972	974	975	977	979	980	982
3 ans	955	958	961	964	966	969	971
4 ans	938	942	946	949	953	956	959
5 ans	926	924	929	933	937	941	945

Terme	12	12½	13	13½	14	14½	15
1 an	992	993	993	994	994	995	995
2 ans	983	984	985	986	987	988	989
3 ans	973	975	977	978	980	981	983
4 ans	961	964	966	969	971	973	975
5 ans	949	952	955	958	961	964	966

Terme	15½	16	16½	17	17½		
1 an	995	996	996	996	997		
2 ans	990	991	992	992	993		
3 ans	984	985	986	987	988		
4 ans	977	978	980	981	983		
5 ans	968	970	972	974	976		

Amortissement : 25 ans

Terme	8½	9	9½	10	10½	11	11½
1 an	988	989	989	990	991	992	992
2 ans	974	976	978	979	981	982	984
3 ans	960	962	965	968	970	972	974
4 ans	944	947	951	954	958	961	963
5 ans	926	931	936	940	944	948	951

Terme	12	12½	13	13½	14	14½	15
1 an	993	993	994	994	995	995	996
2 ans	985	986	987	988	989	990	991
3 ans	976	978	979	981	982	984	985
4 ans	966	968	971	973	975	977	978
5 ans	955	958	961	963	966	968	971

Terme	15½	16	16½	17	17½		
1 an	996	996	997	997	997		
2 ans	991	992	993	993	994		
3 ans	986	987	988	989	990		
4 ans	980	981	983	984	985		
5 ans	973	975	977	978	980		

Des formules pour tous les goûts

Depuis quelques années, les institutions financières (banques, fiducies, caisses populaires) mettent à la disposition des acheteurs de maisons différents programmes de remboursement accéléré, de prêts à versements hebdomadaires ou bimensuels, de prêts avec privilège de remboursement anticipé, d'hypothèques à taux variables, d'hypothèques dites « à l'abri », etc. Il existe à peu près autant de variantes que d'institutions, et il n'est pas toujours facile de s'y retrouver dans cet éventail.

La nécessité de mettre au point des formules qui faisaient moins mal au portefeuille de l'emprunteur s'est fait sentir lors de la folle ascension des taux hypothécaires, en 1981. Plusieurs initiatives sont venues des caisses populaires. Contrairement aux succursales bancaires, étroitement dépendantes des décisions du siège social, chaque caisse pop dispose d'une marge de manoeuvre suffisante pour lui permettre de lancer et de tester des nouveaux produits sur le marché. Mais aujourd'hui, banques, fiducies et caisses pop rivalisent d'imagination pour concocter de nouvelles formules de remboursement hypothécaire. Il importe de faire la distinction entre ces différentes propositions.

Au départ, on peut dire que toutes ces formules ont une chose en commun : il s'agit de propositions « chiffrables ». L'emprunteur peut (et doit), avant de s'engager, établir avec précision, à l'aide d'une table d'amortissement, ce qu'il lui en coûtera en bout de ligne. Certaines propositions peuvent sembler alléchantes au premier coup d'oeil, mais attention ! Un simple calcul, qui ne vous prendra que quelques minutes, vous apprendra peut-être que telle ou telle proposition n'est pas si avantageuse que cela. Il faut considérer tous ces programmes comme une aide, un coup de main aux emprunteurs qui ne peuvent planifier leur propre remboursement hypothécaire ou ne veulent pas s'en donner la peine. En aucun cas, il ne s'agit de véritables cadeaux : peu importe la formule adoptée, vous payez d'une façon ou d'une autre. Il peut être tout aussi, et même plus, avantageux de planifier son propre amortissement, armé, répétons-le, d'une bonne table de taux.

Les caractéristiques des principaux programmes sont les suivantes :

L'hypothèque dite « à l'abri »

Ce produit, mis au point par les caisses pop, protège l'emprunteur contre toute fluctuation excessive des taux d'intérêt hypothécaires. Elle est automatiquement accordée, sans frais, aux emprunteurs hypothécaires des caisses populaires. Son mécanisme est le suivant : lors du renouvellement de l'hypothèque, le versement mensuel de l'emprunteur ne peut pas augmenter davantage que le taux d'inflation, et le solde de l'hypothèque est rajusté en conséquence.

■ *Vous contractez une hypothèque de 40 000 $ pour un terme d'un an, amortie sur 20 ans, au taux de 10,5 p. cent. Vos versements mensuels seront de 393 $. Au bout d'un an, lorsque vient le moment de renouveler le prêt, les taux ont grimpé, disons, à 15 p. cent. Le solde de votre hypothèque, à ce moment-là, sera de 39 360 $ (vous avez payé 640 $ en capital depuis un an). Dans le cas d'une hypothèque conventionnelle, ces 39 360 $, prêtés à 15 p. cent, et amortis sur les 19 ans qu'il vous reste à payer, feront bondir votre versement mensuel à 510 $ par mois. Supposons maintenant que l'inflation, pendant l'année, a été de 7 p. cent. Ce taux d'inflation, appliqué au versement mensuel du premier terme, correspond à 421 $ (soit 393 $, plus 7 p. cent). C'est ce montant, 421 $ par mois, que vous devrez payer lors du renouvellement. C'est carrément inférieur aux 510 $ exigés lorsque le taux est de 15 p. cent. Dans l'hypothèse (probable) où vos revenus ont augmenté à un rythme sensiblement comparable à celui de l'inflation, vous êtes donc en mesure de faire face à cette augmentation. Voyons maintenant le prix que vous devez payer pour bénéficier de cette formule. L'institution prêteuse, pour se protéger, va ajuster le solde de votre hypothèque en conséquence, puisque vos paiements sont moins élevés qu'ils ne devraient l'être en réalité. Le nouveau solde, dans le cas qui nous occupe, sera de 40 037 $. En d'autres termes, vous* *augmentez votre dette de 677 $, mais vous épargnez 89 $ par mois sur votre versement hypothécaire (la différence entre 510 $ et 421 $).*

Comme une hypothèque conventionnelle, l'hypothèque « à l'abri » est renégociable lors du renouvellement. Vous pouvez en profiter pour diminuer votre capital, voire régler votre solde, ou même opter pour un autre genre d'hypothèque.

Ce genre d'hypothèque ne vise pas à accélérer le remboursement. L'hypothèque « à l'abri » est avant tout un moyen, pour l'emprunteur, d'obtenir l'assurance que ses paiements se situeront toujours à l'intérieur d'un corridor qu'il peut normalement se permettre de suivre. Elle offre une protection efficace contre les fluctuations des taux d'intérêt, mais n'est pas suffisante, à elle seule, pour réduire le montant que vous aurez à payer en bout de ligne.

L'hypothèque ouverte

L'hypothèque « ouverte » (par opposition à l'hypothèque « fermée ») n'est pas à proprement parler un nouveau produit. On peut s'en procurer depuis nombre d'années. Dans le cas d'une hypothèque fermée, vous vous engagez à verser un montant X pendant une certaine période de temps. Si, pour une raison ou une autre, vous désirez rompre les termes du contrat qui vous lie au prêteur, vous devrez payer une forte pénalité. Si forte, en fait, que cela en vaut rarement la peine.

■ *Vous avez emprunté, en 1984, 40 000 $ à 15 p. cent, pour un terme de cinq ans. Vous en avez encore pour deux ans à payer des versements de 514 $ par mois (nous supposons un amortissement de 20 ans). Trois ans plus tard, en 1987, les taux étant descendus à 11 p. cent, il serait très avantageux de renouveler votre hypothèque avant l'expiration du terme. Vos versements mensuels, d'un seul coup, baisseraient de 108 $! Mais vous ne le pouvez pas, parce que vous avez une hypothèque fermée et que la pénalité imposée par votre prêteur, dans un tel cas, a de bonnes chances de vous coûter tout autant, sinon plus. La seule solution est de prendre votre mal en patience jusqu'à l'échéance du terme.*

Avec une hypothèque ouverte, vous auriez pu, depuis un bon moment déjà, réduire votre versement mensuel. Le principe de l'hypothèque ouverte est simple : l'emprunteur, moyennant un supplément, a le privilège de rembourser son emprunt, en tout ou en partie, n'importe quand, sans subir de pénalité. «Rembourser son emprunt» ne signifie pas nécessairement se libérer de toute hypothèque en payant comptant. Cela veut dire, simplement, qu'on emprunte à un taux plus bas.

Le supplément varie selon les institutions, mais correspond généralement à une majoration oscillant de 1 p. cent environ du taux du prêt. Certaines institutions consentent des hypothèques ouvertes, suivant les conditions du marché, à un taux plus bas ou plus élevé, mais nous retiendrons la norme de 1 p. cent pour les fins de notre exemple :

Pour une hypothèque de 40 000 $, amortie sur 20 ans et consentie à un taux de 11 p. cent, les paiements mensuels sont de 406 $. En supposant que le taux soit fixé à 12 p. cent (c'est-à-dire en tenant compte du supplément de 1 p. cent), les paiements mensuels grimperont à 432 $. Dans un tel cas, il en coûte donc à l'emprunteur 26 $ par mois, ou 312 $ par année, pour bénéficier de ce privilège. C'est un coût relativement élevé.

Lorsque les taux d'intérêt sont à la baisse, l'hypothèque ouverte est évidemment fort attrayante. D'autre part, avec une hypothèque ouverte, vous ne subissez aucun inconvénient en cas de hausse de taux ; il suffit simplement de ne pas utiliser votre «privilège». Mais pendant toute la durée du terme, vous aurez payé 1 p. cent plus cher qu'avec une hypothèque conventionnelle. Mais comment savoir si les taux baisseront ou monteront, et dans quelle mesure, au cours des douze, quinze, vingt mois à venir ? Même les spécialistes peuvent facilement se tromper à ce sujet ! Dans les circonstances, l'hypothèque ouverte n'est-elle pas un dangereux jeu de roulette ? N'est-il pas un peu étourdi de laisser le hasard, en somme, intervenir lorsqu'il s'agit de ses propres fonds ? Surtout si on sait que la maison, pour la plupart d'entre nous, représente le placement le plus important de notre vie !

Certes, il y a là un élément de risque, et c'est pour cela que la grande majorité des emprunteurs préfèrent, avec raison, les hypothèques fermées. Mieux vaut assurer sa sécurité pendant quelques années que de s'en remettre au hasard.

Il y a quand même des situations où l'hypothèque ouverte peut être avantageuse. Ainsi, la formule intéressera les emprunteurs qui prévoient une importante entrée de fonds pendant la durée du prêt. Si, par exemple, un parent décédé vous a laissé un héritage substantiel que vous ne toucherez que dans quelques mois (à cause des formalités), ou encore que vous vous attendez à recevoir beaucoup d'argent de la vente d'éléments d'actif (un chalet, par exemple), ou qu'un parent sera en mesure de vous prêter à un taux moindre, ou sans intérêt, dans quelques mois, l'hypothèque ouverte est certainement intéressante.

L'hypothèque à taux variable

Il existe un produit encore plus risqué : l'hypothèque à taux variable. Ici, vous spéculez carrément sur les taux d'intérêt. Chez la plupart des institutions financières, le mécanisme de l'hypothèque à taux variable est le suivant : comme dans le cas d'une hypothèque conventionnelle, vous payez un montant fixe pendant la durée du terme. Mais à l'expiration, votre solde est ajusté en fonction des variations des taux qui ont eu cours pendant le terme.

■ *Vous contractez une hypothèque de 40 000 $ à taux variable amortie sur 15 ans, à 10,5 p. cent, pour un terme d'un an. Vos paiements mensuels seront, pendant un an, de 437 $. Mais, au bout de trois mois, les taux descendent à 10 p. cent. Cela ferait, théoriquement, des versements de 425 $. Deux mois plus tard, ils remontent à 10,5 p. cent. Le mois suivant, à 11 p. cent, ce qui correspond à 448 $. Le taux se stabilise ensuite à 12 p. cent pour le reste du terme, c'est-à-dire pour les cinq mois qui restent, pour des paiements théoriques de 473 $. À l'échéance du terme, le moment est venu de faire les comptes : votre prêteur vous créditera pour les périodes où vos paiements de 437 $ étaient supérieurs au montant correspondant au taux du marché, vous débitera pour les périodes où vous avez payé moins cher, et ajustera le solde en conséquence. Dans le cas qui nous occupe, votre nouveau solde, avec une hypothèque conventionnelle, aura été de 38 000 $. Mais avec les variations de taux qui,*

*dans notre exemple, vous ont légèrement défavorisé, votre solde
sera d'environ 200 $ plus élevé. Vous avez été chanceux : malgré
une faible hausse, les taux, dans notre exemple, sont demeurés
relativement stables. Une hausse subite aurait pu annuler votre
remboursement en capital. De la même façon, une forte baisse
aurait contribué à « payer » une partie de votre capital.*

Les coûts reliés à l'hypothèque à taux variable changent
beaucoup d'une institution à l'autre, et selon les conditions
du marché. Ces hypothèques peuvent être consenties aux mêmes taux que ceux du marché, ou à un taux légèrement supérieur (voire même, en certaines circonstances, inférieur). Ce
genre d'hypothèque n'est pas fait pour les gens nerveux. Il
s'adresse à ceux qui suivent de près le marché hypothécaire et
sont prêts à prendre des risques.

L'hypothèque à taux variable a une chose en commun
avec l'hypothèque ouverte : si les taux se mettent à descendre
pendant la durée de votre terme, vous jouez gagnant. Mais
s'ils grimpent, vous êtes pris « les culottes à terre » !

Les programmes de remboursement accéléré

Les institutions financières proposent de nombreux plans de
remboursement accéléré. Tous reposent sur le principe de
base que nous avons déjà vu : plus vous consacrez d'argent à
votre remboursement, plus votre dette diminue rapidement.
Résultat : vous épargnez des milliers de dollars en intérêts.

Ces formules sont habituellement avantageuses, dans la
mesure où elles ajoutent un nouvel atout au jeu de l'emprunteur. Mais attention : les institutions ne vous font aucun cadeau. Dans tous les cas, le principe est le même : vous augmentez vos mensualités et accélérez vos remboursements en
capital pour épargner des intérêts. Dans l'immédiat, cela vous
coûte plus cher. Mais, à plus long terme, ça en vaut largement
la peine.

Les programmes de remboursement accéléré varient considérablement d'une institution à l'autre. Les plus intéressants permettent à l'emprunteur d'augmenter ses mensualités avant l'échéance du terme. Le prêteur fixe un plafond, et
impose des restrictions quant à la fréquence de ces augmentations. Ce plafond peut se situer à 10 et 15 p. cent, mais les
institutions financières se montrent de plus en plus souples à

ce chapitre, et il est fréquent de voir des programmes qui permettent de doubler les mensualités! La fréquence est habituellement d'une augmentation par année, mais là aussi, cela varie, certains prêteurs n'imposant pas ou peu de restrictions.

Plusieurs institutions offrent la possibilité à l'emprunteur de diminuer son paiement mensuel s'il se rend compte, au bout de quelques mois, qu'il s'est imposé une augmentation trop difficile à supporter. Mais cette diminution ne doit pas ramener le versement à un niveau inférieur à ce qu'il était avant l'augmentation. Grâce à cette formule, l'emprunteur peut ajuster ses paiements, en cours de route, en fonction de ses revenus.

■ *Prenons une hypothèque de 50 000 $, consentie à 11 p. cent et amortie sur 25 ans. Cela représente des versements mensuels de 481 $. Dans une institution qui permet, par exemple, une augmentation des mensualités allant jusqu'à 15 p. cent, une fois par année, l'emprunteur pourra rapidement porter ses versements à 553 $ (soit 481 $, plus 15 p. cent). La période d'amortissement et le calcul des intérêts qui en découle seront modifiés en fonction de cette « hausse volontaire » et, en bout de ligne, l'emprunteur épargnera des dizaines de milliers de dollars en intérêts. Ce plafond imposé par le prêteur n'est, répétons-le, qu'une limite maximale ; rien n'empêche l'emprunteur d'augmenter ses paiements mensuels selon ses priorités. Ainsi, dans notre exemple, l'emprunteur peut fixer ses versements à n'importe quel niveau, entre 481 $ et 553 $.*

Certains prêteurs offrent aussi la possibilité de rembourser, sans pénalité et avant l'expiration du terme, une partie du capital d'origine. Cette formule aussi est soumise à des restrictions quant au pourcentage et à la fréquence. Là aussi, cela varie selon l'institution : on autorise habituellement des remboursements de 10 ou 15, parfois 20 p. cent du capital.

En réduisant le montant de sa dette hypothécaire, l'emprunteur réduit évidemment ses paiements mensuels. Il peut aussi, comme dans le cas précédent, choisir de payer autant qu'avant, et en profiter pour réduire son étalement, toujours dans le but d'épargner des milliers de dollars en intérêts.

Ces formules ne sont pas offertes partout, et leurs modalités, répétons-le, varient beaucoup d'un prêteur à l'autre. L'emprunteur a intérêt à magasiner, armé d'une bonne table d'amortissement, avant de prendre une décision.

Évidemment, rien ne vous empêche de planifier vous-même votre propre programme de remboursement accéléré.

L'hypothèque à versements hebdomadaires

Plusieurs emprunteurs peuvent considérer l'hypothèque à versements hebdomadaires comme un instrument plus pratique que la traditionnelle hypothèque à versements mensuels. D'accord, si cela peut vous accommoder. Mais c'est loin d'être son principal avantage. On peut en effet utiliser ce genre d'hypothèque pour accélérer son remboursement. Sans vous en apercevoir, vous payez un peu plus à chaque mois que dans le cas de versements mensuels. À chaque année, vous vous trouvez à effectuer treize versements hypothécaires au lieu de douze. Tout comme les formules de remboursement accéléré, les versements hebdomadaires vous permettent d'économiser des milliers de dollars en intérêts, tout en diminuant la période de remboursement.

Là aussi, vous payez plus cher. Mais, et c'est ce qui rend la formule intéressante, cela est à peine perceptible. Sur un versement hypothécaire mensuel de 500 $, la différence atteint une dizaine de dollars par semaine.

Il va de soi que tous les programmes de remboursement accéléré doivent être envisagés selon vos moyens. Peu importe la méthode choisie, il n'est jamais avantageux de vider son compte en banque pour diminuer son solde hypothécaire, ou de se priver de l'essentiel pour augmenter ses paiements mensuels.

C'est d'ailleurs pour cela que ces formules sont souples. Vous pouvez choisir un programme de remboursement accéléré, mais rien ne vous oblige à vous prévaloir des options qu'il vous offre. Cela dépend de vos moyens. Ces programmes sont consentis aux mêmes taux que ceux du marché, et sans frais additionnels.

Le transfert d'hypothèque

Jusqu'à tout récemment, le transfert d'une hypothèque d'une institution à l'autre, lors du renouvellement, supposait des frais assez élevés, puisque l'on considérait cela comme une nouvelle demande d'hypothèque. L'emprunteur devait se soumettre à toutes les procédures habituelles, et cela pouvait lui coûter 300 $, 400 $, voire plus. Aujourd'hui, vous pouvez le faire pour environ 65 $ à 85 $, dans la plupart des institutions financières, grâce à la technique du paiement par subrogation. Il suffit, pour cela, de passer à l'institution chez qui vous voulez transférer l'hypothèque. On s'occupera des formalités. Cela peut être fort utile si l'institution qui détient déjà votre hypothèque impose des taux supérieurs à ceux du marché.

Un an, trois ans, cinq ans ?

Lorsque vient le moment de contracter ou de renouveler une hypothèque, une question revient inévitablement à l'esprit : quelle est la longueur du terme qui correspond le mieux à ses besoins ? Comment faire le meilleur choix entre les termes d'un an, deux ans, trois ans, cinq ans, sept ans ?

Question difficile, parce qu'elle est liée à des facteurs sur lesquels vous n'avez aucun contrôle. Lorsqu'on achète une maison, il est possible de trouver le prêteur qui offre les plus bas taux sur le marché, on peut toujours profiter de divers programmes et subventions, on peut répartir l'amortissement de son prêt selon ses moyens et ses besoins. Mais on ne peut RIEN contre les fluctuations des taux d'intérêt.

■ *Faisons un saut dans le temps : nous sommes en 1979, et les taux d'intérêt hypothécaire oscillent autour de 11 p. cent. Tout le monde crie au meurtre. Cinq ans plus tôt, les taux hypothécaires dépassaient pour la première fois la barre des 10 p. cent, et les emprunteurs trouvaient déjà cela épouvantable. Les jeunes ménages qui avaient, en 1974, contracté à contrecoeur une hypothèque à 10 p. cent, ont peine à se résigner à 11 p. cent. D'autant plus que beaucoup de spécialistes s'entendent : c'est trop haut, beaucoup trop haut. Plusieurs conseillent aux gens de renouveler pour un an seulement : « L'an prochain, les taux reviendront à des niveaux plus acceptables. Ne vous engagez pas à long terme avec une hypothèque à 11 p. cent ! »*

Des milliers d'emprunteurs se présentent donc chez leurs prêteurs et demandent des renouvellements d'un an. Mais ils ne sont pas au bout de leurs peines. Plusieurs institutions prêteuses ont écouté les conseils des mêmes spécialistes, et déconseillent les renouvellements sur des termes d'un an, encourageant plutôt le long terme.

Deux ans plus tard, les taux d'intérêt hypothécaire sont à 21 p. cent! Les emprunteurs qui se sont laissé séduire par les arguments du prêteur, renouvelant à long terme, sont morts de rire avec leur hypothèque à 11 p. cent! Il en va autrement du prêteur, qui se ronge les ongles, piaffant d'impatience en attendant l'échéance du prêt.

Retirons une leçon de l'expérience : personne ne peut prévoir avec certitude ce que seront les taux hypothécaires dans un an, ou trois, ou cinq. Insistons là-dessus : PERSONNE !

Il y a encore une dizaine d'années, les taux étaient relativement stables, de sorte que l'on pouvait, avec quelque raison, s'appuyer sur les prévisions des spécialistes. Ce qui explique notre exemple de tout à l'heure. Les mouvements en dents de scie survenus entre 1979 et 1982 ont chambardé les règles du jeu. Aujourd'hui, si, d'aventure, quelque prévisionniste se risque à statuer que les taux d'intérêt hypothécaire seront de tant dans trois ans, très peu de gens y prêteraient attention.

Cela ne veut pas dire que les spécialistes du marché se trompent toujours ! Il est assez facile de relever leurs mauvaises prévisions. La critique est facile...

...mais l'art est difficile, et on doit ajouter, à leur crédit, que leur «moyenne au bâton», surtout lorsqu'on parle de court terme (un an et moins), est assez bonne. Il n'est donc pas forcément mauvais d'écouter ce qu'ils ont à dire.

Cela dit, est-il possible de choisir le terme de son renouvellement pour épargner le plus d'argent possible ? Il existe certainement, en tout cas, une règle qui vous permettra de mettre le plus de chances de votre côté. Plus les taux sont bas, plus on emprunte à long terme. Plus les taux sont élevés, plus on emprunte à court terme.

Mais comment savoir si les taux sont «bas» ou «élevés»?

Hélas ! Il n'existe pas de formule magique pour cela. Toutefois, il y a une démarche que tout emprunteur aurait avantage à effectuer. Cela ne lui nuira certainement pas dans sa prise de décision. Il s'agit de comparer le taux d'intérêt hypothécaire au taux d'inflation, publié à chaque mois par Statistique Canada et reproduit dans tous les médias.

Cet exercice permet de mesurer le niveau réel des taux d'intérêt. Plus l'écart est important, plus les taux d'intérêt sont, en réalité, élevés.

Lequel de ces deux taux d'intérêt est le plus élevé : 18 p. cent, lorsque l'inflation est à 13 p. cent, ou 12 p. cent, lorsque l'inflation est à 4 p. cent ? C'est, évidemment, le deuxième. On aura cependant vite compris qu'il s'agit là d'une mesure qui relève davantage de la macro-économie que de la réalité concrète des acheteurs de maisons. Allez donc convaincre quelqu'un qu'il est plus avantageux de payer du 18 que du 12 p. cent, inflation ou pas ! La comparaison, en fait, intéressera surtout les épargnants, en leur donnant une meilleure idée du rendement réel de leurs dépôts. Pour l'emprunteur hypothécaire, cet exercice peut donner un indice : plus l'écart est important, plus les taux réels sont élevés et auraient donc, en principe, tendance à descendre. Plus l'écart est mince, plus les taux auraient tendance à monter. Cela, dit au conditionnel, ne veut rien dire de plus ! Autrement dit, il serait très mal indiqué d'asseoir le terme de son renouvellement uniquement sur la différence entre l'inflation et les taux d'intérêt. Cet écart constitue un indicateur. Il n'est pas infaillible. Par contre, l'emprunteur qui en tient compte a davantage de chances de prendre une bonne décision que l'emprunteur qui l'ignore.

Les facteurs financiers ne sont toutefois pas seuls à entrer en ligne de compte. Il existe une différence fondamentale entre les hypothèques à court et à long terme. De façon générale, l'hypothèque à long terme coûte plus cher, mais c'est le prix qu'il faut payer pour acheter votre tranquillité d'esprit pendant une longue période. À l'inverse, l'hypothèque à court terme est un instrument extrêmement souple, qui vous permet de profiter pleinement d'éventuelles baisses de taux d'intérêt.

Le long terme : tranquillité d'esprit assurée

L'avantage d'emprunter à long terme (cinq ans, parfois quatre) est d'obtenir une protection contre toute hausse de taux pendant une certaine période de temps. Dans les circonstances, il va de soi que l'emprunt à long terme constitue une aubaine lorsque les taux sont bas. Les institutions ont commencé à offrir des termes de sept et de dix ans, mais ce produit ne semble séduire qu'une petite minorité de consommateurs.

De la même façon, lorsque vous contractez une nouvelle hypothèque, le long terme peut être attrayant. En principe, l'effort que vous devez fournir pour faire face à votre versement mensuel diminuera avec le temps. Dans des circonstances normales, votre revenu augmente et, à chaque renouvellement de l'hypothèque, les paiements mensuels diminuent. Dans le cas d'une nouvelle hypothèque, si les taux sont raisonnables, il est souvent indiqué d'«acheter sa tranquillité d'esprit» en contractant une hypothèque à long terme. Pendant les années où l'effort est le plus grand, on sait ainsi à quoi s'en tenir pour quatre ou cinq ans, et on peut planifier plus efficacement ses finances personnelles.

Naturellement, les taux à long terme peuvent être sensiblement plus élevés que ceux à court terme. C'est normal : les prêteurs aussi ont besoin de s'assurer un certain niveau de «protection». Les institutions offrent également des taux plus élevés aux épargnants qui s'engagent à long terme.

L'écart peut atteindre jusqu'à deux points de pourcentage. Pour une hypothèque de 50 000 $ amortie sur 25 ans, cela peut représenter 70 $ par mois de différence. Si l'écart entre les termes d'un an et de cinq ans est de 1,5 p. cent, la différence oscillerait autour de 53 $. À 1 p. cent, la différence n'est plus que de 35 $. À vous de calculer jusqu'à quel point vous pouvez vous permettre ce supplément pour respirer à l'aise pendant plus longtemps. Il faut se rappeler que plus l'écart est mince entre les taux à court et à long terme, plus il est intéressant de considérer cette deuxième option (toujours à la condition que les taux ne soient pas excessifs).

Parfois, selon les conditions du marché, il peut arriver que les taux d'intérêt hypothécaire soient plus élevés à court terme qu'à long terme. C'est plutôt rare, mais ça s'est vu : début 1980, par exemple, les hypothèques d'un an étaient à 14,5 p. cent, et celles de cinq ans, à 13,5 p. cent. Dans un tel cas, cela signifie que le marché est très instable, et les emprunteurs auraient intérêt, c'est le cas de le dire, à acheter leur sécurité en renouvelant à long terme.

Le court terme : souplesse

Le gros avantage du court terme (un an, parfois deux) est de vous permettre de profiter des baisses éventuelles de taux d'intérêt, tout en ayant la possibilité de modifier fréquemment le solde de l'hypothèque, selon l'évolution de votre situation financière. C'est une formule qui vous permet plus de souplesse que le long terme. Lorsque les taux sont très élevés (et qu'ils devraient donc, en principe, redescendre), le court terme devient très avantageux.

Certains emprunteurs préfèrent renouveler d'année en année, pour ainsi profiter de ces avantages. Les spécialistes du marché hypothécaire ont remarqué que les emprunteurs optant pour le renouvellement d'année en année se tirent généralement assez bien d'affaire. Mais ils assument évidemment le risque qu'en cas de hausse subite leurs versements mensuels grimperont en flèche au prochain renouvellement... pour un an. On n'a rien pour rien, de nos jours !

Le renouvellement à moyen terme (trois ans, parfois deux ou quatre) constitue souvent une bonne solution lorsqu'on parle de taux intermédiaires. Si les taux ont tendance à monter, on peut tenter de se protéger en optant pour quatre ans. S'ils ont tendance à descendre, on peut y aller pour deux ans dans l'espoir qu'à l'échéance on pourra profiter de taux encore plus bas. Mais cela demeure, dans une grande mesure, un coup de dés. À l'intérieur d'une période de quatre ans, les taux d'intérêt peuvent partir d'un niveau relativement raisonnable, grimper en flèche jusqu'à un niveau démentiel, puis entreprendre une plongée vertigineuse à des niveaux encore plus bas qu'au départ. En 1981, en un an, les taux sont passés de 13 à 21,25 p. cent !

Aide-mémoire

■ Vous pouvez épargner des dizaines de milliers de dollars en planifiant soigneusement le remboursement de votre hypothèque.

■ Le secret : raccourcir l'amortissement au maximum, mais toujours selon vos moyens.

■ Un outil-clé : la table d'amortissement des prêts hypothécaires.

■ Sachez peser le pour et le contre des nombreux produits hypothécaires offerts sur le marché.

■ Le long terme, avantageux lorsque les taux d'intérêt sont bas au moment du renouvellement, assure la tranquillité d'esprit de l'emprunteur pendant une longue période.

■ Le court terme, avantageux lorsque les taux d'intérêt sont élevés au moment du renouvellement, peut faire profiter l'emprunteur d'éventuelles baisses de taux, et lui permet, à brève échéance, de modifier le solde de l'hypothèque à volonté.

■ Personne ne peut prévoir, aujourd'hui, ce que seront les taux d'intérêt dans deux ans, trois ans, cinq ans... Personne !

8

vos placements

Une stratégie
selon vos moyens

On ne le répétera jamais assez : l'argent qu'on ne dépense pas est plus important que l'argent que l'on gagne. Avant de dépenser, et c'est la règle d'or qu'il faut retenir en toutes circonstances, il faut être sûr d'en avoir les moyens. C'est bien beau de magasiner auprès des institutions financières pour obtenir un meilleur rendement sur ses dépôts à terme, de se renseigner sur les abris fiscaux, les véhicules de placement (y compris la Bourse), mais tout cela ne servira pas à grand-chose si vous n'avez pas d'abord établi de budget. Cela dit, vous pouvez parfaitement organiser vos placements de façon à obtenir le maximum de rendement.

Quand on parle placement, la première image qui nous vient souvent à l'esprit est celle d'une personne fortunée qui vit confortablement de ses dividendes ! Illusion ! Même si vos revenus ne sont pas considérables, il se peut que vous laissiez dormir inutilement un montant appréciable dans un compte d'épargne à faible rendement, ou que vous ne profitiez pas d'avantages fiscaux simples et accessibles, comme les régimes enregistrés d'épargne-retraite (REÉR).

Il est important, pour tout le monde, d'avoir sa propre stratégie de placements.

Les institutions financières vous proposent d'innombrables façons de placer votre argent. On ne peut pas vraiment dire qu'une telle façon est plus attrayante que l'autre. Cela dépend, en définitive, de vous. Peut-être préférez-vous sacrifier le haut rendement au profit de la flexibilité ? Ou, si vos moyens le permettent, risquer davantage pour obtenir plus ? Dans tous les cas, l'essentiel est de bien connaître les caractéristiques des différents produits, et d'orienter sa stratégie en conséquence. Retenons ici deux grands principes :

☐ Dans à peu près tous les cas, le rendement augmente avec le risque;

☐ L'investisseur doit toujours s'assurer de bien comprendre ses engagements.

On peut classer les placements selon une gradation à six échelons. Au bas de l'échelle, nous avons les placements les plus sûrs, et le risque augmente au fur et à mesure que l'on gravit les échelons.

1) L'épargne (dépôts bancaires).
2) L'immobilier.
3) Les obligations (autres que les obligations d'épargne).
4) Les actions.
5) Les collections, antiquités, oeuvres d'art, et autres biens semblables.
6) Les métaux précieux, marchés à terme, et autres produits spéculatifs.

Certes, cette gradation n'est pas infaillible. On peut réaliser une fortune avec une collection d'oeuvres d'art, et perdre sa chemise dans l'immobilier. Considérons simplement que, règle générale, on court moins de risques avec un certificat de dépôt qu'avec une action (même avec des actions de l'entreprise la plus solvable que vous pouvez imaginer), et ainsi de suite.

La stratégie de base de tout investisseur devrait normalement consister à considérer les échelons comme autant d'étapes qu'il faut franchir dans l'ordre. En d'autres termes, ne pas se lancer dans l'immobilier avant d'avoir mis de côté un coussin d'épargne substantiel, ne pas « entrer » sur le marché boursier avant d'avoir réglé, du moins en bonne partie, ses prêts hypothécaires, et ne s'intéresser aux métaux précieux que lorsqu'on a un portefeuille d'épargne, d'actions et d'obligations bien équilibré.

L'épargne

L'épargne est la forme de placement la plus connue, la plus accessible, et la plus facile à comprendre.

Les institutions financières offrent une variété considérable de comptes d'épargne. Tous ces produits se caractérisent par un rendement relativement faible, mais par une grande flexibilité; vous pouvez retirer vos fonds quand vous le voulez, mais vous payez ce privilège assez cher, puisque l'intérêt versé sur ces comptes est nettement inférieur à celui des dépôts à terme.

Pour le petit épargnant, il n'y a pas une grande différence entre ces divers comptes, quant au rendement. Les taux changent continuellement d'une institution à l'autre, mais l'écart entre la plus et la moins généreuse dépasse rarement un point de pourcentage. La différence, dans les faits, oscille généralement d'environ un demi-point. En supposant que vous laissiez dormir 2 000 $ dans un compte d'épargne stable pendant un an, ce demi-point de pourcentage représente, en bout de ligne, la fabuleuse somme de 10 $! Cela ne vaut donc pas la peine de se casser la tête pour trouver les taux d'intérêt les plus avantageux. Pour des gros dépôts, comme dans le cas d'une hypothèque, il peut être plus avantageux de « magasiner » d'une institution à l'autre, de comparer les conditions.

Les progrès de l'électronique permettent aux banques de calculer l'intérêt quotidien sur les comptes d'épargne. Cela est avantageux pour le déposant, mais comme les taux versés dans les comptes à intérêt quotidien sont inférieurs à ceux des comptes d'épargne stable où l'intérêt est généralement calculé sur le solde mensuel minimal, cela revient, au bout du compte, à échanger quatre 25 cents pour un dollar !

Certaines institutions peuvent offrir des taux nettement plus élevés que les autres sur les comptes d'épargne, mais exigent par contre le maintien d'un solde minimal assez élevé. Il n'y a aucun inconvénient, dans ces circonstances, à déposer dans un tel compte, puisque les fonds peuvent être retirés sur simple demande du déposant.

Les comptes combinés, offrant un intérêt quotidien et la possibilité de tirer des chèques, sont de plus en plus populaires, et cela se comprend : ils permettent au déposant de retirer un maximum d'intérêt sans subir les inconvénients du compte d'épargne stable (où, de façon générale, seuls les retraits au comptoir sont permis). Toutefois, on doit généralement y conserver un solde minimal élevé si on veut éviter les frais d'administration et retirer de bons revenus d'intérêt. Dans la plupart de ces comptes, en effet, on ne verse qu'un intérêt dérisoire si le solde descend au-dessous d'un certain minimum fixé d'avance.

Il n'est pas avantageux de laisser dormir d'importants montants dans les comptes d'épargne. Peu importe leurs caractéristiques, ils offriront des rendements inférieurs aux dépôts à terme et certificats garantis. C'est pour cela qu'on devrait se limiter à y maintenir le solde nécessaire à ses opérations budgétaires courantes. L'excédent, s'il y en a un, devrait être dirigé vers d'autres formes de dépôt, qui sacrifient la flexibilité (vous acceptez d'immobiliser votre capital pendant un certain temps) au rendement.

Dans la plupart des institutions, on trouve des dépôts à court terme, dont l'échéance peut varier de 30 à 364 jours, ainsi que des dépôts à terme et des certificats garantis dont l'échéance varie de un à cinq ans.

□ Les dépôts à court terme rapportent un intérêt plus généreux que les comptes d'épargne, mais supposent généralement un montant minimal relativement élevé : habituellement 5 000 $, bien que cela puisse varier selon les institutions. En cas de besoin, vous pouvez récupérer votre capital avant l'expiration du terme, mais l'institution vous pénalisera lourdement. Cette pénalité, la plupart du temps, prend la forme d'une coupure radicale au niveau des intérêts.

□ Les dépôts à terme, dont l'intérêt est versé annuellement, concernent des périodes de un à cinq ans. L'intérêt y est généralement plus élevé que dans les dépôts à court terme, mais le montant minimal est beaucoup moins élevé. La majorité des institutions accepte des dépôts à terme à partir de 1 000 $. Comme dans le cas des dépôts à court terme, vous pouvez récupérer votre capital avant l'échéance, moyennant une forte pénalité.

□ Les certificats de dépôt garantis sont les plus généreux de ces produits, et le taux d'intérêt peut atteindre, dans certains cas, le double des taux versés dans les comptes d'épargne. Mais, contrairement aux dépôts à terme, ils ne sont pas encaissables. Le montant minimal n'est pas élevé : habituellement 1 000 $, bien que certaines sociétés de fiducie émettent des certificats pour 500 $.

Il appartient à l'épargnant de magasiner pour trouver le produit qui lui convient le mieux. Les journaux publient régulièrement des tableaux comparatifs permettant au déposant de se faire rapidement une idée des taux en vigueur.

De façon générale, plus l'échéance est éloignée, plus le rendement est élevé.

Comment protéger ses dépôts contre les fluctuations des taux ?

Pour l'épargnant, l'achat de dépôts à terme pose toujours un casse-tête, dans la mesure où il peut être, en un certain sens, victime des fluctuations des taux d'intérêt. Supposons que vous placez tout votre argent dans un dépôt à terme de cinq ans, disons, à 7,5 p. cent. Au bout de deux ans, les taux d'intérêt s'étant remis à grimper entre-temps, on retrouve sur le marché des dépôts offrant du 11 p. cent. Vous n'avez qu'à vous mordre les pouces, puisque votre capital est immobilisé pour encore trois ans. Vous pourriez évidemment récupérer votre capital et acheter de nouveaux dépôts, mais, compte tenu de la pénalité que vous devrez payer, il est loin d'être évident que ce sera une bonne décision.

D'un autre côté, si vous décidez de placer tout votre argent dans un dépôt à terme d'un an à 7,5 p. cent et que, au bout d'un an, les taux sont descendus à 5 p. cent, vous avez encore joué perdant !

Il va de soi que le contraire de tout cela est également vrai : vous pourrez vous frotter les mains si les taux baissent alors que vous avez placé à long terme, ou s'ils montent quand vous avez placé à court terme.

Placer toutes ses épargnes dans un seul dépôt relève donc du coup de dés, puisque personne ne peut prédire l'évolution des taux d'intérêt pour un an ou deux, encore moins pour cinq ans. Vous pouvez évidemment obtenir d'excellents rendements si vous êtes chanceux, mais aussi de piètres résultats si vous êtes malchanceux.

Une bonne solution, pour éviter de laisser le hasard faire les choses à votre place, est de répartir votre capital en trois tranches égales. Vous placez le premier tiers à un an, le deuxième à trois ans, et le dernier à cinq ans.

Si les taux descendent, au bout d'un an, les deux tiers de votre capital seront protégés. S'ils montent, vous serez en mesure d'en profiter sur le tiers de votre capital.

Un mot sur l'assurance-dépôts

Au Canada, tous les dépôts effectués dans des banques, caisses populaires ou sociétés de fiducie sont automatiquement protégés par l'assurance-dépôts. Cette assurance, fédérale pour les banques et pour les sociétés de fiducie à charte fédérale, et provinciale pour les caisses populaires et les sociétés de fiducie relevant du provincial, est la même aux deux niveaux : 60 000 $ par personne et par institution. Cela veut dire que, dans l'éventualité où l'institution qui a reçu votre dépôt se trouverait dans l'incapacité de le rembourser, c'est l'assurance-dépôts qui le fera, jusqu'à concurrence de 60 000 $.

□ Enfin, les obligations d'épargne émises par les gouvernements du Québec et du Canada constituent des véhicules de placement très populaires. Leur rendement est parfaitement comparable, souvent supérieur, à celui des dépôts à terme. Mais, et c'est leur grand avantage, ils sont encaissables en tout temps. Si les taux d'intérêt se mettent à descendre, vous restez bien assis sur votre obligation d'épargne. S'ils se mettent à grimper ou si vous avez la chance de trouver un rendement supérieur ailleurs, ou encore si, pour quelque raison que ce soit, vous avez besoin de récupérer votre argent, vous pouvez encaisser votre obligation d'épargne sans subir de pénalité quant aux intérêts.

Sur les obligations déjà émises, les gouvernements peuvent majorer les taux en fonction de l'évolution du marché.

Les obligations d'épargne constituent un excellent moyen de vous forcer à épargner. Votre employeur peut, en effet, déduire de votre salaire, à chaque période de paie, le montant nécessaire à l'acquisition d'une obligation d'épargne. Au bout d'un an, sans que vous ne vous en aperceviez vraiment, vous amassez ainsi un joli petit capital, plus les intérêts.

Les gouvernements émettent des obligations d'épargne à intérêt régulier (ou intérêt simple) et à intérêt composé. Les deux formules ont leurs avantages et leurs inconvénients :

□ Les obligations d'épargne à intérêt simple vous permettent de recevoir votre intérêt, en bel argent sonnant, à la fin de chaque année. Si vous avez acheté 5 000 $ d'obligations à 7,75 p. cent, vous recevrez au bout d'un an un chèque de 387,50 $. Par contre, si vous encaissez des obligations dans les deux mois qui précèdent la date d'échéance (donc, en septembre ou octobre pour les obligations fédérales, et en avril ou mai pour les obligations provinciales), vous ne recevrez pas tout de suite le montant qui vous est dû (capital et intérêts), parce qu'un chèque couvrant la totalité des intérêts de l'année a déjà été émis à votre nom.

☐ Les obligations d'épargne à intérêt composé sont plus avantageuses, puisque les intérêts s'accumulent avec le temps. Dans l'exemple que nous venons de voir, les intérêts seront les mêmes, au bout d'un an, soit 387,50 $. Mais la deuxième année, ils seront calculés non sur 5 000 $, mais sur 5 387,50 $. Plus longtemps on garde ses obligations à intérêt composé, plus c'est avantageux. Les obligations d'épargne à intérêt composé ont un gros inconvénient: vous devez déclarer les intérêts à l'impôt avant de les avoir encaissés. Il n'est pas conseillé, en effet, d'attendre pour déclarer ses intérêts, puisque vous risquez ainsi de ne pas profiter au maximum de la déduction pour intérêts et dividendes. De toute façon, le fisc vous oblige à déclarer vos intérêts au moins une fois à tous les trois ans, que vous ayez ou non encaissé vos obligations.

Il appartient à chaque épargnant de déterminer le mode qui lui convient le mieux.

Avant d'envisager d'autres formes de placement, assurez-vous d'avoir de côté, sous forme d'obligations d'épargne, de comptes d'épargne ou de dépôts à terme, une réserve substantielle. Vos assurances-vie comportant une valeur de rachat, ainsi que votre régime enregistré d'épargne-retraite, font aussi partie de cette réserve.

Dans tous les cas, il est important de penser en termes de RENDEMENT RÉEL. Qu'est-ce qui est plus payant: un dépôt rapportant du 14 p. cent, ou un autre dont le taux d'intérêt est de 9 p. cent? Le premier, pourrait-on répondre spontanément. Pas sûr! Tout dépend du taux d'inflation. Nous avons déjà vu ce principe dans le cas des hypothèques. Cela vaut aussi pour les dépôts: il est bien beau de placer son argent à 14 p. cent, mais si le taux d'inflation est à 12 p. cent, comme cela s'est vu il n'y a pas si longtemps, le rendement réel n'est pas très alléchant! L'inflation vient pratiquement gruger tous vos revenus d'intérêt, et vous n'êtes pas plus avancé qu'avant!

Par contre, si votre rendement est de 9 p. cent mais que l'inflation est à 4 p. cent, vous avez là un écart sensationnel! Votre capital croît à un rythme deux fois plus rapide que la hausse des prix, et le rendement net sur vos dépôts, en de telles circonstances, peut s'avérer un placement plus intéressant (parce que de bon rapport, et beaucoup moins risqué) que d'autres véhicules plus sophistiqués!

L'immobilier

Une fois que l'on peut s'appuyer sur un compte d'épargne bien garni, la démarche suivante consiste à investir dans l'immobilier. Attention ! Cela ne signifie pas nécessairement l'acquisition d'un bloc à appartements ou d'un centre commercial ! Dès que vous achetez une maison unifamiliale, un condo ou un chalet, vous investissez dans l'immobilier.

Pour la majorité d'entre nous, l'achat d'une maison constitue le placement le plus important de notre vie ! Cela est tellement important que ce livre y consacre tout un chapitre.

En d'autres termes, vous pouvez :

1 — épargner ;
2 — acheter une maison ;
3 — passer à l'échelon suivant.

Rien ne vous empêche, au fur et à mesure que vos revenus augmentent, d'acheter une maison plus chère ou une résidence secondaire. La maison unifamiliale est un des meilleurs « abris fiscaux » qui soient : vous ne payez pas un cent d'impôt sur la valeur qu'elle prend avec les années !

L'investissement dans l'immobilier, au-delà de la maison unifamiliale, du duplex ou du triplex, n'est pas très risqué, puisque la valeur de revente de l'immeuble est toujours là. Mais c'est un placement qui sous-entend, dans tous les cas, une bonne dose de tracas, d'ennuis et de soucis. Il faut être prêt à y mettre le temps et les efforts nécessaires.

L'investissement dans une propriété à revenus repose sur un principe simple : les loyers et les généreux avantages fiscaux financent l'achat de la propriété et, au bout d'un certain nombre d'années, vous vous retrouvez seul propriétaire de l'immeuble, qui, entre-temps, aura probablement pris de la valeur. Vous pouvez le revendre avec un joli gain en capital ou encore continuer à l'exploiter et empocher ainsi de substantiels bénéfices.

Attention, toutefois ! Même si tout cela semble alléchant, rien ne garantit que vous réaliserez une fortune dans l'immobilier. Vous pouvez même y perdre beaucoup d'argent et y laisser une partie de votre santé, qui n'a pas de prix ! Avant de vous lancer dans l'immobilier, deux considérations importantes doivent entrer en ligne de compte :

☐ D'abord, le prix de l'immeuble. Beaucoup de petits propriétaires rêvant de faire de l'argent en achetant un immeuble à appartements ont dû déchanter rapidement, parce qu'ils avaient payé trop cher. Les spécialistes de l'immobilier considèrent que le prix de l'immeuble, selon une évaluation prudente et raisonnable, devrait correspondre à six fois l'ensemble des revenus annuels de loyers. Prenons le cas d'un petit immeuble de six logements, chacun d'eux rapportant un revenu de location de 400 $ par mois. L'ensemble des loyers représente donc 2 400 $ par mois, ou 28 800 $ par année. Multipliez maintenant ce montant par six, et cela vous donne le prix maximal que vous pourrez payer pour l'immeuble, soit 172 800 $. Lorsque la demande est très forte dans une ville ou un secteur en particulier, il est possible que cette norme éclate, et qu'il soit impossible d'acheter un immeuble correspondant à cette règle. À la rigueur, on peut donc, puisqu'il s'agit d'un marché actif et que les prix auraient donc de bonnes chances de continuer à grimper, se permettre des multiples de sept, voire de huit. Quand on atteint ou dépasse le multiple de neuf, cela peut être dangereux. À ce moment, on mise surtout sur l'appréciation rapide de l'immeuble, quitte à subir des pertes d'exploitation entre-temps.

☐ La deuxième considération est encore plus importante. Elle porte sur vos aptitudes à administrer un immeuble. Êtes-vous capable d'effectuer vous-même les nombreux petits travaux de réparation et d'entretien, ou vous faudra-t-il payer pour que quelqu'un d'autre le fasse à votre place ? Quelle attitude allez-vous prendre à l'égard des locataires retardataires dans le paiement de leur loyer, ou peu respectueux de votre bien ? Avez-vous les nerfs assez solides pour passer de bonnes nuits paisibles quand un logement demeure vacant pendant plusieurs mois, entraînant ainsi un important manque à gagner ? Dans quelle mesure êtes-vous prêt à mettre vous-même l'énergie et le temps nécessaires à l'administration de l'immeuble ? En un mot, c'est bien beau de vouloir faire de l'argent dans l'immobilier, mais si vous n'avez pas le goût de le faire, si l'immobilier ne vous intéresse pas, oubliez cela ! Votre santé et votre équilibre sont bien plus importants. Vous pouvez, évidemment, confier tous ces problèmes à une maison spécialisée. Ce peut être une bonne solution pour ceux qui veulent investir dans l'immobilier avec un minimum de tracas. Mais dans ce cas, vos dépenses augmenteront en conséquence, puisque ces maisons spécialisées exigeront des honoraires, et il faudra tenir compte de ces frais additionnels.

L'achat d'un immeuble à revenus doit toujours être accompagné de la plus grande prudence. Il est vivement conseillé, avant de vous lancer dans une telle aventure, de vous appuyer sur l'aide d'un professionnel, comme un comptable spécialisé dans le secteur.

Mais on peut aussi investir dans l'immobilier sans avoir à se casser la tête avec tous les problèmes reliés à la gestion d'un immeuble. Pour cela, on peut devenir prêteur hypothécaire, ou investir dans un fonds immobilier.

Le prêt hypothécaire est une bonne façon de s'assurer un bon rendement en prenant un minimum de risques. Nous avons vu plus tôt à quel point les intérêts sur un prêt hypothécaire peuvent être considérables. Si quelqu'un paie cette petite fortune en intérêts, il y a forcément quelqu'un, quelque part, qui recueille le magot. Ce quelqu'un, ce pourrait être vous, si vous avez assez d'argent à prêter sur hypothèque à un taux avantageux (pour vous). À moins d'être un expert en la question, mieux vaut traiter ce genre de transaction par l'intermédiaire d'un notaire ou d'une maison spécialisée.

Les fonds immobiliers fonctionnent selon le même principe que les fonds mutuels, mais le portefeuille, au lieu de contenir des actions et des obligations, est composé de placements sur hypothèque. La plupart de ces fonds comprennent surtout des hypothèques commerciales ou industrielles. Ils peuvent parfois inclure des immeubles proprement dits ou des hypothèques résidentielles. Comme dans le cas des fonds mutuels, vous êtes à la merci des décisions de l'administration du fonds, et il n'est pas garanti que vous obteniez un rendement supérieur à la moyenne. Vous pouvez même, ça s'est déjà vu, y perdre de l'argent.

L'investissement dans l'immobilier (autre que la maison unifamiliale) peut donner droit à d'intéressants avantages fiscaux, le propriétaire pouvant réclamer des déductions relatives aux taxes foncières, aux frais d'intérêt, aux réparations. Là aussi, les conseils d'un comptable valent leur pesant d'or.

Les obligations

Avec le temps, vos paiements hypothécaires deviendront de plus en plus faciles à régler. Vos revenus ont toutes les chances d'augmenter, tandis que vos versements mensuels devraient normalement diminuer à chaque renouvellement. Votre niveau d'épargne augmentera, et viendra un jour où vous devrez commencer à penser à d'autres formes de placement. Les obligations peuvent constituer une bonne base de départ.

Nous ne parlons plus ici d'obligations d'épargne des gouvernements, qui sont finalement des dépôts encaissables en tout temps, comme nous l'avons vu, mais des obligations ordinaires émises par les organismes publics (y inclus les gouvernements, mais aussi les sociétés d'État, les municipalités, les commissions scolaires) ou les grandes corporations.

On compte une multitude d'obligations sur le marché. Le rendement et l'échéance varient en conséquence. Règle générale, ce sont des titres émis par des organismes solvables et ils offrent de bons rendements. Ils sont relativement flexibles : ils sont négociables sur le marché secondaire ; c'est-à-dire qu'une fois émis ils peuvent être revendus. En outre, c'est une valeur négociable acceptée comme nantissement (ou garantie) lors d'un emprunt, par exemple.

Les obligations comportent toutefois un élément de risque : si les taux d'intérêt montent, vous pouvez être perdant.

■ *Prenons le cas d'une obligation municipale portant intérêt à 11 p. cent jusqu'à son échéance. Si les taux d'intérêt sur les certificats garantis se mettent à descendre jusqu'à, disons, 7 p. cent, le rendement de l'obligation devient extrêmement intéressant, puisqu'elle rapporte davantage que les taux en vigueur sur le marché. Son détenteur peut ou bien profiter de la situation en encaissant des intérêts supérieurs, ou encore la vendre, mais À UN PRIX SUPÉRIEUR à sa valeur d'émission, ce qui lui permet de réaliser un gain en capital. Puisque l'obligation a un très bon rendement, il est normal que son détenteur exige un prix supérieur à sa valeur nominale s'il veut la revendre. Mais si les taux d'intérêt montent, disons, à 14 p. cent, l'obligation est moins intéressante, et comme elle rapporte moins, le détenteur doit se contenter d'un rendement inférieur à celui du marché, ou encore la revendre, mais à un prix inférieur à sa valeur d'émission. De la même façon, on peut acheter des obligations à un prix inférieur ou supérieur à leur valeur nominale.*

Avant de tenter votre chance sur le marché boursier, pourquoi ne pas tenter une incursion sur le marché obligataire ? Un n'empêche pas l'autre, mais les obligations ont l'avantage de vous initier en douceur au monde du placement.

Tous les spécialistes s'entendent sur un point : un portefeuille équilibré, comprenant à la fois des obligations et des actions, est plus avantageux qu'un portefeuille ne comprenant qu'un seul véhicule de placement. Si vous mettez tous vos oeufs dans le même panier, vous risquez de perdre plus. Le même raisonnement vaut pour le nombre de titres. Diversifiez votre portefeuille en achetant plusieurs titres obligataires.

Vous pouvez acheter des obligations chez les courtiers en valeurs mobilières et certaines institutions financières.

En achetant des obligations, nous l'avons vu, vous entrez dans un marché risqué. Il faut être prudent. Beaucoup d'épargnants ont acheté des obligations à des taux très bas pour ensuite voir leur valeur baisser dramatiquement à cause de la hausse des taux d'intérêt. Au lieu de garder leurs obligations, ils auraient pu les vendre, quitte à essuyer une perte légère, et à réorienter leurs fonds vers les dépôts à terme ou les hypothèques. D'une façon générale, les spécialistes ne recommandent pas au particulier d'acheter des obligations pour les garder jusqu'à l'échéance, dans dix ou vingt ans. Chaque épargnant doit se fixer des objectifs en fonction de ses propres besoins, et il est très rare que cela coïncide avec les obligations, telles qu'elles sont offertes.

Les actions

Le marché boursier est plus complexe, plus risqué, et exige plus de temps et d'attention que toutes les autres formes de placement que l'on vient de voir. Mais il peut rapporter des rendements supérieurs... tout comme il peut entraîner des pertes considérables.

D'abord, un principe fondamental : avant de vous décider à vous engager sur le marché boursier, soyez certain d'en avoir les moyens ! N'allez pas investir toutes vos épargnes à la Bourse. Ce marché s'adresse à ceux qui disposent d'un surplus d'épargne, et pour qui l'hypothèque ne pose plus de problème.

Vous vous sentez un peu mal pris par votre situation financière ? Vous aimeriez faire de l'argent plus rapidement, pour régler vos dettes, acheter une plus grosse maison, une plus grosse voiture ? Vos revenus vous semblent insuffisants ? Vous avez entendu ces histoires à propos de fortunes gagnées à la Bourse, et vous rêvez, vous aussi, d'aller y conquérir votre million ? Erreur ! Erreur ! Erreur ! À moins d'une chance inouïe, vous ne réglerez aucun de vos problèmes financiers à la Bourse. Vous achetez pour 5 000 $ d'actions ? PRÉPAREZ-VOUS À OUBLIER CES 5 000 $!

Gravissez d'abord, avec succès, les trois échelons précédents : vous avez de l'argent de côté, une maison ou des biens immobiliers, et un portefeuille d'obligations. Bien entendu, les hypothèques qui touchent vos biens immobiliers ne constituent plus un fardeau. Dans les circonstances, vous êtes mûr pour vous saucer le gros orteil rue Saint-Jacques !

Le principe du marché boursier n'a rien de très compliqué. La Bourse, c'est un peu comme un marché d'alimentation. Mais à la place d'acheter des tomates, des pommes ou du saucisson, on achète des actions de compagnies, dans le but de les revendre, avec profit, possiblement en encaissant des dividendes entre-temps.

De la même façon qu'on n'imagine pas une liste d'épicerie ne comprenant que du poulet, ou que du fromage, on n'aurait pas idée de n'acheter, à la Bourse, que des actions d'une seule compagnie. C'est le principe, que nous avons déjà vu, du portefeuille diversifié.

Lorsqu'on fait son marché, on examine la marchandise, pour ne pas se retrouver avec des pommes pourries ou du jambon avarié. À la Bourse, on doit aussi examiner, avant d'acheter, les actions qui nous intéressent. Il existe des actions pourries et des compagnies avariées, qui peuvent provoquer une douloureuse diarrhée financière ! Il s'agit de savoir comment les éviter.

Voilà pour le principe. Un petit mot, maintenant, sur le fonctionnement de la Bourse. En réalité, rien n'est plus simple. Les gens et les institutions vendent ou achètent des actions, en essayant tous de prendre la meilleure décision pour réaliser le meilleur bénéfice possible. Le truc est d'acheter au plus bas prix possible et de vendre au plus haut prix possible.

À la Bourse, les forces du marché sont omniprésentes. Les vendeurs et les acheteurs s'entendent sur un prix par l'intermédiaire d'un courtier en valeurs mobilières. Plus une action est en demande, plus elle prend de la valeur. À l'inverse, plus ses détenteurs veulent vendre, plus elle perd de la valeur.

La valeur de l'action monte ou descend en fonction de la bonne ou mauvaise fortune de chaque compagnie. Les gens voudront acheter les actions d'une entreprise en bonne santé, dirigée de façon efficace et dynamique, et qui affiche une forte progression des ventes et des bénéfices, un solide fonds de roulement, des perspectives intéressantes. Une autre compagnie, oeuvrant dans un secteur en difficulté, encaissant déficit sur déficit, sera forcément moins attrayante. Mais, advenant un revirement de situation, l'investisseur qui aurait pris le risque de miser sur ce « négligé des parieurs » pourrait réaliser une petite fortune.

Déterminez vos objectifs

Si on achète des actions à la Bourse, c'est évidemment pour faire de l'argent. Mais il y a plusieurs façons de faire fructifier son capital. La composition de votre portefeuille devra donc correspondre à vos objectifs financiers :

☐ Un portefeuille composé d'actions de grandes entreprises solidement établies assure plus de sécurité à votre capital. Les gains seront peut-être moins rapides ou moins importants, mais les risques sont limités. Même ces actions bougent beaucoup, et il ne faut pas les acheter à l'aveuglette, comme on le verra plus loin.

☐ Les actions privilégiées vous garantissent le paiement d'un dividende, et vous assurent ainsi un revenu fixe à long terme. Elles sont moins sujettes aux fluctuations du marché que les actions ordinaires.

☐ Pour une croissance rapide, vous pouvez augmenter, dans votre portefeuille, la proportion de titres moins connus, sous-évalués, ou spéculatifs. Le risque est plus élevé, mais le rendement l'est aussi.

Ce qu'est une action

La compagnie Zoom a besoin de 10 millions de dollars pour réaliser des projets d'expansion. Elle peut emprunter cette somme auprès d'une institution financière, ou bien faire appel à l'épargne publique. Dans ce cas, elle va émettre soit des obligations (ce que nous venons de voir), soit des actions.

Disons, un million d'actions à 10 $ l'unité. Chaque action, chaque 10 $ que vous placez dans la société Zoom, vous donne une participation dans cette compagnie. Vous êtes propriétaire d'un petit morceau de l'entreprise. Si une société a

10 millions d'actions, et que vous en détenez 100, vous êtes propriétaire d'un cent-millième (1 / 100 000) de la compagnie. Une action, c'est donc un titre de propriété.

Les actions constituent une source de financement attrayante pour bien des compagnies. Une fois émises, elles ne doivent plus rien à leurs actionnaires, sauf les dividendes. Une entreprise qui emprunte à la banque doit rembourser selon des conditions fixées d'avance et que l'emprunteur doit respecter. Une compagnie qui émet des actions n'est pas obligée de rembourser les actionnaires. Ceux qui veulent revendre ces titres doivent trouver un acheteur (par l'intermédiaire de leur courtier) à la Bourse.

Toutes les nouvelles émissions sont contrôlées par la Commission des valeurs mobilières du Québec, un organisme gouvernemental qui régit le marché boursier. Ce contrôle donne à l'investisseur l'assurance d'être bien informé sur les affaires et les finances de la compagnie, mais ne garantit aucunement son investissement : les actions, une fois émises, peuvent fluctuer selon les humeurs du marché ; la compagnie peut connaître la déconfiture financière au bout d'un an ou deux, voire de quelques mois.

Mais revenons à la compagnie Zoom. Si les investisseurs potentiels, c'est-à-dire nous tous, font confiance à cette compagnie, celle-ci n'aura aucune difficulté à écouler son émission. C'est ce qu'on appelle le marché primaire. Elle encaisse ses 10 millions de dollars et réalise ses projets. À partir de là, ses actions s'échangent à la Bourse, ou marché secondaire, et ses fluctuations sont fonction du degré de confiance de millions d'investisseurs, comme vous.

La confiance des investisseurs peut être basée sur plusieurs facteurs. Avant d'investir dans une société, qu'il s'agisse d'une nouvelle émission ou du marché secondaire, l'actionnaire potentiel doit au moins examiner les détails suivants :

☐ L'histoire de la compagnie. Quand a-t-elle été fondée ? Quelle a été la progression de son chiffre d'affaires ? de son bénéfice net ? Une croissance rapide du chiffre d'affaires (ou des ventes), c'est-à-dire de l'ensemble des revenus bruts de l'entreprise, constitue généralement un bon signe. Mais si le bénéfice net ne suit pas, il y a peut-être des problèmes, à moins que l'entreprise n'ait réalisé d'importantes immobilisations. Si le bénéfice net est en augmentation constante, c'est un autre bon signe. Et qu'en est-il du fonds de roulement ? Le fonds de roulement correspond aux disponibilités financières de l'entreprise en fin d'exercice. Un fonds de roulement élevé reflète généralement la bonne santé d'une entreprise. S'il est trop élevé pendant trop longtemps, il peut signifier une prudence excessive chez les dirigeants. Ceux-ci, dans le passé, ont-ils fait preuve de dynamisme ? Ont-ils pris de bonnes décisions, comme l'acquisition de concurrents au bon moment, la planification intelligente des projets d'expansion, etc. ? La compagnie a-t-elle des rapports difficiles avec ses employés ?

☐ Qui sont les dirigeants et administrateurs de la compagnie ? Des personnes reconnues pour leur compétence et leur expérience ? Qui ont déjà fait leurs preuves ?

☐ Quel est le rapport entre la dette à long terme et l'avoir des actionnaires (dans le jargon boursier, le « ratio dette-équité ») ? Il s'agit là d'un indice important dans toute décision d'investissement. On calcule ce rapport en comparant la dette à long terme à l'avoir des actionnaires, et en ramenant cette comparaison sur une base de 100. Par exemple, une entreprise dont la dette à long terme est de 10 millions de dollars, et l'avoir des actionnaires de 20 millions de dollars, aura un rapport dette-équité de 33:67 (détail du calcul : 10 plus 20 égalent 30 ; 10 sur 30 égalent 33 p. cent ; 20 sur 30 égalent 67 p. cent). Plus l'avoir des actionnaires est élevé par rapport à la dette, plus la compagnie est solide. Toutefois, le rapport dette-équité varie fortement d'une industrie à l'autre. Il faut comparer le rapport de la compagnie visée avec celui de son secteur. Et ce n'est pas le seul indice de la santé d'une entreprise.

☐ Quelle est la valeur aux livres de l'action ? De façon générale, plus le cours de l'action est bas par rapport à sa valeur aux livres, meilleur est l'achat. Une action qui s'échange sur le parquet de la Bourse à 3 $, mais dont la valeur aux livres est de 6 $, est forcément sous-évaluée, et pourrait avoir des chances de reprendre du terrain. Mais ce n'est pas garanti ! La valeur aux livres n'est qu'un indice parmi d'autres.

☐ Quelles sont les perspectives de la compagnie ? Est-elle engagée dans un secteur prometteur ? Fortement concurrentiel ? Son carnet de commandes est-il bien garni ?

☐ Quel est le rapport cours / bénéfice de l'action ? On obtient ce chiffre en divisant le cours de l'action par le bénéfice par action déclaré par la compagnie. Plus le bénéfice par action est élevé par rapport au prix, plus c'est bon signe.

Une action s'échange sur le parquet de la Bourse à 10 $. Le bénéfice par action est de 0,65 cents. Le rapport entre les deux est donc de 15,4. Cela veut dire que le prix de l'action est 15,4 fois plus élevé que le bénéfice par action. Plus le multiple est élevé, plus vous êtes susceptible de payer trop cher. En général, les spécialistes considèrent qu'un multiple de 12 est une norme acceptable. Mais cela peut varier selon le type d'entreprise. Comme dans le cas du rapport dette/ équité, il faut comparer le rapport cours/bénéfice d'une action avec ceux des actions des entreprises concurrentes dans le même secteur.

Il existe de nombreuses sources d'information pour se documenter sur tous ces aspects.

Les rapports annuels des entreprises dont les actions sont inscrites à la Bourse fournissent des renseignements permettant de calculer le rapport dette à long terme/avoir des actionnaires, ainsi que la valeur aux livres. Les rapports annuels contiennent souvent ces renseignements, déjà calculés. Ces documents fournissent une foule de détails sur l'historique, les activités et les projets de la compagnie, la progression des ventes et des bénéfices, l'état de l'actif et du passif, le fonds de roulement. Les activités des filiales, s'il y en a, sont souvent exposées en détail. On y retrouve les commentaires de la direction sur l'année écoulée, et ses prévisions pour le futur. Pour les nouvelles émissions, on doit se référer au prospectus que la compagnie doit remettre, lors de chaque émission, à la Commission des valeurs mobilières.

Mais ces documents ne disent pas tout, et c'est normal. Aucune entreprise n'a intérêt à livrer toute sa stratégie à ses concurrents, et c'est pour cela que certains prospectus et rapports annuels sont fort discrets quant aux intentions futures des dirigeants de la compagnie dans tel ou tel dossier.

Les courtiers en valeurs mobilières constituent une autre source précieuse de renseignements. Beaucoup de maisons de courtage publient régulièrement des études détaillées sur telle ou telle entreprise, y ajoutant leurs commentaires et recommandations.

Les pages financières des journaux et les revues spécialisées fournissent aussi d'abondantes informations sur la vie des entreprises, l'évolution de tel ou tel secteur, l'état du marché.

Dans le cas du marché secondaire, un autre facteur entre en ligne de compte. C'est le comportement historique de l'action. Pour toutes les grandes sociétés, il est relativement facile de suivre l'évolution des cours, en fonction de la tendance générale du marché, d'une part, et du comportement historique de l'action, d'autre part.

■ *Vous savez que, depuis dix ans, les actions de la multinationale Crac n'ont jamais été échangées au-dessous de 20 $, et n'ont jamais dépassé le plafond de 50 $. La marge de manoeuvre de l'investisseur se situe à l'intérieur de cette fourchette: on achète quand l'action oscille autour de 20 $ ou 25 $, et on vend quand elle dépasse les 40 $ ou 45 $. Certes, arrivera sans doute un jour où le plafond de 50 $ ou le plancher de 20 $ sera crevé, mais vous mettez quand même les chances de votre côté, en attendant, en vous appuyant sur les fluctuations historiques. Les courtiers en valeurs mobilières tiennent des statistiques élaborées sur le comportement historique des grands titres.*

On voit ici le danger de croire aveuglément qu'un investissement dans une grosse entreprise à la réputation solidement établie (les «blue chips», dans le jargon boursier) constitue automatiquement un placement de tout repos. La compagnie Crac est, hors de tout doute, un «blue chip». Mais est-ce pour autant bien avisé d'acheter du Crac à 45 $?

Même en investissant dans le «blue chip» super-solvable, vous n'êtes aucunement à l'abri des caprices du marché.

Il n'y a pratiquement pas de limite aux fluctuations des cours des actions. Une action achetée 5 $ peut s'échanger à 30 $ au bout d'un an ou deux! D'autres actions, payées 12 $ l'unité, peuvent descendre à moins d'un dollar en quelques mois.

S'il n'y a pas de plafond quant au cours qu'une action peut atteindre (nous venons de le voir: cela peut doubler, tripler, quintupler en quelques années), il y a un plancher: vous ne pouvez, évidemment, jamais perdre plus que ce que vous avez investi.

Les mouvements des cours, à la hausse ou à la baisse, sont donc étroitement liés au degré de nervosité des grandes institutions et de millions de petits investisseurs, comme vous. Il faut évidemment suivre le marché de près, être attentif aux nouvelles concernant les compagnies qui vous intéressent, lire avec soin les rapports annuels. Il faut aussi, répétons-le, diversifier son portefeuille, ne pas mettre tous ses oeufs dans le même panier.

Lorsque vous déciderez de vous engager sur le marché boursier, un nouveau personnage entrera dans votre vie : le courtier en valeurs mobilières. Ne vous laissez pas impressionner par ce titre ronflant. Le courtier en valeurs mobilières est comme le courtier en immeubles ou le courtier en assurances : avant tout, c'est un vendeur. Vous serez cependant appelé à transiger souvent avec lui. Comme dans tous les métiers, il y a de bons, de moins bons, de médiocres courtiers. Certains peuvent être d'excellent conseil, mais peuvent se tromper. Ne vous attendez pas à ce qu'ils accomplissent des miracles. Les courtiers, pas plus que vous et moi, ne sont capables de prédire infailliblement l'avenir (sinon, que feraient-ils comme courtiers ?). Votre expérience sera le meilleur juge en la matière. Tenez compte de la «moyenne au bâton» de votre courtier. Un bon courtier ne se contentera pas de vendre ou d'acheter des actions pour votre compte. Il va aussi prendre le temps de vous renseigner, de vous mettre en garde contre votre propre impatience, de vous apprendre les mécanismes du marché, de vous expliquer la portée de vos engagements.

Un bon portefeuille d'actions devrait s'appuyer sur une base solide de valeurs sûres : plusieurs grands noms dans plusieurs secteurs différents achetés, de préférence, lorsque leurs cours frisent leurs planchers historiques. Mais les titres plus spéculatifs, plus risqués aussi, ont leur place dans n'importe quel portefeuille. Leur appréciation peut souvent signifier des gains en capital très importants, mais aussi des pertes douloureuses. Le petit investisseur (portefeuille de 20 000 $ ou moins) ne devrait pas consacrer plus de 20 p. cent de son portefeuille aux valeurs spéculatives.

Un coup d'oeil sur l'épargne-actions

En 1979, le gouvernement québécois a mis sur pied un régime d'épargne-actions (RÉA), qui rend l'achat d'actions encore plus intéressant dans la mesure où il vous permet d'obtenir une réduction d'impôt si vous achetez des actions, à certaines conditions.

Le RÉA est un authentique abri fiscal (contrairement aux régimes enregistrés d'épargne-retraite, comme nous allons le voir). Le principe en est simple : vous achetez des actions, et vous déduisez votre investissement de votre revenu, réduisant votre impôt en conséquence. Plus votre revenu est élevé, plus votre épargne d'impôt est importante. La déduction n'est admise qu'au niveau provincial.

Mais attention ! Pas n'importe quelles actions, et pas à n'importe quelles conditions.

Le programme doit répondre à plusieurs conditions :

☐ Il doit s'agir d'une émission primaire, donc de nouvelles actions ;

☐ Le siège social de la compagnie émettrice doit être situé au Québec ;

☐ La contribution est plafonnée à 10 p. cent du revenu, ou 5 500 $ (le moins élevé des deux) ;

☐ Le participant doit conserver sa contribution dans le régime pendant au moins deux ans. Il peut vendre et acheter d'autres actions, à l'intérieur du régime, pourvu qu'il ne retire pas sa contribution initiale ; si vous achetez 1 000 $ d'actions de la compagnie Boum, déductibles à 100 p. cent, vous pouvez déduire 1 000 $ de votre revenu à la fin de l'année. Au cours des deux années suivantes, vous pourrez vendre vos actions de Boum, mais il faudra, à ce moment, acheter pour au moins 1 000 $ d'actions d'une autre compagnie participant au RÉA et admissible à la déduction de 100 p. cent, ou 2 000 $ si la compagnie est admissible à la déduction de 50 p. cent. En d'autres termes, il faut « couvrir », pendant au moins deux ans, le montant de la déduction.

L'épargne-actions est un abri fiscal, certes, mais quand on achète des actions, la première chose qui compte, abri fiscal ou non, est d'en vérifier la qualité. Ne vous laissez pas séduire uniquement par une mirobolante déduction ! Toutes les questions qui se posent lors de l'achat d'actions demeurent tout à fait pertinentes dans le cas de l'épargne-actions. L'abri fiscal de l'épargne-actions doit demeurer une considération accessoire.

Actions ordinaires et privilégiées, droits d'achat, options : comment s'y retrouver ?

Le marché boursier offre de nombreux produits et sous-produits. Parmi les plus courants, citons :

☐ *L'action ordinaire*

Elle accorde à son détenteur une participation égale au pourcentage d'actions qu'il détient. Les actions ordinaires sont assorties du droit de vote aux assemblées annuelles et extraordinaires de la compagnie. Elles peuvent ou non rapporter un dividende. Cela dépend de la situation de la compagnie. Certaines entreprises en excellente santé ne paient pas de dividende sur leurs actions ordinaires, les administrateurs préférant réinvestir cet argent dans de nouveaux projets. Certaines entreprises offrent un programme de réinvestissement des dividendes : au lieu de recevoir un chèque de dividendes, l'actionnaire se voit créditer, souvent à des conditions avantageuses, des actions additionnelles de la compagnie. Ces programmes constituent généralement une très bonne affaire. Ils vous permettent en effet d'augmenter imperceptiblement la valeur de votre portefeuille, sans que vous ayez le moindre cent à débourser ; les dividendes réinvestis en actions vous permettent généralement d'acquérir ces actions à un prix légèrement inférieur aux cours du marché ; en outre, vous n'avez pas de frais de courtage à payer. Enfin, dans le cas de compagnies participant au Régime d'épargne-actions du Québec, les actions acquises en vertu d'un tel programme sont incluses dans votre Régime de l'année en cours. Lorsqu'une compagnie vous propose un régime de réinvestissement de dividendes, il faut dire oui.

☐ *L'action privilégiée*

Contrairement à l'action ordinaire, l'action privilégiée n'accorde pas de droit de vote à son détenteur. Par contre, si la compagnie réduit ses dividendes (par suite de difficultés, par exemple), le détenteur d'actions privilégiées a priorité sur le détenteur d'actions ordinaires quant au paiement du dividende. Les actions privilégiées s'adressent surtout à l'investisseur prudent. Leurs fluctuations sont moins importantes que celles des actions ordinaires. Elles rapportent un revenu fixe tant et aussi longtemps que vous les gardez.

□ *Le droit d'achat (« Warrant »)*

Pour rendre leurs actions plus attrayantes, certaines entreprises émettent des droits d'achat. Ceux-ci donnent droit à leurs détenteurs d'acheter un certain nombre d'actions de la compagnie, à un prix fixé d'avance, pendant une certaine période de temps. Les droits d'achat peuvent s'échanger, sur le marché, comme les actions.

■ *La compagnie Zack émet des actions à 5 $, et donne un demi-droit d'achat par action, donnant droit d'acheter les mêmes actions, pour 8 $, au cours des quatre années suivant la date d'émission. Vous achetez 400 actions, et recevez ainsi, en plus de vos actions, un certificat valant 200 droits d'achat. Si, n'importe quand au cours des quatre prochaines années, le cours de l'action dépasse 8 $, vous pouvez vous servir de vos droits et acheter des actions à 8 $. Vous pouvez également vendre vos droits, sur le marché, ou en acheter d'autres, comme des actions. Leur cours fluctue également en fonction de la bonne ou de la mauvaise fortune de la compagnie. Si les actions de la Zack n'atteignent jamais le seuil des 8 $ au cours de la période en question, vous ne perdez rien. En liquidant vos droits à temps, vous parviendrez peut-être à réaliser un bénéfice.*

□ *L'option*

Le marché des options permet à l'investisseur de miser sur l'évolution future du marché. Ce marché est extrêmement intéressant pour celui qui suit la Bourse de près. L'option donne à son détenteur le droit de vendre ou d'acheter, jusqu'à une date limite, un certain nombre d'actions à un prix fixé d'avance. Si vous prévoyez que le cours d'une action va monter, achetez des options d'achat. Si vous prévoyez que le cours va descendre, vous achetez des options de vente. L'option, et c'est là son grand avantage, limite le risque de l'investisseur. Tout ce que vous pouvez perdre, c'est la prime qui se rattache à la transaction. L'option de vente ou d'achat peut également être utilisée pour limiter une perte possible sur une transaction que l'on envisage de faire dans les mois qui suivent. Le marché des options ne s'adresse pas aux néophytes. Il faut posséder une solide maîtrise du marché boursier avant de s'y aventurer.

■ *Disons que les actions de la compagnie Plaf s'échangent à 30 $.*
Vous pouvez acheter 100 actions, et cela vous coûte 3 000 $. Si
l'action monte à 40 $, vous réalisez un gain de 1 000 $. Bravo!
Mais si elle descend à 20 $, vous perdez 1 000 $. Dommage!

Supposons maintenant qu'au lieu d'acheter des actions,
vous achetez 100 options d'achat. La prime est de 3 $, et cela
vous coûte donc 300 $, et non 3 000 $. Si les actions de Plaf
grimpent à 40 $, vous exercez votre option et réalisez un gain de
1 000 $, MOINS votre prime, soit 700 $.

Par contre, si les actions tombent à 20 $, tout ce que vous
perdez, c'est votre prime, soit 300 $.

Mais les primes également fluctuent en fonction du mar-
ché. Ainsi, lorsque l'action monte, vous pouvez ou bien exercer
votre option, ou bien vendre votre prime. Si l'action descend, la
prime vaut moins cher, mais vous pouvez également la reven-
dre.

Tout comme dans le cas des obligations, il est fort utile de
se fixer un but avant d'acheter des actions. Il ne faut pas
investir à la Bourse juste pour faire un coup d'argent. Que
recherchez-vous d'abord? Sécurité, rendement élevé, gains
en capital? Il est à peu près impossible de trouver des actions
qui réunissent ces trois qualités à un haut degré, à moins d'un
coup de chance. C'est notamment pour cela qu'il est important de diversifier son portefeuille, en actions et en obligations.

Il y a cependant des périodes où les obligations sont plus
intéressantes que les actions, et vice versa. Quand les taux
d'intérêt demeurent élevés pendant de longues périodes, les
obligations émises auparavant deviennent moins intéressantes, et l'investisseur aura sans doute avantage à s'en départir,
diversification ou pas, pour augmenter ses dépôts bancaires
ou son portefeuille d'actions. Mais quand les taux sont élevés,
les nouvelles obligations offrent également de bons rendements, et cela peut devenir intéressant d'en acheter. Enfin, il
arrive que les taux montent et que les actions baissent en
même temps. Il faut alors surtout augmenter ses dépôts bancaires pour être en bonne position quand il y aura retour du
balancier.

Il s'agit là de grands mouvements financiers qui peuvent durer des mois, voire des années. Il ne faut surtout pas réagir à chaque soubresaut hebdomadaire du marché : chaque fois que vous vendez ou achetez des valeurs, vous payez une commission. Vous avez acheté une action à 15 $ et, la semaine suivante, elle ne vaut plus que 12 $? Cela n'a aucune importance en autant que votre évaluation soit encore valable et que votre objectif ne soit pas de faire de l'argent d'une semaine à l'autre. La seule chose que vous pouvez vous reprocher, c'est d'avoir acheté trop tôt. Mais cela, vous n'êtes pas censé le prévoir...

Nous n'avons fait qu'un bref survol de la Bourse. Il existe aussi des techniques et des produits plus sophistiqués. Il y a plusieurs sortes d'actions ordinaires et privilégiées (convertibles, subalternes, rachetables, etc.). Ces variantes ne changent pas grand-chose lorsque vous débutez. Vous pouvez, au fur et à mesure que vous vous habituez au marché boursier, vous familiariser avec ces différents produits. On peut, entre autres techniques, vendre à découvert (cela équivaut à vendre des actions que l'on ne possède pas) ou acheter sur marge (cela équivaut à acheter des actions quand on n'a pas d'argent). Dans les deux cas, il s'agit de démarches comportant des risques et cela ne s'adresse pas au novice.

Nous venons de décrire l'ABC du marché boursier. Ceux et celles qui veulent en apprendre davantage peuvent s'inscrire aux cours d'initiation au marché boursier, donnés par la Bourse de Montréal. On peut choisir entre un programme de cours du soir, ou de cours du midi. L'un et l'autre comprennent une dizaine de cours, le programme du soir étant un peu plus élaboré. Le cours complet coûte moins de 200 $, documentation comprise, et est ouvert à toute personne désireuse de connaître plus en détail les mécanismes de la Bourse. Le ministère de l'Éducation du Québec offre également, pour 60 $, des cours par correspondance fort bien structurés.

La grande pratique

Maintenant que vous connaissez les règles de base les plus importantes de la Bourse, pourquoi ne pas entreprendre une répétition générale ? Il peut être instructif et amusant, avant d'investir votre « vrai » argent à la Bourse, de « jouer », pendant un certain temps, avec un portefeuille fictif. Cela vous permettra de vous familiariser avec les variations du marché et la lecture des tableaux boursiers dans les quotidiens. Il s'agit, en somme, de faire votre propre jeu de simulation boursière.

Constituez-vous d'abord un portefeuille réaliste, avec un montant semblable à celui que vous désirez réellement investir. Choisissez ensuite cinq ou six grands titres, dans autant de secteurs économiques différents : une grande banque, un leader de l'agro-alimentaire, une importante papetière, une pétrolière, une aciérie, un holding. Répartissez vos placements entre ces cinq ou six titres. Ajoutez-y quelques titres plus spéculatifs : entreprises en développement, mines junior.

À chaque jour, lisez les pages financières des journaux. Soyez attentif aux nouvelles concernant vos compagnies. Suivez l'évolution des cours, et faites le bilan, au moins une fois par semaine, de votre portefeuille.

La lecture des tableaux boursiers n'a rien de compliqué. Toutes les Bourses présentent leurs cotes de la même façon. La présentation comprend six colonnes. La première colonne, à gauche, identifie la compagnie et le titre. Les cinq autres colonnes nous permettent d'apprendre, de gauche à droite :

☐ Le nombre d'actions échangées au cours de la journée ;

☐ Le cours le plus haut atteint au cours de la journée ;

☐ Le cours le plus bas atteint au cours de la journée ;

☐ Le cours de l'action à la fermeture. C'est ce chiffre qui est le plus important ;

☐ Enfin, la variation par rapport à la fermeture de la veille.

Rien ne vous empêche, en cours de route, de « vendre » des actions et d'en « acheter » d'autres, si les circonstances vous semblent favorables. Continuez quand même, juste pour voir, de suivre le cours des actions que vous avez vendues. Au bout de trois mois, faites le bilan de l'opération.

Les indices boursiers

Tout en administrant votre portefeuille fictif, vous apprendrez la signification des indices boursiers. Chaque soir, aux nouvelles, le lecteur semble prendre son ton le plus dramatique pour nous annoncer que le Dow Jones a perdu tant de points ! Qu'est-ce que cela signifie, en réalité ?

L'indice Dow Jones a été mis au point à la fin du siècle dernier par deux journalistes américains. Pour le calculer, on prend la valeur des actions de trente géants de l'industrie américaine (General Motors, Exxon, IBM, etc.), toujours les mêmes d'un jour à l'autre bien que, selon les circonstances, une compagnie peut être retirée et remplacée par une autre. On fait une moyenne, on multiplie par un indice de pondération qui tient compte de tous les changements survenus aux divers titres depuis la création de l'indice, et le résultat, c'est le Dow Jones. Si le Dow Jones monte, cela veut dire que l'ensemble de ce «panier» de 30 titres a monté. S'il descend, cela veut dire le contraire. En ce sens, le Dow Jones n'est pas, comme on pourrait le croire, un indice de la santé de l'économie. C'est plutôt un indice de l'état d'âme des investisseurs!

Le Dow Jones est le plus ancien et le plus prestigieux des indices boursiers. Mais pas le plus précis.

Toutes les Bourses ont leur propre indice. Tous sont calculés selon le même principe: il s'agit de mesurer l'évolution d'un panier de titres. Ils ont l'utilité de mesurer les changements, au jour le jour, de tel ou tel marché boursier, et prennent toute leur signification lorsqu'on les étudie sur une plus longue période.

Si l'indice de la Bourse de Toronto, le TSE 300 (appelé ainsi parce qu'il comprend un panier de 300 titres, les lettres TSE représentant Toronto Stock Exchange), grimpe de 10 points une journée, cela ne veut pas dire que toutes les actions ont monté. Certaines ont grimpé, d'autres ont perdu du terrain. En faisant la moyenne, on s'aperçoit que les gains sont plus importants que les pertes, et on peut ainsi affirmer que l'indice est en progression.

Pour y voir plus clair, on a mis au point des indices sectoriels, très utiles pour mesurer l'évolution des cours dans un secteur en particulier. On retrouve ainsi l'indice des banques, des mines, des pâtes et papiers, des industrielles, etc. L'investisseur intéressé par les titres bancaires portera ainsi plus d'attention à l'indice des banques.

En faisant votre propre jeu de simulation boursière, habituez-vous à suivre les hauts et les bas de ces indices.

Il n'y a pas de formule magique pour gagner à la Bourse. Mais on peut mettre les chances de son côté, et il n'y a pas de doute que l'investisseur renseigné, prudent et averti obtient sur le marché boursier des rendements bien supérieurs aux dépôts à terme. Mais il faut, nous n'insisterons jamais assez là-dessus, prendre le temps de s'en occuper.

La Bourse sans souci

Peut-être aimeriez-vous «jouer» à la Bourse, mais sans vous casser la tête? En prenant un minimum de risques? Vous sentez que vous n'aurez ni le temps, ni le goût de vous intéresser à tout ce qui entoure le marché? Qu'à cela ne tienne! Il y a moyen d'investir à la Bourse sans se fatiguer!

Les deux formules les plus utilisées sont les fonds mutuels (ou fonds de placement, ou fonds d'investissement), et les clubs d'investissement.

Dans les deux cas, il vous faudra possiblement renoncer à des goûts ou à des choix personnels. Vous n'êtes plus seul maître à bord.

Les fonds mutuels

Les fonds mutuels ont connu, pendant longtemps, beaucoup de popularité. Dans les années 60, cependant, plusieurs petits investisseurs y ont laissé leur chemise, et ces mésaventures ont quelque peu entaché la réputation de ce véhicule de placement. Pour plusieurs, ce mot évoque encore, vingt-cinq ans plus tard, une connotation péjorative. Cela explique en partie les nouveaux noms adoptés par les institutions financières pour désigner des produits s'inspirant de la formule des fonds mutuels. Malgré la méfiance qu'ils peuvent encore inspirer en certains milieux, les fonds mutuels sont devenus une forme de placement intéressante, comportant bien des avantages.

Le facteur de risque est toujours présent, certes, puisque c'est dans la nature même du fonds mutuel. Celui qui veut un rendement supérieur à la moyenne doit également risquer davantage! Mais, sauf dans le cas de certains portefeuilles sophistiqués, où les règles du jeu sont connues d'avance, la majorité des administrateurs de fonds ne prennent plus aujourd'hui que des risques raisonnables.

Le fonctionnement d'un fonds mutuel est simple. L'investisseur n'achète pas d'actions, obligations, titres hypothécaires ou autres valeurs définies. Il achète plutôt un certain nombre de parts dans un fonds.

Les administrateurs du fonds choisissent eux-mêmes la composition du portefeuille. Généralement, les actions (ordinaires et privilégiées) dominent les portefeuilles de fonds mutuels. Mais on y retrouve aussi des obligations, des titres hypothécaires, des immeubles. Il peut être hautement spécialisé : il existe des fonds d'actions américaines ou japonaises, des fonds d'actions pétrolières. Les administrateurs versent les dividendes et intérêts dans le fonds. Si les actions montent, la valeur du fonds augmente d'autant. Certains fonds ont connu, ces dernières années, des rendements nettement supérieurs à la moyenne. Mais d'autres ont aussi perdu de leur valeur. Bien que possédant généralement une solide expérience de la gestion de portefeuille et du monde du placement, les administrateurs de fonds mutuels ne sont pas infaillibles, et peuvent faire de mauvais placements, qui diminuent d'autant la valeur du portefeuille.

En adhérant à un fonds mutuel, vous devez payer des frais d'entrée élevés (cela peut facilement atteindre les 8 p. cent), ainsi que des frais de gestion à l'institution qui administre le portefeuille. Cette commission varie beaucoup d'une société à l'autre, et peut osciller entre 0,75 et 2 p. cent par année.

Les fonds mutuels présentent plusieurs avantages :

☐ Vous n'avez pas besoin de fournir un gros capital de départ. Un montant de 1 000 $ est habituellement suffisant. La plupart des institutions offrent la possibilité d'arrondir régulièrement votre investissement, moyennant une contribution mensuelle relativement peu élevée. Vous pouvez, dans tous les cas, choisir une formule qui correspond à vos moyens.

☐ Vous n'avez pas besoin de suivre de près l'évolution du marché boursier. La gestion du portefeuille est assurée par une équipe de spécialistes de l'institution. Par contre, dans la plupart des fonds mutuels, vous n'avez pas grand-chose à dire sur les décisions des administrateurs. Si ceux-ci décident d'acheter des actions de la compagnie Zap, tous les détenteurs de parts doivent accepter cette décision. La quasi-totalité des administrateurs de fonds optent pour des portefeuilles équilibrés. Quand ils ne le font pas, c'est pour des raisons spécifiques, comme dans le cas de fonds plus sophistiqués.

☐ Le portefeuille géré par les administrateurs du fonds est forcément beaucoup plus diversifié qu'un portefeuille personnel. Les fonds mutuels vous permettent ainsi d'avoir accès à un nombre considérable de titres, tout en prenant des risques équilibrés.

☐ Même s'il n'est pas toujours lié au processus de prise de décision, l'investisseur est généralement bien informé. Les institutions fournissent une abondante documentation sur l'évolution du portefeuille, les raisons qui justifient telle ou telle transaction, les rendements, etc.

☐ Les fonds mutuels présentent une très grande liquidité. Vous pouvez, en tout temps, vous retirer du fonds. Les institutions exigeront une commission de fermeture. Vous recevez, à ce moment, un montant correspondant à la valeur de vos parts dans le fonds. Rien ne garantit que l'acheteur de fonds mutuels récupérera la totalité de sa mise de fonds, surtout s'il se retire au bout de quelques mois, voire un an ou deux. Sur une base plus longue, toutefois (cinq, dix, quinze ans), les fonds affichent, dans la plupart des cas, un rendement positif.

Avant d'investir dans un fonds mutuel (ou fonds de placement, ou fonds d'investissement), vous devez vous renseigner sur les nombreux produits disponibles. Comparez le rendement passé des différents fonds, sur plusieurs années. Toutes les institutions vous fourniront la documentation nécessaire pour faire cette comparaison.

Investir en groupe...

Les clubs d'investissement ont poussé comme des champignons, au Québec, depuis quelques années. À mesure que les Québécois s'éveillaient (avec un peu de retard, il faut le dire) aux réalités du marché boursier, ils ont eu l'idée de développer cette formule et de créer, un peu partout, des clubs d'investissement. Aujourd'hui, ces clubs sont réunis dans l'Association québécoise des clubs d'investissement, organisation chapeautée par la Bourse de Montréal.

Un club d'investissement, c'est un groupe de personnes, généralement de cinq à quinze membres, qui mettent leurs épargnes en commun pour les investir dans des valeurs mobilières. Les membres du groupe se familiarisent avec les mécanismes du marché boursier, échangent des impressions et des informations, et prennent ensemble des décisions.

Chaque club décide du montant et de la fréquence des versements de chaque membre. L'Association (cotisation annuelle, 75 $ par club) fournit une assistance technique, les conseils de spécialistes en placement, une banque de données sur les titres cotés à la Bourse de Montréal, et divers services.

L'avantage des clubs est de fournir à chaque membre un accès plus facile à un portefeuille diversifié. Les risques sont partagés entre les membres du club.

Les collections

Une fois qu'on a payé ses dettes, accumulé un coussin d'épargne, allégé le fardeau de son hypothèque, monté un portefeuille équilibré d'effets financiers, on peut se tourner vers les biens qui peuvent prendre de la valeur avec les années. Les collections, les oeuvres d'art, les antiquités ne constituent pas seulement des éléments de la qualité de votre vie. Elles représentent souvent un placement.

Vous pouvez, même si vous n'avez pas franchi toutes les étapes précédentes, commencer, pour votre plaisir, une collection de timbres ou de pièces de monnaies. Ou acheter, pour rehausser votre logement, une peinture, une sculpture inuit ou des antiquités. Mais ces achats devront toujours être faits dans le cadre de votre budget ordinaire.

Ce genre de biens ne doit jamais constituer votre placement principal. C'est, si l'on veut, un investissement accessoire, qui vient s'ajouter à l'épargne, aux biens immobiliers et aux titres boursiers. Il faut avoir les moyens de se les payer.

De nos jours, l'éventail des collections ayant une valeur monnayable est considérablement étendu. On y retrouve, certes, les classiques (timbres, monnaies, livres rares, armes, voitures anciennes), mais aussi les collections de poupées, de bouteilles, de boîtes de tabac, de vieux articles ménagers, de bandes dessinées, de cartes géographiques, de curiosités de telle ou telle époque, de modèles réduits, de souvenirs reliés à une occasion spéciale. Il y a même des collectionneurs de cartons d'allumettes ou de macarons de congrès politiques! Il en va de même des objets d'art et des antiquités.

Tous ces placements ont l'avantage de combiner un côté agréable à la possibilité de réaliser des gains. Toutefois, leur rendement, tant que vous les possédez, est nul. En outre, rien ne vous garantit que vos biens prendront suffisamment de valeur pour vous permettre simplement de compenser l'inflation. Vous ne savez pas si vous pourrez trouver un acheteur prêt à payer le prix demandé. Et, évidemment, pour peu que vos collections aient une certaine valeur, il vous faudra débourser des frais additionnels pour les assurer et les protéger.

Certains biens sont gagnants presque à coup sûr, à condition qu'ils soient en bon état : livres et armes rares, meubles antiques, vieilles voitures (pour ceux qui en ont les moyens !). D'autres peuvent perdre toute leur valeur. Peut-être qu'une collection d'objets entourant la visite de Jean-Paul II vaudra dix fois son prix d'achat, dans dix ans. Peut-être qu'elle ne vaudra plus rien !

Le placement dans les objets d'art doit être judicieux. Une peinture peut vous rapporter une fortune, ou bien ne plus valoir que la toile sur laquelle elle a été couchée. Il faut se renseigner avec soin sur l'artiste, sur la demande pour cette forme d'art. Et, dans le cas de toutes les oeuvres d'art, toujours exiger un certificat d'authenticité.

Or, argent et chevaux de course...

Enfin, tout en haut de l'échelle, on retrouve un certain nombre de véhicules de placement qu'on hésite un peu à qualifier véritablement de «placement». Ils tiennent en effet davantage de la spéculation que du placement, et obéissent à des mécanismes capricieux et imprévisibles. Seuls les gens qui ont franchi toutes les étapes précédentes, et qui ont le goût du risque, oseront s'y aventurer.

Dans ce groupe, on retrouve les métaux précieux, les spéculations sur le marché à terme, et l'achat de parts dans des placements plus risqués.

L'or a toujours exercé une fascination bien compréhensible. C'est un métal qui ne se détériore pas, qui est facilement transportable, facilement négociable. En temps de crise, c'est une valeur sûre. On entend souvent les spécialistes décrire ce métal précieux comme une valeur refuge idéale, comme un rempart contre l'inflation !

Mais ce n'est pas une façon, pour le petit épargnant, de faire des profits rapidement.

Le prix de l'or est sujet à de fortes fluctuations, suivant une foule de facteurs qui échappent totalement au contrôle du petit investisseur : soubresauts de la politique internationale, mouvements du marché des changes et notamment du dollar américain, etc.

Aucun spécialiste ne peut prédire avec certitude l'évolution du cours de l'or. Tous s'en tiennent à des suppositions, à des hypothèses, en basant leurs analyses sur la conjoncture du moment et sur leurs prévisions. Toutes ces hypothèses peuvent voler en éclats n'importe quand.

■ *On n'a pas besoin de remonter bien loin pour illustrer cela : rappelons-nous, un moment, l'euphorie de 1980. Stimulé par la deuxième crise pétrolière, le prix de l'once d'or va doubler en moins d'un an, fracassant allégrement la barre des 800 $ américains. Ça ne s'était jamais vu ! Beaucoup d'experts conseillaient aux gens de continuer à acheter : la marque des 1 000 $, affirmaient-ils, sera bientôt atteinte ; ne manquez pas votre chance ! Dans toutes les grandes villes, y compris à Montréal, les petits épargnants faisaient la queue devant les institutions spécialisées dans la vente de l'or. Hélas ! En dépit de toutes les prévisions, l'or se mettait à descendre. L'année suivante, il ne valait plus que 450 $ l'once, un an plus tard, 375 $, cinq ans plus tard, 300 $. Que de petites économies envolées en fumée !*

Dans quelle mesure les gens qui se sont rués sur l'or, il y a cinq ans, se sont-ils « réfugiés » ou « protégés contre l'inflation » ?

Nous pouvons tirer une leçon de l'expérience. N'allez jamais investir vos économies dans l'or (ni dans l'argent, ni dans le platine...). Il s'agit d'un marché de spéculateurs, beaucoup trop volatil, beaucoup trop instable, et qui doit être réservé à ceux qui sont prêts à « oublier » leur mise de fonds.

Certes, à long terme, et cela est vérifiable, l'or prend toujours de la valeur. Oublions un instant les brusques ascensions et les descentes vertigineuses des dernières années, et considérons l'évolution du prix de l'or sur une base plus longue. La progression est indéniable : 35 $ l'once en 1967, 60 $ cinq ans plus tard, 160 $ en 1974, 200 $ en 1978, 400 $ en 1983. Celui qui a acheté de l'or en 1983 a donc perdu de l'argent, quatre ans plus tard, le prix ayant entre-temps chuté à 300 $ pour remonter à 400 $ au début de 1987. Mais s'il reste calmement assis sur son or, il pourra sans doute toucher 500 $ l'once, ou plus. Dans un an, cinq ans, dix ans ? Impossible de le savoir ! Le marché de l'or ne s'adresse donc pas aux gens nerveux.

D'autant plus que lorsque l'inflation se maintient à un niveau relativement bas, un bon certificat de dépôt, offrant un rendement réel substantiel, constitue un investissement bien plus sûr. Un tiens vaut mieux que deux tu l'auras.

Si vous avez les moyens d'immobiliser un petit capital et que vous voulez vous « amuser » avec le prix de l'or, rien ne vous empêche d'en acheter. Les institutions spécialisées offrent des lingots, des pièces (dont la populaire Feuille d'érable canadienne, que vous pouvez acheter et vendre n'importe où, n'importe quand à travers le monde), et des certificats-or, plus pratiques, attestant que vous êtes propriétaire d'une quantité donnée d'or. Peut-être, effectivement, le prix de l'or va-t-il remonter de 100 $, 200 $ ou 300 $ l'once d'ici à quelques années, voire quelques mois ? Vous réaliserez ainsi un joli bénéfice. Peut-être, aussi, va-t-il perdre du terrain et, dans ce cas, il faudra vous armer de patience en attendant qu'il remonte.

Ce qui vaut pour l'or est également vrai des autres métaux précieux et de la spéculation sur les denrées. On peut y gagner (ou y perdre) des fortunes. Il existe aujourd'hui des dizaines de produits variés sur lesquels on peut spéculer à terme. Cela va du bétail au café, en passant par le jus d'orange congelé, le coton, les céréales, le bois, le sucre, etc. Même chose pour le marché des changes, où les paris sont ouverts sur le yen, le mark, le franc. Dans tous les cas, le principe est le même : vous vous engagez à acheter une quantité X d'un produit déterminé, à une date et à un prix convenus à l'avance. À la date convenue, vous achetez au prix convenu. Évidemment, ces marchandises ne sont jamais livrées chez vous, puisque vous revendez immédiatement, par l'intermédiaire d'un courtier. Si le prix convenu au départ est plus bas que celui du marché, vous empochez la différence. S'il est plus haut, vous perdez ! Dans tous les cas, le marché à terme est risqué, spéculatif, lié à une foule de facteurs qui échappent totalement à votre contrôle. La règle d'or consiste à s'en tenir loin, à moins d'avoir les moyens suffisants pour s'« amuser » à ce jeu. Vous pouvez, certes, y gagner une petite fortune. Ça s'est vu, et ça se verra encore !

Mais attention ! Si vous avez acheté un contrat d'une denrée quelconque pour, disons, 700 $, et que le prix se met à baisser rapidement, il se peut que vous soyez dans l'impossibilité de le revendre pendant plusieurs jours. Vous risquez alors de perdre plusieurs milliers de dollars, en plus de votre dépôt de 700 $. Cela n'arrive pas souvent, mais une fois suffit pour faire très mal.

Le marché offre aussi des fonds d'exploration pétrolière ou minière plus ou moins risqués, des parts dans des syndicats de production de films, dans des sociétés d'élevage de pur-sang, etc. Ces placements, la plupart du temps très spéculatifs, sont parfois assortis de généreux cadeaux fiscaux. Ce n'est pas une raison pour s'y précipiter. Si vous investissez 3 000 $ dans tel placement, et que cela vous donne un retour d'impôt de 2 500 $, c'est bien beau : votre participation de 3 000 $ ne vous coûte, en réalité, que 500 $! Mais si votre investissement ne vaut plus rien au bout de quelques années, vous n'êtes sûrement pas gagnant en bout de ligne. Mieux vaut payer 2 500 $ d'impôt que de perdre 3 000 $!

Quelques précautions
avant de placer votre argent

Le placement, de nos jours, est régi par des organismes responsables et compétents. Les petits épargnants sont ainsi protégés. L'assurance-dépôts garantit le remboursement de tout dépôt, incluant les intérêts, dans l'éventualité où une institution financière serait dans l'impossibilité de le faire. Cette garantie est cependant sujette à certaines restrictions (elle ne couvre pas, notamment, les dépôts en devises étrangères, les dépôts garantis dont le terme dépasse cinq ans, le contenu de coffrets de sûreté). La Commission des valeurs mobilières exerce sa compétence sur le commerce des valeurs mobilières, y compris les nouvelles émissions.

Mais tous les mécanismes mis sur pied ne suffiront pas à protéger l'investisseur imprudent. Il existe encore des individus peu scrupuleux, toujours prêts à vous escroquer. Leurs victimes favorites: les personnes âgées, qui ont accumulé toute leur vie un petit capital, et se demandent comment le faire fructifier pour s'assurer une retraite confortable.

L'investisseur averti sait dépister ces vendeurs d'illusions. Malgré cela, à chaque année, les escrocs continuent à « attraper » des centaines de consommateurs naïfs. Avant d'investir, soyez donc sur vos gardes. En respectant les quatre principes élémentaires suivants, vous serez à l'abri:

1) Méfiez-vous des belles promesses

Certains solliciteurs peuvent vous promettre des rendements mirobolants. On peut vous « prouver » que votre argent dort inutilement, et que vous pouvez facilement, en confiant votre portefeuille à la maison Ratoureux, obtenir du 50 p. cent, voire du 100 p. cent ou plus. Attention: cela peut cacher quelque chose. On pourra, certes, vous faire miroiter de tels rendements, documents à l'appui. Prudence! Ne prenez aucun engagement sur la foi de tels documents, si convaincants soient-ils. Demandez au vendeur de la maison Ratoureux qu'il vous remette une copie de tous les documents pertinents, et faites-les vérifier par une personne de confiance (avocat, notaire, gérant de banque ou de caisse populaire, comptable). Si on vous montre des documents mais qu'on refuse de vous en donner des copies, n'allez pas plus loin !

2) Prenez votre temps

Ne prenez jamais la décision d'investir sous l'impulsion du moment. Les arguments de tel ou tel solliciteur peuvent vous paraître irréfutables, mais qu'en savez-vous au juste ? Si on tente de faire des pressions pour hâter une décision (dans le genre « profitez-en pendant que ça passe, tout sera vendu d'ici demain »), c'est très mauvais signe. Mieux vaut rater une bonne occasion que d'engloutir ses épargnes dans un placement douteux. Prenez tout votre temps pour peser le pour et le contre de votre décision. Encore ici, consultez des experts, faites-vous aider.

3) Renseignez-vous sur le solliciteur

Ne vous laissez jamais impressionner par une adresse prestigieuse, par une documentation séduisante, par des références ronflantes. Le fait que la maison Ratoureux ait son siège social dans un prestigieux édifice du centre-ville, avec bureaux à New York et à Tokyo, NE VEUT RIEN DIRE. Les coupures d'articles de journaux, même si elles proviennent du *Wall Street Journal*, ne veulent rien dire non plus ! Il se peut que vous soyez, effectivement, approché par une maison sérieuse, tout à fait digne de confiance. Mais si vous n'en êtes pas certain, abstenez-vous de tout engagement. Renseignez-vous sur le solliciteur et son employeur. Vérifiez ses références. Informez-vous auprès de la Commission des valeurs mobilières du Québec. Faites affaire avec une institution dont la crédibilité est solidement établie.

4) Soyez certain de tout comprendre

Ne vous engagez JAMAIS dans un placement que vous ne comprenez pas. Demandez des explications. Si celles-ci ne sont pas assez claires, n'ayez pas peur de faire rire de vous : posez encore plus de questions. Assurez-vous de bien saisir toute la portée de votre engagement.

Ces quelques précautions ne vous garantissent pas forcément un rendement plus élevé. Même les placements gérés par les maisons les plus sérieuses, munies de toutes les protections juridiques que vous pouvez imaginer, peuvent vous faire perdre votre chemise! Mais, au moins, mettez le plus de chances possible de votre côté en évitant escrocs et placements douteux!

Aide-mémoire

■ Dans presque tous les cas, le rendement sur un placement augmente avec le risque.

■ Peu importe le genre de placement que vous envisagez, assurez-vous toujours de bien comprendre le sens et la portée de votre engagement.

■ Les priorités de l'investisseur devraient normalement prendre la forme d'une échelle à six degrés:
1) les dépôts bancaires
2) l'immobilier
3) les obligations
4) les actions
5) les collections et autres biens assimilés
6) les métaux précieux et autres produits spéculatifs

■ Plus les taux d'intérêt montent, plus le prix d'une obligation ordinaire (à ne pas confondre avec l'obligation d'épargne) descend. Plus les taux d'intérêt descendent, plus l'obligation vaut cher.

■ Vous ne réglerez aucun de vos problèmes financiers à la Bourse. N'allez jamais y investir toutes vos épargnes.

■ La règle d'or pour mettre les chances de votre côté à la Bourse: suivre le marché de près, se tenir au courant, se renseigner, connaître la vie des entreprises.

■ Les fluctuations des cours n'ont rien à voir avec la taille des sociétés. On peut engloutir une fortune dans une grande multinationale super-solvable!

■ Un bon truc: avant d'investir à la Bourse, constituez-vous un portefeuille fictif, et administrez-le pendant quelques mois.

- Sachez lire les pages financières des journaux.

- On peut gagner (ou perdre) des fortunes en spéculant sur les métaux précieux, les denrées, les céréales, le bétail.

- Dans tous les cas, ces placements hautement risqués ne s'adressent pas au petit épargnant. N'allez pas investir vos épargnes dans l'or !

- Les placements assortis de généreux abris fiscaux ne sont pas toujours aussi avantageux qu'on pourrait le croire à première vue.

9

votre épargne-retraite

L'épargne-retraite :
un placement en or

Dès que votre revenu dépasse les 20 000 $, les régimes enregistrés d'épargne-retraite (REÉR) représentent un des placements les plus intéressants que vous puissiez effectuer. On a souvent décrit les REÉR comme des abris fiscaux. En fait, ils représentent plutôt une forme d'impôt différé : tôt ou tard, vous aurez à payer de l'impôt sur votre REÉR. En ce sens, l'« abri » n'est que temporaire. Malgré cela, comme nous allons le voir, un REÉR constitue généralement un excellent placement, et il n'est pas surprenant de voir, à chaque année, des centaines de milliers de contribuables y adhérer pour diminuer leurs impôts tout en se préparant une retraite plus confortable.

Le fonctionnement du REÉR est simple : vous déposez un montant X, et la totalité de ce montant est déductible de votre revenu imposable de l'année. Ce dépôt est soumis à un plafond.

Comme votre dépôt est effectué pendant une période de votre vie où vos revenus sont relativement élevés, vous réalisez une économie d'impôt en conséquence. Lorsque vous prendrez votre retraite, il est vraisemblable que vos revenus subiront une forte diminution. En retirant alors votre argent de votre REÉR, selon les différentes formules proposées par les institutions financières, vous paierez de l'impôt, mais à un taux moindre (puisque vos revenus sont moindres). Nous reparlerons de ces diverses formules un peu plus loin.

Tous les intérêts et autres revenus de placements qui s'accumulent dans votre REÉR sont exempts d'impôts tant que vous n'y touchez pas. C'est cela qui rend le REÉR particulièrement intéressant. Faisons abstraction un moment de la déduction fiscale, et ne considérons que le rendement sur votre investissement.

Disons que vous déposez 1 000 $ dans un REÉR à chaque année, et que ce REÉR vous rapporte du 10 p. cent. Les intérêts étant capitalisés au fur et à mesure qu'ils sont versés, vous commencerez, à compter de la deuxième année, à profiter des « intérêts sur les intérêts ».

Le tableau suivant indique à quelle progression votre argent « fera des petits » :

Au début de la première année, vous déposez .... *1 000 $*
Vous recevez des intérêts de .... *100 $*

Solde à la fin de la première année .... **1 100 $**

La deuxième année, vous déposez .... *1 000 $*
Ce qui porte votre solde à .... *2 100 $*
Et vous rapporte des intérêts de .... *210 $*

Solde à la fin de la deuxième année .... **2 310 $**

La troisième année, vous déposez .... *1 000 $*
Ce qui porte votre solde à .... *3 310 $*
Et vous rapporte des intérêts de .... *331 $*

Solde à la fin de la troisième année .... **3 641 $**

Poursuivons le calcul :

Année	Solde en début d'année	Dépôt	Intérêts	Solde en fin d'année
3	2 310	1 000	331	3 641
4	3 641	1 000	464	5 105
5	5 105	1 000	611	6 716
6	6 716	1 000	772	8 488
7	8 488	1 000	949	10 437
8	10 437	1 000	1 144	12 581
9	12 581	1 000	1 358	14 939
10	14 939	1 000	1 594	17 533
11	17 533	1 000	1 853	20 386
12	20 386	1 000	2 139	23 525
13	23 525	1 000	2 453	26 978

14	26 978	1 000	2 798	30 776
15	30 776	1 000	3 178	34 954
16	34 954	1 000	3 595	39 549
17	39 549	1 000	4 055	44 604
18	44 604	1 000	4 560	50 164
19	50 164	1 000	5 116	56 280
20	56 280	1 000	5 728	63 008
21	63 008	1 000	6 401	70 409
22	70 409	1 000	7 141	78 550
23	78 550	1 000	7 955	87 505
24	87 505	1 000	8 851	97 356
25	97 356	1 000	9 836	108 192
26	108 192	1 000	10 919	120 111
27	120 111	1 000	12 111	133 222
28	133 222	1 000	13 422	147 644
29	147 644	1 000	14 864	163 508
30	163 508	1 000	16 451	180 959
31	180 959	1 000	18 196	200 155
32	200 155	1 000	20 116	221 271
33	221 271	1 000	22 227	244 498
34	244 498	1 000	24 550	270 048
35	270 048	1 000	27 105	298 153
36	298 153	1 000	29 915	329 068
37	329 068	1 000	33 007	363 075
38	363 075	1 000	36 408	400 483
39	400 483	1 000	40 148	441 631
40	441 631	1 000	44 263	486 894
41	486 894	1 000	48 789	536 683
42	536 683	1 000	53 768	591 451
43	591 451	1 000	59 245	651 696
44	651 696	1 000	65 270	717 960
45	717 960	1 000	71 896	790 856

Eh oui ! quelqu'un qui aurait 20 ans aujourd'hui, et déposerait 1 000 $ par année dans un REÉR jusqu'à l'âge de la retraite, à 65 ans, se retrouverait à la tête d'un joli petit capital dépassant trois quarts de million de dollars. Si le rendement est plus élevé, ou si les dépôts annuels sont plus importants, on peut atteindre le million. Toujours à 10 p. cent d'intérêt par année, par exemple, un dépôt annuel de 1 400 $ signifie, au bout de 45 ans, 1,1 million de dollars !

Bien sûr, nous venons de faire là un calcul assez brut, en supposant que le dépôt était effectué au début de chaque année (pour profiter de l'intérêt sur douze mois), en supposant aussi que l'intérêt était versé une fois par année. Si l'intérêt est versé semi-annuellement, le rendement sera évidemment meilleur. Mais tout cela ne change pas grand-chose au principe. Un dépôt annuel dans un REÉR pendant des années rapporte beaucoup beaucoup !

Trois conditions essentielles

Pour qu'un tel programme réussisse à porter ses fruits, il faut remplir trois conditions essentielles :

☐ D'abord, il faut éviter que le gouvernement vienne gruger vos intérêts au fur et à mesure que vous les gagnez. D'où la nécessité de recourir au REÉR. Dans le calcul que nous venons de voir, on remarque l'avantage du REÉR dès la cinquième année. Pour la première fois, cette année-là, les intérêts dépassent 500 $. Cela veut dire que le fisc entre en scène. Les premiers 500 $ de revenus d'intérêt sont exempts d'impôts. Mais tout l'excédent est imposable. Si notre déposant n'avait pas de REÉR, les intérêts ne pourraient jamais s'accumuler au même rythme.

☐ Ensuite, sous aucun prétexte, il ne faut toucher à l'argent déposé. Regardons attentivement la progression des épargnes, au tableau. Cela prend 13 ans avant d'atteindre les 25 000 $, et douze autres années avant de dépasser le cap des 100 000 $. Mais à partir de là, les choses vont se précipiter et les intérêts, qui réduisent, en comparaison, notre dépôt de 1 000 $ à des poussières, viendront massivement gonfler le solde. En d'autres termes, une telle formule ne devient vraiment «payante» qu'à mesure que se rapproche la date d'échéance. Si nous avions poussé l'exemple un peu plus loin et ajouté cinq années de plus à notre table (soit 50 ans), les épargnes accumulées friseraient 1,3 million de dollars ! Il faut donc tout simplement oublier, jusqu'à l'âge de la retraite, l'argent que l'on dépose dans un tel programme.

☐ Enfin, cela va de soi, il faut commencer à déposer le plus jeune possible. Pour les 40 ans et plus, un dépôt annuel plus substantiel contribuera à adoucir la retraite, mais, pour des raisons évidentes, ne rapportera jamais autant d'intérêts qu'un programme étalé sur 40 ans. Il faut cependant ajouter qu'il n'est jamais trop tard pour commencer à déposer dans un REÉR. Celui qui commence tôt a peut-être plus d'argent en bout de ligne, c'est vrai, mais, comme nous allons le voir, il est aussi davantage victime de l'inflation.

L'envers de la médaille

Magnifique, alors! Je commence à déposer tout de suite!

Attention : le calcul que nous venons de faire peut susciter toutes sortes de rêves. Sur papier. Avant de tracer de mirifiques projets, voyons l'autre côté de la médaille.

En premier lieu, une des trois conditions essentielles, celle de commencer à déposer jeune, comporte en soi des inconvénients. Commencer à déposer jeune, c'est bien beau, mais pas à la condition de se priver de l'essentiel, à 20 ou 25 ans, pour préparer sa retraite! D'autant plus que le 1 000 $ qu'on dépose aujourd'hui peut nous procurer beaucoup plus de biens et de services que 1 000 $ dans quarante ans.

Et c'est là l'inconvénient majeur d'un tel programme. Si vous commencez à déposer en 1987, vous serez payé, dans 40 ans, en dollars de 2027. Combien vaudra votre beau million en 2027? 100 000 $? 200 000 $? En 1947, il y a quarante ans, un dollar canadien valait six de nos dollars. En faisant le même calcul (de façon purement hypothétique, parce que personne ne peut dire ce que sera l'inflation au cours des quatre prochaines décennies), on pourrait dire qu'un million, dans 40 ans, vaudra 166 000 $ de nos dollars.

Cette considération ne doit surtout pas vous décourager d'épargner tôt en vue de la retraite. Mieux vaut arriver à la retraite avec un certain capital, aussi abîmé, grugé et rogné soit-il par l'inflation, que de dépendre entièrement des fonds de pension.

Voilà pour le principe. Mais il y a des modalités. Les REÉR sont soumis à certaines règles, et ils ne sont pas avantageux pour tout le monde de la même façon. Ils peuvent également servir à d'autre chose que la retraite. Enfin, les institutions financières offrent un éventail considérable de REÉR différents, et il n'est pas toujours facile de s'y retrouver.

Avant de songer à investir dans un REÉR, tout contribuable devrait se poser un certain nombre de questions, comme vous pourrez le voir dans les pages qui suivent.

Questions et réponses
à propos des REÉR

☐ **Quel est le type de REÉR le mieux adapté à ma situation?**

Il existe quatre grands types de régimes enregistrés d'épargne-retraite. Il importe de bien faire la distinction entre les quatre, de façon à adapter ses placements en fonction de sa situation et de ses objectifs. Le tableau permet de saisir les avantages et inconvénients de chaque type de REÉR. Les comptes d'épargne et les dépôts à terme représentent, à eux seuls, les trois quarts des fonds déposés dans les REÉR par les contribuables canadiens.

LES QUATRE TYPES DE REÉR

1) Le compte d'épargne

Description

■ Semblable aux comptes d'épargne stable (ou épargne véritable) offerts dans les banques, caisses populaires, sociétés de fiducie. L'intérêt est généralement calculé sur le solde mensuel minimal, et versé à tous les six mois. Il peut exister des variantes (plus ou moins avantageuses, selon le cas) selon les institutions. Le taux d'intérêt varie selon les conditions du marché.

Avantages

■ Grande flexibilité. On peut retirer son argent en tout temps et le transférer dans un autre type de REÉR. Très avantageux, par exemple, si les taux d'intérêt se mettent à grimper.

■ Aucun honoraire dans la plupart des institutions.

■ Aucun facteur de risque.

Inconvénients

■ Faible rendement.

2) Les dépôts à terme

Description

■ Semblables aux dépôts à terme offerts dans les institutions financières. Le déposant s'engage pour une période déterminée. On distingue les dépôts à court terme (moins d'un an) des dépôts à plus long terme (un an à cinq ans). Dépendant des conditions du marché, les taux varient selon le terme. Certaines institutions offrent des dépôts à taux variables, dont le rendement varie selon le marché. Les intérêts sur ce genre de dépôt sont généralement crédités à tous les six mois.

Avantages

■ Meilleur rendement que les comptes d'épargne.

■ Aucun honoraire dans la plupart des institutions.

■ Rendement assuré jusqu'à l'échéance (donc, protection contre des éventuelles baisses de taux d'intérêt).

■ Aucun facteur de risque.

Inconvénients

■ Le capital du déposant est immobilisé jusqu'à l'échéance.

---

3) Les fonds de placement

Description

■ Formule inspirée des fonds mutuels. Le client achète un certain nombre d'unités (ou de «parts») d'un fonds administré par l'institution financière qui gère le dépôt. On distingue surtout les fonds d'actions, les fonds d'obligations, les fonds hypothécaires. Certaines institutions offrent aussi des fonds plus spéculatifs (actions d'entreprises engagées dans l'exploration pétrolière, par exemple), ou plus sophistiqués (fonds d'actions américaines, qui ne doit pas excéder une limite prévue par la loi).

Avantages

■ Si le fonds est bien administré, chances de rendements élevés.

■ La plupart des institutions offrent la possibilité de retirer le dépôt sur préavis.

■ Dans le cas des fonds hypothécaires et des fonds d'obligations, les risques sont peu élevés. Les portefeuilles d'obligations sont habituellement constitués de valeurs sûres : Hydro-Québec, Hydro-Ontario, gouvernements fédéral et provinciaux, municipalités, grandes corporations, commissions scolaires.

Inconvénients

■ Dans le cas des fonds d'actions, le rendement est lié aux fluctuations du marché boursier.

■ Le déposant doit, dans tous les cas, placer toute sa confiance dans les administrateurs du fonds.

■ Les risques sont encore plus élevés dans le cas de certains fonds spéciaux (fonds pétroliers, par exemple).

■ Les institutions imposent des honoraires (variables d'une institution à l'autre ; généralement, de 1 à 2 p. cent de la valeur du portefeuille).

4) Le régime autogéré

Description
■ Le client dépose dans son REÉR les titres qui lui plaisent : actions, obligations, titres hypothécaires, etc. Il doit lui-même indiquer la composition de son portefeuille à l'institution qui reçoit le dépôt. La plupart des institutions offrent des régimes à gestion de portefeuille ; ces régimes fonctionnent selon le même principe que le REÉR autogéré, mais le client bénéficie en outre des conseils et recommandations de spécialistes. Dans le cadre des REÉR autogérés, on peut aussi déposer des obligations d'épargne ou devenir son propre prêteur hypothécaire.

Avantages
■ Pour l'investisseur familier avec le marché boursier ou le marché obligataire, possibilité de rendement élevé.

■ Dans le cas du REÉR-obligations d'épargne, aucun facteur de risque. Liquidité, capital et intérêts garantis.

■ Intéressante possibilité, pour les propriétaires de maisons, de verser tous les intérêts sur leur hypothèque dans leur REÉR (voir article séparé).

■ Possibilité de retrait en tout temps.

Inconvénients
■ Honoraires élevés (généralement, oscillant autour de 100 $ par année).

■ Dans le cas des régimes à gestion de portefeuille, les honoraires peuvent dépasser 1 000 $ par année.

■ Risques élevés pour le déposant qui ne s'intéresse pas au marché boursier.

Pour obtenir le meilleur rendement sur votre épargne, la stratégie à suivre, dans le cas d'un REÉR, est sensiblement la même que dans le cas des certificats de dépôt : si les taux d'intérêt ont tendance à baisser, on investit à court terme. S'ils ont tendance à monter, on investit dans un compte d'épargne stable (afin de profiter à temps de la déduction fiscale) puis, lorsqu'ils ont atteint des niveaux suffisamment élevés, on transfère le tout dans un dépôt à long terme. Le tout, évidemment, est de bien suivre l'évolution des taux d'intérêt.

Les produits pouvant comporter certains risques, comme les fonds d'actions, intéresseront surtout les contribuables plus jeunes (40 ans et moins), qui peuvent se permettre le luxe d'encaisser une baisse temporaire, voire prolongée, du marché boursier. Avant de placer des actions dans un REÉR autogéré, familiarisez-vous avec l'ABC du marché boursier.

■ Devenez votre propre prêteur hypothécaire

Si vous disposez d'épargnes substantielles dans un Régime enregistré d'épargne-retraite, et si vous êtes sur le point de contracter ou de renouveler une hypothèque, vous pouvez envisager l'acquisition d'un REÉR-hypothèque. C'est une excellente façon de faire «travailler» votre REÉR en votre faveur.

On a vu qu'il existe plusieurs sortes de REÉR, dont le REÉR autogéré, où vous pouvez déposer un éventail considérable de titres et valeurs, y compris les titres hypothécaires. Quelqu'un qui a prêté sur hypothèque à une deuxième personne, par exemple, peut accumuler les versements mensuels de l'emprunteur dans son REÉR.

À partir de là, l'idée du REÉR-hypothèque est facile à saisir : vous prenez l'argent de votre REÉR autogéré pour le prêter sur hypothèque à un emprunteur... qui n'est autre que vous-même! Vous êtes à la fois le débiteur et le créancier.

Il ne faut pas confondre le REÉR-hypothèque avec les REÉR-Fonds d'hypothèques, offerts par plusieurs institutions financières. Ces derniers fonctionnent sur le principe des fonds mutuels : vous achetez une ou plusieurs participations dans un fonds, et la société l'administre en prêtant de l'argent sur hypothèque.

Dans le cas du REÉR-hypothèque, il y a un prêteur (vous) et un emprunteur (vous également).

Trois avantages

Il y a trois grands avantages à opter pour le REÉR-hypothèque :

☐ *Le premier est évident : les intérêts sur un prêt hypothécaire sont considérables. Sur un prêt de 35 000 $ à 12 p. cent amorti sur 25 ans, les intérêts à eux seuls représentent plus de 73 000 $. Si, en tant qu'emprunteur, vous vous adressez à un prêteur conventionnel, tous ces intérêts seront évidemment perçus par le prêteur, et perdus pour vous. Par contre, en tant que créancier, c'est vous qui amasserez ce rondelet pécule dans votre REÉR.*

☐ *Deuxièmement, en tant que prêteur, vous pouvez, à l'intérieur d'un seuil de tolérance raisonnable, fixer le taux d'intérêt qui vous plaît. Celui-ci peut être inférieur au taux du marché : vous désirez faire un «cadeau» à votre «emprunteur»? Pourquoi pas! Il peut aussi être supérieur, si vous préférez obtenir un meilleur rendement de votre REÉR, et si votre emprunteur «consent» à payer plus cher pour assurer une meilleure retraite au prêteur!*

Toutefois, ces prêts étant assurés par la Société d'assurance-hypothèques ou, selon le cas, par la Société centrale d'hypothèque et de logement, votre marge de manoeuvre est quand même limitée. La marge de manoeuvre, d'un côté comme de l'autre, peut être évaluée dans le meilleur des cas à deux points de pourcentage. Certaines institutions sont plus ouvertes que d'autres à ce sujet.

Ainsi, si le taux du marché est de 10,75 p. cent, le taux que vous exigerez de votre emprunteur (c'est-à-dire vous-même) devra se situer entre 8,75 et 12,75 p. cent. Cela peut signifier des épargnes intéressantes en ce qui concerne votre remboursement. Deux points de pourcentage, sur une hypothèque de 25 000 $ amortie sur 25 ans, représentent environ 35 $ par mois. En tant qu'emprunteur, vous pourrez aussi gonfler le rendement du REÉR de votre prêteur dans la même proportion. Attention : ce seuil de tolérance n'est pas accordé partout, et il vous appartient de vous renseigner auprès des différentes institutions financières.

□ Enfin, le REÉR-hypothèque présente le même avantage que tous les REÉR. Tous les fonds qui s'y accumulent sont exempts d'impôt, tant que vous n'y touchez pas. Lorsque vous commencerez à puiser dans les fonds accumulés dans votre REÉR, à l'âge de la retraite, vous serez imposé à un taux moindre qu'au moment où vous réglerez votre hypothèque (période correspondant normalement à des bons revenus sur le marché du travail).

Pour profiter du REÉR-hypothèque, vous devez nécessairement avoir accumulé, au fil des années, le montant du prêt hypothécaire dans votre REÉR. L'institution financière qui administre votre REÉR peut se charger des formalités de transfert, d'une forme de REÉR à l'autre. Les frais peuvent varier d'une institution à l'autre. Il y a aussi des frais pour l'administration du REÉR autogéré, ainsi que les frais habituellement exigés lors de la signature d'un contrat de prêt hypothécaire.

Un jeune couple qui en est à son premier emprunt hypothécaire peut sans doute difficilement acquérir un REÉR-hypothèque. Il est probable que les fonds accumulés dans le REÉR d'un des deux conjoints, ou des deux, s'ils en ont, ne soient pas suffisants. Mais rien ne vous empêche, si vous êtes dans cette situation, de commencer dès maintenant à déposer dans un REÉR, en vue de l'acquisition du REÉR-hypothèque lors du deuxième ou du troisième renouvellement. Les détenteurs qui optent pour des dépôts à terme prendront soin de faire coïncider l'échéance de leurs certificats en fonction de la date du renouvellement.

On ne peut pas combiner les REÉR des deux conjoints pour faire un seul REÉR-hypothèque. Par contre, les deux conjoints peuvent unir leurs épargnes pour faire un seul prêt hypothécaire. Par exemple, Monsieur a accumulé 17 000 $ dans son REÉR, et Madame 12 000 $. Le couple désire transformer ces épargnes en une hypothèque de 29 000 $. Madame ne peut pas verser ses 12 000 $ dans le REÉR de Monsieur sans subir de pénalité fiscale (Monsieur ne peut pas davantage faire le contraire). Mais rien n'empêche Monsieur de se prêter 17 000 $ à lui-même, et Madame de prêter ses 12 000 $ à Monsieur. Il y a, à ce moment, deux « prêteurs » et, à chaque mois, les versements seront effectués dans les deux REÉR, en proportion de l'importance de chaque « prêteur ».

Tout cela est bien beau, et parfaitement réalisable. Mais il faut savoir que la mise sur pied d'un REÉR-hypothèque peut entraîner des frais considérables. Il vous faut payer tous les frais normalement exigés dans le cas d'un transfert d'hypothèque, ou de nouvelle demande de prêt hypothécaire. Ensuite, à chaque année, vous devrez assumer les frais de gestion de votre REÉR autogéré. Pour toutes ces raisons, les spécialistes considèrent que le REÉR-hypothèque ne devrait être envisagé qu'à partir de 20 000 $.

☐ Puis-je retirer l'argent déposé dans un REÉR ?

Sauf dans le cas de dépôts à terme, où il faut attendre l'échéance (à moins d'être prêt à subir une forte pénalité), la réponse est oui, et n'importe quand. Dans certains cas, il faut donner un préavis (variant de cinq jours à un mois, selon le type de régime et l'institution). Le contribuable qui retire ses fonds d'un REÉR, toutefois, devra ajouter ce montant à son revenu de l'année, et payer des impôts substantiels. Dans un premier temps, l'institution financière peut effectuer, pour le compte du fisc, un premier prélèvement avant de vous remettre votre argent. Si ce prélèvement est trop élevé, vous recevrez un retour d'impôt en conséquence lors de votre prochaine déclaration. S'il est trop bas, vous devrez fournir la différence. Tout cela est normal : n'oublions pas que, lorsque vous avez déposé dans votre REÉR, le gouvernement vous a permis une généreuse déduction d'impôt. Vous retirez ? Eh bien ! comme dit la chanson, voici l'heure de payer !

On peut cependant retirer l'argent placé dans un REÉR pour le déposer dans un autre type de REÉR. Par exemple, lors de l'échéance d'un dépôt à terme, vous pouvez tout transférer dans un REÉR-fonds d'actions, ou encore acheter des actions de telle ou telle entreprise et tout déposer dans un REÉR autogéré ; de la même façon, rien ne vous empêche de transformer votre REÉR d'épargne stable en obligations d'épargne, ou des actions en REÉR-hypothèque. Tout cela peut se faire sans pénalité fiscale. Les institutions qui effectuent ces transformations vous demanderont toutefois des frais, qui peuvent varier selon la complexité des transactions.

Enfin, on peut aussi transférer un REÉR d'une institution financière à l'autre sans subir, là non plus, de pénalité fiscale. L'important, dans tous ces cas de transferts et de transformations, est de ne pas effectuer de retraits. Tant que vous ne touchez pas à ce qui est accumulé dans votre REÉR, vous ne payez pas d'impôt. On ne peut toutefois pas emprunter sur la garantie d'un REÉR. L'argent retiré d'un REÉR n'est pas toujours disponible immédiatement. Les institutions financières ont généralement besoin d'un délai de quelques jours, voire de quelques semaines, pour traiter votre demande.

On ne peut pas retirer une fraction de REÉR. Mais il est quand même possible de le faire grâce à un simple jeu d'écritures : il suffit d'ouvrir un deuxième REÉR, d'y transférer la partie des fonds que vous désirez conserver, puis de fermer le premier REÉR.

☐ Quel est le maximum d'argent que je peux déposer dans un REÉR?

Pour les travailleurs autonomes, auparavant plafonnés à 5 500 $, les nouveaux plafonds, jusqu'en 1991, sont les suivants :

Année	Plafond
1986	7 500
1987	7 500
1988	9 500
1989	11 500
1990	13 500
1991	15 500

Pour les salariés qui contribuent déjà à un régime de pension enregistré, le plafond est de 3 500 $, MOINS la contribution à ce fonds de pension. Si vous avez versé 1 500 $ au fonds de pension en vigueur chez votre employeur, votre contribution maximale au REÉR est donc de 2 000 $. Ce plafond de 3 500 $ ne doit pas dépasser 20 p. cent de votre revenu.

Les régimes de participation différée aux bénéfices doivent être inclus dans le calcul du plafond.

À compter de 1988, un nouveau mode de calcul entrera en vigueur. Votre contribution maximale ne sera plus uniquement déterminée en fonction de vos cotisations à votre fonds de pension, mais aussi en fonction de la participation de votre employeur, le tout étant basé sur un « facteur d'équivalence » que le gouvernement calculera à chaque année. Les contribuables seront informés par écrit, avant la date limite, du montant maximal qu'il leur sera permis de verser dans leur REÉR.

Si vous quittez votre emploi et retirez, de ce fait, le fonds de pension accumulé chez votre employeur, vous devriez normalement payer de l'impôt sur ce montant. Vous pouvez mettre ces fonds à l'abri du fisc en les déposant dans un REÉR, peu importe le montant. Ce transfert n'affecte en rien votre maximum admissible pour l'année en cours. Autrement dit, vous pouvez toujours, en plus de déposer les fonds accumulés dans votre régime de pension, investir jusqu'à la limite des plafonds que nous venons de voir. En outre, jusqu'à l'âge de 71 ans, vos revenus de pensions, y compris les pensions de vieillesse et les prestations du Régime des rentes du Québec, peuvent être versés dans votre REÉR.

☐ Quelle est la date limite pour déposer dans un REÉR ?

Pour profiter de la déduction fiscale, on doit faire son dépôt au plus tard le 28 février de l'année suivante. Pour 1986, par exemple, la date limite est le 28 février 1987. Toutefois, il n'est pas toujours avantageux d'attendre la date limite. Si vous pouvez déposer plus tôt dans l'année, en autant que vous en avez les moyens, vos intérêts seront calculés sur une période plus longue. Diverses institutions offrent des REÉR par versements. Au lieu d'attendre à la dernière minute, vous déposez un montant à chaque mois. Cela atténue l'effort d'épargne tout en rapportant davantage d'intérêts.

☐ Que faire si je n'ai pas l'argent nécessaire pour déposer dans un REÉR avant la date limite ?

Pour déposer dans un REÉR, la solution idéale est, évidemment, d'avoir le capital à portée de la main. Mais on peut quand même profiter du régime en empruntant. Dans un certain sens, ce peut même être avantageux de le faire : le montant d'impôt que vous épargnerez, surtout si votre seuil d'imposition est élevé, sera probablement supérieur aux intérêts que vous devrez verser sur votre prêt. Attention, cependant ! L'emprunt effectué pour déposer dans un REÉR doit être soumis aux mêmes règles de prudence qui entourent tout emprunt. Assurez-vous que ce prêt n'étire pas indûment votre marge de crédit. Soyez certain d'être en mesure de le rembourser rapidement. Si votre endettement a déjà atteint un seuil critique, laissez passer l'abri fiscal pour un an ou deux...

☐ Puis-je déposer de l'argent dans le REÉR de mon conjoint et réclamer une déduction pour moi-même ?

Oui. Mais jusqu'au plafond permis par le fisc. Si votre plafond est de 3 500 $, et que vous l'avez déjà atteint, un dépôt dans le REÉR de votre conjoint ne vous donnera droit à aucune déduction fiscale additionnelle. En d'autres termes, vos impôts dans votre REÉR et dans celui de votre conjoint, réunis, sont soumis au plafond de 3 500 $. Ce calcul tient toujours compte du fonds de pension de votre employeur, le cas échéant.

☐ Peut-on combiner un REÉR avec d'autres abris fiscaux, comme le Régime d'épargne-actions du Québec (RÉA) ?

Vous ne pouvez pas combiner le REÉR et le RÉA, qui sont deux choses différentes. Par contre, au bout de deux ans, rien ne vous empêche de retirer votre contribution d'un RÉA, sans subir de pénalité fiscale, et de déposer le produit de ce retrait dans un REÉR. À condition que les actions incluses dans votre RÉA n'aient pas dégringolé entre-temps, vous obtenez deux avantages fiscaux pour un seul investissement initial. Il existe toutefois quelques rares véhicules permettant d'obtenir une « double » réduction d'impôt. Un des plus accessibles est le Fonds de solidarité de la Fédération des travailleurs du Québec (FTQ). En plus de la déduction relative au REÉR, un investissement dans ce fonds vous permet une déduction supplémentaire de 20 p. cent, à la fois au fédéral et au provincial. Toutefois, les fonds déposés dans ce véhicule sont gelés jusqu'à la retraite, sauf en cas de circonstances exceptionnelles (invalidité, par exemple). Le fonds de solidarité fonctionne sur le principe des fonds mutuels : les administrateurs investissent les contributions des participants dans des entreprises, et les parts peuvent prendre ou perdre de la valeur selon la bonne ou la mauvaise fortune de ces compagnies.

☐ Combien d'impôts vais-je épargner en déposant dans un REÉR ?

Il existe à ce sujet autant de réponses (ou presque) que de contribuables ! Cela peut dépendre de votre seuil d'imposition, de votre situation matrimoniale, des différentes déductions que vous pouvez réclamer. Il existe, en gros, une méthode simple pour calculer votre économie d'impôt rapidement. Prenez votre dernier chèque de paie, et calculez quel est le pourcentage de votre revenu brut consacré aux impôts fédéral et provincial (ne tenez pas compte des autres déductions, comme les régimes de pensions, l'assurance-chômage, le syndicat, etc.). Appliquez ce même pourcentage à votre contribution au REÉR. Le résultat vous donnera une approximation de votre économie d'impôt. Par exemple, si vous payez 35 p. cent d'impôt (fédéral et provincial, ensemble), et que vous déposez 2 000 $ dans un REÉR, votre économie d'impôt sera au moins de 700 $ (35 p. cent de 2 000 $). Cette méthode vous donne un aperçu de votre épargne minimale. Votre épargne réelle sera calculée sur votre taux marginal d'imposition, et sera donc plus élevée que cela. Pour un calcul plus précis, vous pouvez vérifier votre taux marginal en téléphonant à Revenu Canada et Revenu Québec.

☐ À quel âge doit-on commencer à déposer dans un REÉR ?

Cela dépend des revenus de chacun. Lorsqu'on est jeune, qu'on a un premier emploi, il y a d'autres priorités. Régler les dettes contractées pendant ses études, par exemple. D'autant plus que vos revenus (et votre taux d'imposition) ont toutes les chances d'augmenter avec les années. Il n'est guère avantageux de se précipiter sur un abri fiscal comme le REÉR lorsque son palier d'imposition est au bas de l'échelle. Le REÉR, ne l'oublions jamais, est une forme d'impôt différé. Tôt ou tard, vous devrez payer le fisc.

Plus vos revenus sont élevés, plus le REÉR est avantageux. À l'inverse, un jeune salarié qui arrive sur le marché du travail commence souvent au bas de l'échelle et ses revenus sont peu élevés. L'effort d'épargne qu'il doit fournir (peut-être même en se privant d'autre chose) pour arriver à déposer dans son REÉR est considérable. Mais, comme son taux d'imposition n'est guère élevé, son retour d'impôt n'en vaudra guère la peine dans bien des cas.

☐ Le REÉR peut-il servir à d'autres fins que la retraite ?

Certainement! Un REÉR peut vous permettre de prolonger un congé de maternité, de prendre un congé sabbatique, d'adoucir le choc de certains coups durs (grève, mise à pied suivie d'une période de chômage prolongée).

Dans tous les cas, comme nous l'avons vu, vous devrez ajouter le montant de votre retrait à vos revenus de l'année. Mais comme ceux-ci, dans les exemples que nous venons de voir, subiront une forte baisse, vous serez imposé en conséquence.

☐ Qu'est-ce qui arrive à l'âge de la retraite ?

Vous avez le choix entre cinq options :

1- Vous retirez, d'un seul coup, tout le montant accumulé dans votre REÉR au cours des années. C'est l'option la moins avantageuse. Le montant de votre retrait sera ajouté à votre revenu de l'année, et vous serez imposé en conséquence. Si vous avez accumulé un capital important, vous pourrez même payer plus d'impôt que ce que vous avez épargné! Cette option est donc à déconseiller. Pour continuer à faire fructifier votre capital tout en épargnant le maximum d'impôt, il faut choisir une des quatre autres options. Toutefois, votre choix devra être fait au plus tard l'année où vous atteignez 71 ans. Si vous négligez de le faire, tous les fonds accumulés dans le REÉR seront ajoutés à votre revenu de l'année. En d'autres termes, le fisc considérera, à ce moment-là, que vous avez automatiquement choisi la première option.

2- Vous pouvez effectuer des retraits, par tranches, de votre REÉR, au fur et à mesure de vos besoins ou de vos priorités. Les montants retirés deviennent imposables, mais les intérêts continuent à s'accumuler sur le solde. Comme dans la première option, le fisc va considérer qu'à l'âge de 71 ans, tout le montant restant dans votre REÉR devra être retiré et imposable. Ce n'est pas, non plus, la meilleure formule, d'autant plus que les nouveaux règlements concernant les fonds enregistrés de revenus de retraite (FERR) sont maintenant beaucoup plus souples.

3- Vous pouvez acheter une rente viagère prévoyant le paiement d'une rente mensuelle aussi longtemps que vous vivrez. Ces rentes sont financées à même les capitaux accumulés dans votre REÉR. Le montant de la rente varie évidemment en fonction de l'importance de vos fonds. Une rente viagère peut aussi comprendre des dispositions prévoyant, en cas de décès, le versement de la rente au conjoint survivant. Une rente peut aussi être garantie pendant une certaine période, assurant ainsi un versement mensuel à vos héritiers, si vous décédez avant la fin de la période « garantie ».

4- La rente à terme est semblable à la rente viagère, et peut ou non comprendre les mêmes dispositions, sauf qu'elle comporte une limite dans le temps, allant jusqu'à l'âge de 90 ans. À cet âge, vous recevez ce qu'il reste de capital. C'est un peu, si l'on veut, comme une « hypothèque à l'envers ». Quelqu'un qui achète une maison paie d'abord une partie comptant, puis rembourse le reste, capital et intérêts, au fil des années. La rente à terme vous rembourse votre REÉR bouchée par bouchée, et à son échéance, vous recevez le résidu.

5- Enfin, le Fonds enregistré de revenus de retraite (FERR), également étalé jusqu'à l'âge de 90 ans, vous permet de voir vos revenus augmenter avec le temps. Au début, il se peut que les revenus du FERR soient nettement inférieurs à ceux de la rente viagère ou de la rente à terme. Mais au bout de quelques années, ils deviennent aussi importants, pour ensuite monter en flèche. À l'âge de 90 ans, un FERR procure des revenus de trois à six fois plus élevés que la rente viagère. Le FERR peut être avantageux pour les retraités qui continuent, pendant les premières années suivant leur retraite, de gagner des revenus occasionnels. Il constitue un bon rempart contre l'inflation. Ce fonds peut être administré par son détenteur; on peut ainsi avoir des FERR autogérés, comme des REÉR autogérés. Les nouveaux règlements concernant les FERR permettent aux retraités de détenir autant de FERR qu'ils le désirent. En outre, les retraits ne sont plus plafonnés, comme auparavant.

Il est à peu près impossible de dire quelle est la meilleure des options. Cela varie avec chaque personne. L'option que vous retiendrez dépend d'une foule de facteurs : votre état de santé, vos besoins financiers, votre seuil d'imposition, vos autres revenus et ceux de votre conjoint, etc. La formule idéale n'existe pas. La solution la plus avantageuse, pour beaucoup de retraités, consiste en une combinaison de ces options. Même si la première option n'est pas la plus avantageuse, il se peut que des retraits partiels, combinés à une des trois autres formules, constituent la solution idéale.

Les institutions financières proposent une foule de programmes aux retraités. Prenez bien votre temps pour peser le pour et le contre de chaque proposition. Ce que vous ferez de votre REÉR, à la retraite, constitue une des décisions les plus importantes de votre vie, surtout si vous y avez accumulé, avec les années, un montant substantiel. Avant de vous engager à quoi que ce soit, il est recommandé de consulter un professionnel neutre (un comptable, par exemple) en qui vous avez confiance. Les quelques frais que ce genre de consultation peut entraîner seront amplement compensés.

Aide-mémoire

■ Un régime enregistré d'épargne-retraite ne constitue qu'un abri fiscal temporaire. D'une façon ou d'une autre, vous paierez de l'impôt. Son attrait principal consiste à vous permettre d'en retirer des fonds à un moment de votre vie où vos revenus (et votre seuil d'imposition) seront moins élevés.

■ Pour la majorité des contribuables, le REÉR est un placement très attrayant. Non seulement les montants que vous y déposez y sont-ils à l'abri du fisc, mais les intérêts aussi.

■ Plus votre revenu est élevé, plus le REÉR devient avantageux.

■ Un REÉR peut servir à d'autres fins que la retraite (congé sabbatique, congé de maternité, coussin en cas de coup dur).

■ Les institutions financières proposent une gamme fort étendue de REÉR. Or, les REÉR ne sont pas avantageux de la même façon pour tout le monde. S'il est un produit où cela vaut la peine de bien se renseigner avant d'investir, c'est celui-là.

■ Au moment de la retraite, vous aurez des décisions extrêmement importantes à prendre quant à votre REÉR. N'hésitez pas à consulter un expert neutre.

10

vos
impôts

Votre principale dépense...

À chaque année, au printemps, le même cauchemar hante des millions de contribuables. Pour beaucoup, la production d'une déclaration d'impôt relève en effet du casse-tête chinois ! C'est pour cela qu'un grand nombre de contribuables confient ce travail à des comptables ou à des maisons spécialisées.

Ce livre se veut d'abord un ouvrage de base, et ne constitue surtout pas un traité de fiscalité. D'ailleurs, il existe déjà de très bons ouvrages sur le sujet. Mais rien ne nous empêche de jeter un rapide coup d'oeil sur le sujet.

Il y a de grosses chances pour que l'impôt (fédéral et provincial) soit, de très loin, votre principale « dépense ». Les spécialistes de la fiscalité aiment bien citer une image qui frappe l'imagination : si vous payez le tiers de votre revenu brut en impôts, vous ne commencez à travailler pour vous que le 1er mai. Votre revenu des quatre premiers mois de l'année n'aura en effet servi qu'à payer les gouvernements ! Et cela sans tenir compte des impôts indirects, des impôts fonciers (qui vous touchent, que vous soyez locataire ou propriétaire), de la taxe de vente ! Dans les circonstances, on comprend mieux qu'un budget personnel bien administré soit toujours chiffré en termes de revenus nets !

Il n'y a pas grand-chose que vous puissiez faire pour modifier les lois de l'impôt. Vous pouvez toujours grogner, mais les lois sont là, et vous devez les respecter. Cela dit, rien ne vous empêche de réduire votre impôt (ou, en d'autres termes, d'augmenter votre revenu net) en profitant au maximum des exemptions, déductions, dispositions relavives à l'étalement, et autres aspects des lois fiscales.

Comment faire ? Il y a autant de réponses à cette question que d'individus. Cela dépend d'une infinité de facteurs : l'importance et la provenance de vos revenus, votre statut matrimonial, votre âge, vos enfants, vos régimes de retraite, vos propriétés foncières, votre emploi, vos placements, vos études, vos dons, votre conjoint (ou la pension alimentaire que vous versez à votre ex-conjoint), vos frais de déménagement, vos loyers, vos ceci, vos cela ! On pourrait continuer cette énumération sur des pages et des pages...

Plusieurs éditeurs publient, au printemps, des livres traitant spécifiquement de ces questions. Ils sont généralement plus clairs que les guides publiés par les gouvernements, et répondent aux attentes de la majorité des contribuables. Cependant, comme les lois fiscales évoluent rapidement, ces ouvrages deviennent vite périmés, et peuvent rarement servir de guide plus d'une année.

Ces publications, par exemple, vous indiquent comment profiter de la transférabilité de déductions entre conjoints, ou vous disent s'il est avantageux ou non d'étaler votre revenu (et, si oui, comment le faire).

Le comptable,
un allié

Mais vous pouvez faire encore mieux : recourir aux services d'un comptable. Combien de fois, en voyant tel ami étaler ses plantureux retours d'impôt, n'avez-vous pas entendu la phrase : « J'ai un bon comptable » ! Il y a de grosses chances pour que le comptable de votre ami ne se contente pas de préparer sa déclaration annuelle, mais se charge aussi, moyennant honoraires, de planifier sa fiscalité à l'année longue.

C'est là le secret de votre ami : le comptable le plus rusé du monde ne peut pas réussir à faire mieux que ce que lui permettent les lois de l'impôt, lorsque vous lui apportez tous vos documents, au printemps. Il se contentera alors d'aligner des chiffres, en allant chercher le maximum de déductions permises. C'est bien, certes, mais pas assez. Si vous le prenez comme conseiller fiscal dès le début de l'année, il pourra sans doute mériter plusieurs fois ses honoraires !

Si votre revenu est plus élevé que la moyenne, ou que votre situation fiscale vous semble complexe, vous auriez intérêt à consulter un expert-comptable.

Cela ne veut pas dire que tout le monde devrait avoir un comptable à l'année longue. Beaucoup de contribuables peuvent se tirer seuls du cauchemar de la déclaration annuelle. Vous êtes salarié et tirez vos seuls revenus de votre emploi ! Vous ne recourez à aucun abri fiscal sophistiqué ?

Malgré la relative complexité des formulaires et des guides, il y a de bonnes chances pour vous que vous puissiez remplir votre propre déclaration, vous appuyant, au besoin, sur un livre spécialisé. Vous pouvez, cependant, oublier tel ou tel point permettant d'importantes économies d'impôt ; une simple consultation avec un comptable vous réserverait possiblement de bonnes surprises. Et si le comptable confirme qu'il n'y a ni erreur ni omission coûteuse, tant mieux. Vous en serez d'autant plus rassuré. Si votre situation fiscale n'est pas très complexe, il n'est pas nécessaire de voir le comptable à chaque année. Une consultation occasionnelle suffira.

Ajoutons à cela quelques règles de base :

☐ Ceux qui ne produisent pas de déclaration annuelle se jouent sans doute un mauvais tour. Non seulement parce qu'ils transgressent la loi, mais aussi parce que, dans bien des cas, ils se privent d'un remboursement. Trois contribuables sur quatre ont droit à un remboursement, lors de la production de leur déclaration. Ce serait quand même bête de s'en priver ! Si vous n'avez pas produit de déclaration depuis plusieurs années, il est sans doute dans votre intérêt de contacter vous-même le fisc pour clarifier votre situation. Il s'agit à ce moment de se soumettre à une procédure dite de « déclaration volontaire ». Si le fisc vous doit de l'argent, il vous le remettra. Si c'est vous qui lui en devez, vous devrez d'abord payer le montant dû, plus une amende de 5 p. cent, plus une pénalité équivalant à 1 p. cent par mois de retard, avec un plafond de 12 p. cent. C'est donc dire que le maximum d'amende que vous devrez payer, si c'est vous qui faites les premiers pas, sera de 17 p. cent du montant dû. Par contre, si c'est l'impôt qui vous met la main au collet, non seulement vous devrez payer l'amende de 17 p. cent, mais en plus, une autre pénalité représentant 50 p. cent du montant dû, plus tous les intérêts, sans compter les problèmes avec les tribunaux.

☐ Les abris fiscaux ne sont pas toujours de véritables aubaines. C'est particulièrement vrai de certains placements spéculatifs permettant de mirobolantes exemptions fiscales, comme nous l'avons déjà vu. Insistons là-dessus : l'abri fiscal le plus sensationnel au monde ne vaut RIEN si, au bout du compte, votre retour d'impôt ne suffit pas à rembourser au moins la TOTALITÉ de votre investissement. Comme dans le cas de tout investissement, il faut d'abord considérer la qualité du placement. Une question toujours pertinente, lorsqu'on a à prendre ce genre de décision : sans abri fiscal, est-ce que je ferais le même investissement ? Si la réponse est non, redoublez de vigilance ! Cela ne veut pas dire qu'il faut rejeter les abris fiscaux du revers de la main. Il suffit de bien peser le pour et le contre de chaque proposition.

□ Si vous êtes sur le point de vendre un immeuble à revenus, renseignez-vous sur les dispositions relatives aux gains en capital. Vous auriez probablement intérêt à attendre quelques semaines ou quelques mois avant de vendre, surtout si vous prenez votre décision à l'automne.

Un gain en capital est un profit réalisé sur la vente d'un bien. Certains de ces gains sont imposables. C'est notamment le cas des duplex, triplex, et autres propriétés à revenus. Un gain en capital est imposable à moitié seulement. En outre, le fisc accorde des exemptions qui grimpent d'année en année.

Ces exemptions sont plafonnées aux niveaux suivants :

Année	Exemption
1987	50 000
1988	100 000
1989	150 000
1990	250 000

Comme les gains en capital sont imposables à moitié, vous pouvez doubler tous ces montants pour savoir quel est le montant de gain en capital que vous pouvez réaliser sans être imposé. Attention : ces montants ne s'additionnent pas les uns aux autres, mais sont cumulatifs. Autrement dit, si vous réalisez un gain en capital de 100 000 $ en 1987, vous ne paierez pas un cent d'impôt. Mais, l'année suivante, vous ne pourrez réaliser que 100 000 $ de gain en capital, et non 200 000 $, parce que, l'année précédente, vous avez déjà utilisé votre exemption en totalité. Le montant qu'on peut ainsi réaliser en gain en capital, sans payer d'impôt, est de 500 000 $ pendant toute sa vie.

Puisque le montant de l'exemption grimpe au 1er janvier de chaque année, le propriétaire d'un triplex qui réaliserait un gain en capital supérieur au double de l'exemption devrait forcément payer de l'impôt sur une partie de ce gain... à moins qu'il n'attende en janvier pour vendre. Disons, par exemple, que vous avez payé un triplex 55 000 $, en 1973. Le même immeuble, aujourd'hui, vaut 180 000 $. Le gain en capital est de 125 000 $. Comme l'exemption pour 1987 est de 50 000 $, vous ne paierez pas d'impôt sur les premiers

100 000 $. Mais vous devrez ajouter la différence, soit 25 000 $, à vos revenus et payer de l'impôt en conséquence. Si vous attendez à janvier 1988, alors que l'exemption passe à 100 000 $, vous pourrez vendre sans payer un seul cent d'impôt. Comme vous n'utiliserez pas tout le montant de l'exemption, le reste peut être mis en réserve pour servir dans le cas de gains en capital réalisés plus tard.

☐ Ne payez pas une fortune pour faire remplir vos déclarations. Attention aux escompteurs d'impôt qui réclament un important pourcentage de votre remboursement (10, 15, voire 20 p. cent), en offrant de vous remettre votre retour d'impôt plusieurs mois avant le gouvernement. Si vous avez absolument besoin d'argent, mieux vaut l'emprunter aux taux du marché que de payer 15 p. cent pour deux mois (ce qui revient, sur une base annuelle, à du 90 p. cent) !

Faites payer une partie de vos intérêts hypothécaires par le fisc

Il existe, pour les propriétaires de maisons unifamiliales, un moyen relativement simple de bénéficier d'avantages sur le plan fiscal, un peu comme les propriétaires de duplex, triplex, ou autres propriétés à revenus.

Ces derniers peuvent en effet déduire, entre autres choses, les intérêts hypothécaires touchant les logements qu'ils louent. Un propriétaire de duplex, par exemple, qui occupe le rez-de-chaussée et loue l'étage, pourra déduire la moitié de ses intérêts hypothécaires de son revenu. S'il s'agit d'un triplex, dont un des logements est occupé par le propriétaire et les autres par des locataires, ce sont les deux tiers des intérêts qui sont déductibles. Cela est extrêmement intéressant, surtout dans les premières années qui suivent l'achat, alors que les intérêts hypothécaires représentent des montants considérables. Voyons plutôt : prenons l'exemple d'un triplex de 150 000 $, avec une hypothèque de 125 000 $ à 11 p. cent amortie sur 25 ans. Le propriétaire occupe un des logements et perçoit, disons, 9 000 $ en revenus de location de ses deux locataires. La première année, les intérêts hypothécaires, à eux seuls, représenteront près de 13 500 $. Les deux tiers de ce montant seront déductibles du revenu de location, ce qui est suffisant pour annuler tous les revenus. Si on tient compte, maintenant, des taxes, assurances, réparations et autres dépenses déductibles, le propriétaire du triplex, aux yeux de l'impôt, perd de l'argent, et peut diminuer ses impôts en conséquence.

Le propriétaire d'unifamiliale ne peut aucunement profiter de tout cela. Le Canada est d'ailleurs un des rares pays au monde qui ne permet pas la déduction des intérêts hypothécaires aux acheteurs d'unifamiliales.

Il y a pourtant un moyen, pour eux, de déduire l'équivalent de leurs intérêts hypothécaires (en totalité, pas seulement la moitié ou les deux tiers!) de leurs revenus.

Cela requiert toutefois une condition: il faut déjà posséder des placements (actions, obligations, dépôts à terme) dont la valeur est au moins égale au montant de l'hypothèque.

La procédure à suivre n'est pas complexe. Prenons l'exemple d'un propriétaire d'unifamiliale dont le solde hypothécaire se situe à 40 000 $. Or, ce même propriétaire possède un portefeuille d'actions et d'obligations, également évalué à 40 000 $.

☐ La première démarche consiste à vendre ses titres, ce qui rapportera 40 000 $. Il faut prendre soin de faire cette vente quelques jours avant l'expiration du terme de l'hypothèque.

☐ Dans un deuxième temps, il s'agit de prendre cet argent et de régler le solde hypothécaire lors de l'expiration du terme. La situation du propriétaire sera alors la suivante: sa maison est entièrement payée, il n'a aucune dette, mais il n'a plus son portefeuille.

☐ L'étape suivante consiste à emprunter 40 000 $.

☐ Enfin, avec cet emprunt, le propriétaire rachète ses actions et obligations, et récupère ainsi son portefeuille. Résultat de l'opération: il n'a pas augmenté son endettement (qui, dans un cas comme dans l'autre, est de 40 000 $), il a toujours son portefeuille d'actions, mais sa maison est payée.

La différence, c'est que les intérêts sur les emprunts effectués dans le but de gagner un revenu sont déductibles de l'impôt, ce qui n'est pas le cas des intérêts hypothécaires. Autrement dit, le propriétaire peut maintenant, en toute légalité et sans être ennuyé par l'impôt, déduire ses intérêts.

Ce n'est évidemment pas tout le monde qui a un portefeuille de 40 000 $! Toutefois, le même procédé peut être appliqué pour un montant plus petit. Si on ne dispose que de

20 000 $, par exemple, on conserve une hypothèque de 20 000 $, et on applique le procédé pour le reste, de façon à pouvoir déduire la moitié de ses frais d'intérêt, comme dans le cas d'un duplex. On peut même y recourir dans le cas du financement d'une voiture. Dans un tel cas, cela revient à dire que l'impôt paie une partie des frais de financement de votre véhicule. Attention, toutefois! Plus le montant est petit, moins vous y gagnez, compte tenu des frais de courtage que vous aurez à payer pour réaliser vos transactions. Il faut évidemment s'assurer que l'argent que vous emprunterez pour racheter votre portefeuille ne soit pas frappé d'un taux d'intérêt trop élevé.

Aide-mémoire

■ Ce n'est pas au mois de mars qu'il faut penser à ses impôts, mais dès le 1er janvier de l'année d'imposition.

■ Le comptable est un allié précieux dans votre planification fiscale. Pour peu que vous ayez une situation fiscale complexe, vous y gagneriez à le consulter.

■ L'abri fiscal le plus sensationnel ne vaut rien si, en bout de ligne, votre retour d'impôt ne suffit pas à rembourser la totalité de votre investissement.

■ Les contribuables qui ne produisent pas de déclaration annuelle se jouent sans doute un mauvais tour.

■ Planifiez la vente de votre propriété à revenus en fonction des dispositions sur l'exemption des gains en capital.

En guise de
mot de la fin...

L'argent est une chose qui nous fascine et qui nous fait peur. De nos jours, il y a tellement de produits financiers sur le marché, nous sommes sollicités par tellement d'institutions, les règles fiscales sont tellement compliquées, qu'il est impossible de tout voir, de tout comprendre, de tout digérer. Tout cela est, dit-on, l'affaire des spécialistes.

C'est bien vrai. Notre vie de tous les jours nous empêche de consacrer de longues heures à chercher les meilleurs taux de rendement sur les dépôts à terme ou à comparer les dizaines de régimes d'épargne-retraite offerts par les institutions financières.

Mais cela ne doit surtout pas nous empêcher de connaître, au moins, les règles de base d'une bonne gestion financière. Pour beaucoup d'entre nous, le prêt hypothécaire est, de loin, le principal engagement financier. Une adroite planification de son remboursement ne demande pas de calculs compliqués, mais peut se révéler plus avantageuse que des heures et des heures passées à rechercher le meilleur véhicule de placement!

Faire un budget personnel ou familial peut sembler fastidieux. En réalité, ce n'est pas si compliqué que cela, et ceux qui le font ont entre les mains un outil de gestion remarquable.

Nous venons de voir, ensemble, les principes de base de l'administration du budget familial, du crédit, de l'acquisition et du financement de la maison, des différents véhicules de placements. C'est une base solide. Vous pouvez y asseoir vos finances personnelles avec aplomb. Il ne manque pas, dans les librairies, d'ouvrages plus spécialisés sur la fiscalité, la Bourse, l'immobilier.

Mais avant le marché boursier, avant les abris fiscaux sophistiqués, avant les placements mirobolants, ce qui compte, c'est la saine gestion de vos revenus. Cela tient dans une courte règle : ne jamais vivre au-dessus de ses moyens !

Ce livre ne vous aurait convaincu que de cela, qu'il aurait atteint son but.

La composition de ce volume
a été réalisée par
les Ateliers de La Presse, Ltée

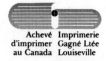

Achevé   Imprimerie
d'imprimer Gagné Ltée
au Canada Louiseville